高等教育教学改革特色教材 · 实践与应用系列

# 用友ERP企业经营沙盘模拟

## 实训手册（第七版）

刘平 主编

东北财经大学出版社
Dongbei University of Finance & Economics Press
大连

**图书在版编目（CIP）数据**

用友ERP企业经营沙盘模拟实训手册 / 刘平主编. —7版. —大连：东北财经大学出版社，2023.8（2024.6重印）

（高等教育教学改革特色教材 · 实践与应用系列）

ISBN 978-7-5654-4915-4

Ⅰ.用… Ⅱ.刘… Ⅲ.企业管理-计算机管理系统-高等学校-教材 Ⅳ.F272.7

中国国家版本馆CIP数据核字（2023）第143399号

东北财经大学出版社出版

（大连市黑石礁尖山街217号 邮政编码 116025）

网 址：http://www.dufep.cn

读者信箱：dufep@dufe.edu.cn

大连图腾彩色印刷有限公司印刷 东北财经大学出版社发行

幅面尺寸：185mm×260mm 字数：386千字 印张：17

2023年8月第7版 2024年6月第2次印刷

责任编辑：张晓鹏 魏 巍 责任校对：宋雪凌

封面设计：原 皓 版式设计：原 皓

定价：42.00元

教学支持 售后服务 联系电话：（0411）84710309



如有印装质量问题，请联系营销部：（0411）84710711

# 序

21世纪是催人奋进的时代，科技飞速发展，知识更新迅速，机遇和挑战随时随地都可能出现。抓住机遇，寻求发展，迎接挑战，适应变化的制胜法宝就是不断学习新知识。

企业经营沙盘模拟是研究人员在深入了解企业生产经营过程的基础上，用3年时间开发出来的一种生动有趣的教学方式。“企业经营沙盘模拟”课程是在充分调研了ERP培训市场需求的基础上，汲取国内外咨询公司、培训机构的管理训练课程精髓而设计的企业经营管理实训课程。该课程摒弃了传统的以理论和案例分析为主的方式，用模拟沙盘这种具有感官冲击力的形式极大地增强了娱乐性，使枯燥的课程变得生动、有趣，这种体验式教学方法一经问世便获得了受训者的广泛认可。该课程通过近乎真实的实战模拟，充分地调动了参与者的竞争热情，在培养应用型人才方面越来越显示出其独特的作用。

第一，企业经营沙盘模拟有助于在实践中指导学生的理论学习。该方法解决了传统教学方式下学生只能被动地接受知识而无法主动参与的问题，更重要的是培养了学生将理论知识与企业实际运作紧密联系的能力和发现问题、分析问题、解决问题、科学决策的能力。通过ERP理论学习和模拟企业实际运作，学生能够理解ERP的管理理念和核心管理思想，达到学以致用的目的，从而使学生的知识储备更加丰富、牢固，为以后的工作打下坚实的基础。

第二，企业经营沙盘模拟有助于学生积累实践经验。企业经营沙盘提供了一个平台，使学生能够亲身体验运用所学创造财富，在成功中收获喜悦，在失败中吸取教训，这些都将成为宝贵的经验，避免在以后的实际工作中造成损失。另外，企业经营要有创新意识，及时把握产品的生命周期，要不断有新产品补充市场；企业经营还要有全局战略规划，如果没有好的战略规划，即使企业有充足的现金流，企业经营也是混乱的。

第三，企业经营沙盘模拟有助于培养学生的团队协作精神。当今社会，任何工作都需要整体配合才能顺利完成。企业经营沙盘模拟实训要求每个参与的学生以主人翁的态度全身心地投入所扮演的角色中。不但要尽到所扮演角色的职责，而且要与其他人协调配合，完成整个模拟任务，因此学生能够深刻感受到团队精神对一个企业的重要性。

本书作者刘平老师拥有深厚的学识及丰富的教学实践经验，主编的这本《用友ERP企业经营沙盘模拟实训手册》必将成为“企业经营沙盘模拟”教学推广与学术建设的重要文献，必将为广大学生了解、掌握企业经营沙盘模拟方法提供有效的途径。感谢刘平老师的工作！

当代大学生是时代的主流，必须掌握最先进的科学技术，担当起促进国家经济快速发展的重任。在经济全球化时代，经济上的竞争无疑十分激烈，但经济发展的根本目的是保障绝大多数人民的利益，千万不要忘记“以人为本”，离开这一点，发展、赚钱都是不可取的。相信此书一定能在大学生成长、成才的人生道路上起到良好的引导作用。

**刘文波教授**

沈阳工学院原常务副院长

# 第七版前言

《用友ERP企业经营沙盘模拟实训手册》（第六版）自2020年9月出版以来，3年时间已经多次重印，前六版累计印数20余万册，受到众多高等院校、培训机构与企业的广泛重视和欢迎。

目前，世界已经进入大数据时代。2014年，“大数据”一词首次写入国务院政府工作报告，“大数据”在国内成为热议的词语。2015年，国务院正式印发《促进大数据发展行动纲要》；2016年，工业和信息化部出台了《大数据产业发展规划（2016—2020年）》，指出数据是国家基础性战略资源，是21世纪的“钻石矿”。吕本富、刘颖在《飞轮效应：数据驱动的企业》一书中指出，数据是企业发展的基础设施和“核武器”。数据资源是企业发展的新型动力源；数据分析系统是企业腾飞的动力系统，决定了企业运行的速度与高度。

2021年3月通过的《中华人民共和国国民经济和社会发展第十四个五年规划和2035年远景目标纲要》明确提出，加快数字化发展，建设数字中国。“迎接数字时代，激活数据要素潜能，推进网络强国建设，加快建设数字经济、数字社会、数字政府，以数字化转型整体驱动生产方式、生活方式和治理方式变革。”同时指出，“构筑美好数字生活新图景”。

2021年10月18日，中共中央政治局就推动我国数字经济健康发展进行第三十四次集体学习。习近平总书记强调，充分发挥海量数据和丰富应用场景优势，促进数字技术与实体经济深度融合，赋能传统产业转型升级，催生新产业新业态新模式，不断做强做优做大我国数字经济……发展数字经济是把握新一轮科技革命和产业变革新机遇的战略选择。

2021年11月30日，工业和信息化部出台了《“十四五”大数据产业发展规划》。文件指出，“数据是新时代重要的生产要素，是国家基础性战略资源。大数据是数据的集合，以容量大、类型多、速度快、精度准、价值高为主要特征，是推动经济转型发展的新动力，是提升政府治理能力的新途径，是重塑国家竞争优势的新机遇。大数据产业是以数据生成、采集、存储、加工、分析、服务为主的战略性新兴产业，是激活数据要素潜能的关键支撑，是加快经济社会发展质量变革、效率变革、动力变革的重要引擎”。同时提出，“到2025年，大数据产业测算规模突破3万亿元，年均复合增长率保持在25%左右”。

2022年10月16日，习近平总书记在党的二十大报告中明确提出："加快发展数字经济，促进数字经济和实体经济深度融合，打造具有国际竞争力的数字产业集群。"

2023年2月27日，中共中央、国务院印发了《数字中国建设整体布局规划》，指出建设数字中国是数字时代推进中国式现代化的重要引擎，是构筑国家竞争新优势的有力支撑。加快数字中国建设，对全面建设社会主义现代化国家、全面推进中华民族伟大复兴具有重要意义和深远影响。同时提出，到2025年，基本形成横向打通、纵向贯通、协调有力的一体化推进格局，数字中国建设取得重要进展。数字基础设施高效联通，数据资源规模和质量加快提升，数据要素价值有效释放，数字经济发展质量效益大幅增强，政务数字化智能化水平明显提升，数字文化建设跃上新台阶，数字社会精准化普惠化便捷化取得显著成效，数字生态文明建设取得积极进展，数字技术创新实现重大突破，应用创新全球领先，数字安全保障能力全面提升，数字治理体系更加完善，数字领域国际合作打开新局面。到2035年，数字化发展水平进入世界前列，数字中国建设取得重大成就。数字中国建设体系化布局更加科学完备，经济、政治、文化、社会、生态文明建设各领域数字化发展更加协调充分，有力支撑全面建设社会主义现代化国家。

大数据时代，呼唤大数据人才！基于ERP（Enterprise Resource Planning，企业资源计划）技术诞生并不断发展的企业经营沙盘模拟系统恰好契合了这种要求，对培养学生的数据意识和数据分析能力大有裨益。

在这一发展进程中，涌现出了以用友新道、金蝶软件等为代表的众多企业，其纷纷推出企业经营沙盘模拟系统，应用于高校教学和企业培训，并且不断更新升级。例如，用友新道最初推出了物理沙盘，后来陆续推出了创业者电子沙盘、新商战电子沙盘、约创云平台电子沙盘等。

为提升高校师生对数智化时代的业务变化及人才岗位能力培养的一致性认知，解决教学实践与产业发展割裂的问题，培养学生的数智化理念，提高学生的经营管理能力及综合职业素质，用友新道于2022年推出了S+Cloud数智企业经营管理沙盘（以下简称"数智沙盘"）。本次修订就是在此背景下进行的。

本次修订仍遵循"立足实践教学、兼顾大赛需要"的原则，主要修改和充实的内容体现在以下方面：

（1）用友新道推出了数智沙盘用于大赛，但是各学校教学中普遍使用的仍然是用友ERP企业经营沙盘模拟系统、新道创业者企业模拟经营系统和新商战电子沙盘。为了不影响教材体系的系统性，本次修订在第一篇增加了"1.9 数智沙盘操作指导"，供需要者使用。

（2）由于编者已经单独出版了实训教材——《约创云平台企业经营沙盘模拟实训手册》，因此为了节省篇幅，本次修订删除了原第一篇"1.9 '约创'云平台操作指导"。

（3）在总结篇"3.2 对经营规划的再思考"中增加了3个知识链接：企业经营分析——基于企业战略的视角、企业经营分析——基于企业营销的视角、企业经营分析——基于企业运营的视角。

（4）在附录中增加了2022年基于数智沙盘的第十八届全国大学生创新创业沙盘模拟经营大赛（辽宁赛区）技术手册。由于数智沙盘与创业者企业模拟经营系统、新商战电子沙盘、约创云平台等有较大差异，因此本书第七版保留了第六版附录中2019年基于约创云平台的第十五届全国大学生创新创业沙盘模拟经营大赛（辽宁赛区）技术手册、2016年基于新商战电子沙盘的第十二届全国大学生“新道杯”沙盘模拟经营大赛（本科组）全国总决赛竞赛规则、2012年基于商战电子沙盘的第八届全国大学生“用友杯”沙盘模拟经营大赛全国总决赛经营规则、2011年基于创业者电子沙盘的第七届全国大学生“用友杯”沙盘模拟经营大赛辽宁赛区决赛规则。

本次修订由沈阳工学院刘平教授主持，沈阳工学院王国玉、王璐、钟育秀、窦乐参与了部分内容的修订。同时，我们吸收了读者的一些宝贵意见和建议，我的学生李孟燃、房志强、董文宇、慕显泽、王新宇、刘美彤、胡程、于鑫怡等提供了部分实践案例，在此表示衷心的感谢！特别感谢用友新道韩巍先生提供了部分资料！

由于作者学识、水平有限，疏漏之处在所难免，敬请广大读者批评指正，我们将在修订或重印时将大家反馈的意见和建议恰当体现出来。再次感谢广大读者的厚爱！

作者交流邮箱：liuping661005@126.com。

**刘　平**

2023年夏于沈抚改革创新示范区

# 第一版前言

对于沙盘，其实我们并不陌生。在影视剧中，我们经常可以看见叱咤风云、挥斥方遒的将军在沙盘面前指挥千军万马。在现实生活中，房地产开发商通常会制作小区规划布局沙盘，以利于房屋销售。如此，不一而足。这些沙盘都清晰地模拟了真实的地形、地貌或小区布局，使其服务的对象不必亲临现场，也能对相关情况了然于胸，从而能够从宏观的角度全面审视所处的环境，运筹帷幄。

企业经营沙盘模拟就是利用类似上述的沙盘理念，采用现代管理技术手段——ERP（Enterprise Resource Planning）来实现模拟企业真实经营，使学生从中得到启发、锻炼和提高。企业资源包括厂房、设备、物料、资金、人员，甚至包括企业上游的供应商和下游的客户等。企业资源计划的实质是使企业在资源有限的情况下，合理组织生产经营活动，降低经营成本，提高经营效率，提升竞争能力，力求做到利润最大化。可以说，企业的生产经营过程也是对企业资源的管理过程。

模拟意味着我们面对的不是一个真实的企业，而是具备真实企业主要特征的模拟企业。“用友ERP企业经营沙盘模拟实训”课程就是把模拟企业的关键运营环节——战略规划、资金筹集、市场营销、产品研发、生产组织、物资采购、设备投资与改造、财务核算与管理等——设计为课程的主体内容，把企业运行所处的内外部环境抽象为一系列的规则，由受训者组成6个相互竞争的模拟企业，每个受训者在模拟企业中都担任一定的角色，如首席执行官、首席运营官、首席财务官、营销总监、生产总监、采购总监、人力资源总监等，通过模拟企业6年的经营对抗（竞赛），使受训者在分析市场、制定战略、营销策划、组织生产、财务管理和人员考核等一系列活动中，参悟科学管理规律，提升管理能力，并深刻体会理论联系实际的重要性，对低年级学生起到激发学习兴趣的作用，对高年级学生起到学以致用的目的。

“用友ERP企业经营沙盘模拟实训”具有科学、简洁、实用、有趣等显著特点，并以体验式教学方式成为继传统式教学和案例式教学之后深受学生欢迎的又一典型实用的教学方法。该实训课程可以强化受训者的管理知识和管理技能，全面提高受训者的综合素质。其融合理论与实践于一体，集角色扮演与岗位体验于一身的设计思路新颖独到，使受训者在参与、体验中完成从知识到技能的一次转化，在操盘后的总结交流中再完成从实践到理论的二次升华。

本实训手册是在我校购买的用友ERP沙盘模拟系统及其所提供材料的基础上，参考了王新玲、柯明、耿锡润编著的《ERP沙盘模拟学习指导书》和王新玲、杨宝刚、柯明编著的《ERP沙盘模拟高级指导教程》等内容，并结合了我们多轮指导学生实训的实际情况编写而成的，供学生在实训中使用并留存。

本实训手册分为三大部分：

第一篇导入篇，在老师的讲解下，认识什么是ERP企业经营沙盘模拟，了解所要接手经营的企业现状，进而在老师的指导下进行沙盘盘面的初始设定，掌握模拟竞赛的市场规则和企业运营规则，并在指导教师的带领下进行初始年的运行，以掌握企业运行流程。在进行初始年运行时，各角色可翻到操作篇的相关部分跟随操作。

第二篇操作篇，为受训者6年的经营竞赛而准备，分为首席执行官、首席运营官、财务总监、营销总监、生产总监、采购总监和人力资源总监等部分，供不同角色的受训者使用。受训者在开始第一年的运行前，一定要认真阅读第二篇的开篇语，这对有效运营非常重要。

第三篇总结篇，为受训者总结交流而准备，以达到最大限度提升实训效果的目的。本篇分为日常记录、受训者总结、经营竞赛交流、指导教师点评与分析和阅读文章等部分。为了引发受训者的思考，提升总结交流的效果，本篇特编进5篇阅读文章，并以电子版形式在网上免费提供，分别从正确认识战略与战略决策、如何思考一个成长型公司的战略决策、企业发展快与慢的辩证关系、多元化的误区和重视制定战略的方法论等角度阐述了公司战略选择、经营方略与竞争策略等问题，供参训者参考。

本实训手册将通常实训所用的实训任务书、实训指导书和实训报告书“三册合一”。第一篇阐述了本实训的目的和任务，以及实训指导的具体内容；第二篇为实训操作指引和分角色操作过程记录；第三篇为实训报告记录。

本实训手册由刘平起草大纲并担任主编，郑新娜、吕智杰担任副主编。具体编写分工如下：刘平编写前言、第一篇1.0、第二篇2.0和2.7，第三篇3.0、3.7至3.11；郑新娜、吕智杰编写第一篇1.1至1.8，第二篇2.4至2.6；蔡永鸿、孟凡波编写第二篇2.1至2.3，第三篇3.1至3.6。全书由刘平总纂定稿。

本实训手册的出版得到了东北财经大学出版社卢悦、张爱华的大力支持，也得到了石丽、刘文波、李文国、刘庆君等院系领导与各位老师的积极支持和密切配合，副院长刘文波教授特为此书作序，在此一并表示衷心的感谢！同时，还要感谢用友新道公司刘东洋先生、闫微女士提供的支持与帮助！本实训手册的编写也参阅了有关的文献资料，以及用友新道公司提供的原始表格，在此向原作者表示诚挚的谢意！最后，要特别感谢我的妻子钟育秀和我的母亲、岳母对我的支持和帮助，是她们分担了我应做的各项工作，特别是帮助我照顾年幼的儿子，使我得以集中精力组织好此实训手册的编写，为此也要为照顾不周向我的儿子表示歉意。

由于时间仓促，书中缺点和错误在所难免，希望广大读者批评指正，我们将根据环境和业务的发展及时修订，并在修订或重印时将大家反馈的意见和建议恰当体现出来。谢谢！

交流邮箱：liuping661005@126.com。

**刘　平**

2008年2月

# 目　录

# 用友ERP企业经营沙盘模拟实训手册

（学生用）

姓　　名：______________

班　　级：______________

学　　号：______________

组　　别：______________

组　　名：______________

角　　色：______________

指导教师：______________

实训时间：______________

在路上，在学习的路上，在生活的路上，在人生的路上，我无法准确定义成功，但我知道什么会导致失败，轻言放弃往往是失败的开始。不轻易放弃，才有希望；努力坚持，才有可能成功！

# 第一篇

## 导入篇

只有懂得规则，才能游刃有余。
只有认真对待，才能获得收获。
只有积极参与，才能分享成就。

课程思政目标：基于社会主义核心价值观，运用马克思主义哲学思想，理论联系实际，掌握规则的重要性，继而强化学生对法律以及规章制度的敬畏心。

## 1.0 开篇语

学习规则是比较枯燥的，却是必需的。只有懂得规则，才能游刃有余。因此，我们要有以下几点认识：第一，我们是在经营模拟企业，为了运营方便而将内外部环境简化为一系列规则，因此与实际情况有一定差别，不必在规则上较真儿；第二，虽然是模拟经营，但是切不可将它当成简单的游戏，要将它当成真实的企业来经营，要有争强好胜的斗志；第三，要正确对待自己的角色，在一个企业中，每个人都扮演着不同的角色，每个角色都有其他角色不可替代的作用，因此每个角色都是重要的，都值得重视，都应该用心做好。

为了使本实训取得预期效果，现将实训目的和任务、实训方式、时间安排、实训要求与组织管理等内容阐述如下：

### 1.0.1 实训目的和任务

（1）了解企业与企业的组织结构。
（2）认清沙盘模拟与真实企业之间的关系。
（3）熟练掌握竞赛规则。
（4）了解各个角色的任务和作用。
（5）深刻认识所担任角色的作用和任务。
（6）按照企业运行流程，履行所担负的职责。
（7）团队协作，努力争取竞赛的胜利。
（8）做好实训总结，获得最大的收获。
（9）激发低年级学生学习专业课的兴趣。

（10）使高年级学生学会理论联系实际，能够学以致用。

### 1.0.2 实训方式

（1）本实训的主要方式是：将学生分成6组，组成6个企业的管理团队，利用沙盘模拟企业经营，进行竞赛对抗。每个学生在模拟企业经营的过程中都将担任一定的角色。

（2）总结交流，分为模拟企业内部的总结交流和6个竞争企业之间的总结交流，这是本实训的重点。

### 1.0.3 时间安排

本实训主要分为4个阶段，建议各阶段安排如下：

第一阶段，实训动员和规则介绍。一般安排在周一上午，指导教师进行实训动员，介绍“第一篇 导入篇”的主要内容，使学生掌握竞赛规则和企业运行流程。

第二阶段，模拟企业经营竞赛。一般从周一下午开始到周三结束，在指导教师的监督下，学生按照竞赛规则，利用沙盘模拟企业6年的经营。

第三阶段，撰写实训报告和模拟企业经营内部总结。一般安排在周四进行，每个学生按照要求撰写实训报告，并进行模拟企业经营内部总结。

第四阶段，实训总结与交流。一般安排在周五上午进行，各模拟企业派代表做主旨发言，总结模拟企业经营的得与失，指导教师点评，允许并鼓励其他学生发言，谈谈感受。

以上时间安排仅供参考，具体安排以指导教师公布的时间为准。

### 1.0.4 实训要求

（1）每个学生都要参与所有的实训流程，并负责一个具体的工作岗位。

（2）实训前要认真学习本实训手册的相关内容，明确实训目的、任务和相关要求，确保实训效果。

（3）在实训过程中，要端正实训态度，树立良好的团队精神。

（4）在实训过程中，要特别注意人身和财物的安全。

（5）遵守实训纪律，保证按时出勤，并完成相关任务；遵守实训教室的相关规定，听从安排。

（6）做好实训记录，记好实训日记，为撰写实训报告做好准备。

（7）认真撰写个人实训报告和模拟企业经营实训报告，字数分别不少于3 000字和4 000字。模拟企业首席执行官的个人实训报告与模拟企业经营实训报告合一。

### 1.0.5 组织管理

（1）学生分组由指导教师根据实际情况安排。

（2）角色分工由各团队自行协商产生。

（3）实训期间，各模拟企业首席执行官应管理好本团队的人员。

# 1.1　认识企业经营沙盘模拟①

## 1.1.1　"ERP企业经营沙盘模拟"释义

对于沙盘，其实我们并不陌生。在影视剧中，我们经常可以看见叱咤风云、挥斥方遒的将军在沙盘面前指挥千军万马。在现实生活中，房地产开发商通常会制作小区规划布局沙盘，以利于房屋销售。如此，不一而足。这些沙盘都清晰地模拟了真实的地形、地貌或格局，使其服务的对象不必亲临现场，也能对相关情况了然于胸，从而能够从宏观的角度全面审视所处的环境，运筹帷幄。

企业经营沙盘模拟就是利用类似上述的沙盘理念，采用ERP（Enterprise Resource Planning，企业资源计划）这种现代管理技术手段来模拟企业的真实经营，使学生从中得到锻炼、启发和提高。企业资源包括厂房、设备、物料、资金、人员，甚至包括企业上游的供应商和下游的客户等。企业资源计划的实质是使企业在资源有限的情况下，合理组织生产经营活动，降低经营成本，提高经营效率，提升竞争能力，力求做到利润最大化。可以说，企业的生产经营过程也是对企业资源的管理过程。

模拟意味着我们面对的不是一个真实的企业，而是具备真实企业主要特征的模拟企业。"用友ERP企业经营沙盘模拟实训"课程就是把模拟企业的关键运营环节——战略规划、资金筹集、市场营销、产品研发、生产组织、物资采购、设备投资与改造、财务核算与管理等——设计为课程的主体内容，把企业运营所处的内外部环境抽象为一系列的规则，由受训者组成6个相互竞争的模拟企业，每个受训者在模拟企业中都扮演一定的角色，如首席执行官、首席运营官、财务总监、营销总监、生产总监、采购总监、人力资源总监等，通过模拟企业6年的经营并进行对抗（竞赛），使受训者在分析市场、制定战略、营销策划、组织生产、财务管理和人员考核等一系列活动中，领悟科学管理的规律，提升管理能力，并深刻体会理论联系实际的重要性。

这是一种全新的体验式教学手段和方法——既能让受训者全面学习，掌握经济管理知识，又可以充分调动受训者学习的主动性和参与性，使受训者身临其境，真正感受到一个企业经营者直面的市场竞争的精彩与残酷，从而提升受训者的经营管理素质与能力。

## 1.1.2　模拟企业组织结构

任何一个企业在创建之初都要建立与本企业类型相适应的组织结构。合理的组织结构是保证企业正常运转的基本条件。"用友ERP企业经营沙盘模拟实训"课程采用简化的企业组织结构，主要角色包括首席执行官、首席运营官、财务总监、营销总监、生产总监、采购总监、人力资源总监和商业情报人员/商业间谍等。

---

①　1.1~1.4节为模拟企业及其运营规则介绍；1.5~1.7节为1.1~1.4节内容的归纳概括，以便于学生在实际操作中快速查询使用；1.8节为市场预测报告，需要认真研读分析。

1）首席执行官（CEO）

首席执行官负责制定和实施企业总体战略与年度经营规划；建立和健全企业的管理体系与组织结构，从结构、流程、人员、激励4个方面进行优化管理，实现管理的新跨越；主持企业的日常经营管理工作，实现企业的经营管理目标和发展目标。

现代企业的治理结构分为股东会、董事会和经理班子3个层次。用友ERP企业经营沙盘模拟实训中省略了股东会和董事会，企业所有重要决策均由首席执行官带领团队成员共同决定，如果大家意见不同，则由首席执行官决定，做出有利于企业发展的战略决策是首席执行官的根本职责。此外，首席执行官还要控制企业按流程运行，以保障企业顺利运行；要特别关注每个人是否能胜任其岗位，尤其是一些重要岗位，如财务总监、营销总监等，如果不胜任，则要及时调整，以免影响整个企业的运行及竞赛。

2）首席运营官（COO）

在现实企业中，首席运营官是一个重要的角色，负责组织协调企业的日常运营活动。在本实训中，首席运营官将协助首席执行官控制企业按流程运行，起着盘面运行监督的作用。此角色为可选角色，在受训者人数较少时可不设。

3）财务总监（CFO）

在现实企业中，财务人员与会计人员的职责常常是分离的，他们有着不同的工作目标和工作内容。财务人员主要负责资金的筹集、管理，做好现金预算，管好、用好资金，妥善控制成本。会计人员主要负责日常现金的收支管理，定期核查企业的经营状况，核算企业的经营成果，制定预算及对成本数据进行分类和分析。如果说资金是企业的血液，财务部门就是企业的心脏。在本实训中，财务总监要参与企业重大决策方案的讨论，如设备投资、产品研发、市场开拓、ISO认证、购置厂房等。企业进出的任何一笔资金，都要经过财务部门。

当受训者人数较少时，可将上述两大职能归并到财务总监身上，由财务总监统一负责企业资金的预测、筹集、调度与监控。财务总监的主要任务是控制现金流，评估应收账款金额与回收期，预估长、短期资金需求，按需求支付各项费用、核算成本，做好财务分析；进行现金预算，洞悉资金短缺前兆，采用经济有效的方式筹集资金，将资金成本控制在较低水平，管好、用好资金。当受训者人数允许时，建议增设财务总监助理分担会计职能。需要注意的是，资金闲置是浪费，资金不足会破产，财务总监应该在两者之间寻求一个有效的平衡点。

4）营销总监

营销总监的职责主要是开拓市场、实现销售，具体包括：进行需求分析和销售预测，寻求最优市场，制定销售部门目标体系；编制销售计划和销售预算；进行销售团队建设与管理；实施客户管理，确保货款及时回笼；进行销售业绩分析与评估；控制产品应收账款的账期，维护企业资金安全；分析市场信息，为确定企业产能和进行产品研发提供依据。

企业的利润是销售收入带来的，因此实现销售是企业生存和发展的关键。为此，营销总监应结合市场预测及客户需求制订销售计划，有选择地进行广告投放，运用丰富的营销策略控制营销成本，取得与企业生产能力相匹配的销售订单，并与生产部门做好沟通，保证按时交货给客户，监督货款的回收，进行客户关系管理。

营销总监还可以兼任商业情报人员，因为营销总监最方便监控竞争对手的情况，如竞争对手正在开拓哪些市场、未涉足哪些市场、在销售上取得了多大的成功、拥有哪类生产线、生产能力如何等。充分了解市场，并且明确竞争对手的动向，可以为企业战略决策的制定提供有效依据。

5）生产总监

生产总监是企业生产部门的核心人物，对企业的一切生产活动进行管理，并对企业的一切生产活动及产品负最终的责任。生产总监既是生产计划的制订者和决策者，又是生产过程的监控者。生产总监通过计划、组织、指挥和控制等手段实现企业资源的优化配置，为企业创造经济效益。

在用友ERP企业经营沙盘模拟实训中，生产总监参与制定企业经营战略，负责指挥生产运营过程，选购、安装、维护、变卖生产设备，以及管理成品库等工作，进而权衡利弊，优化生产线组合，保证企业产能。通常来说，生产能力是影响企业发展的重要因素，因此生产总监要有计划地扩大生产能力，以满足市场竞争的需要；同时提供季度产能数据，为企业决策和运营提供依据。

6）采购总监

采购是企业开展生产的首要环节。采购总监的职责包括：进行各种原料的及时采购和安全管理，从而确保企业生产的正常进行；编制并实施采购供应计划，分析各种物资供应渠道的优劣及市场供求变化情况，力求在价格和质量上把好第一关，为企业生产做好后勤保障；进行供应商管理；进行原料库存的数据统计与分析。

在用友ERP企业经营沙盘模拟实训中，采购总监负责依据生产计划制订采购计划、与供应商签订供货合同、按期采购原料并向供应商付款、管理原料库等具体工作，以确保在合适的时间采购品种及数量合适的原料，使生产正常进行。

7）人力资源总监

人才是现代企业的核心竞争力，一流的企业是由一流的人组成的，优秀的产品是由优秀的人创造出来的，因此人力资源是企业的第一资源。人力资源总监负责企业的人力资源管理工作，具体包括：企业组织结构设计、岗位职责确定、薪酬体系安排、人员招聘与考核等。

在用友ERP企业经营沙盘模拟实训中，原来没有设定此角色，但是经过多轮实训，我们觉得有必要增设此角色。特别是在受训者人数比较多的情况下，人力资源总监要对每个受训者的参与度与贡献度进行考评，然后提交给首席执行官最终做出组内排名，并将其作为评定学生实训成绩的重要依据之一。

8）商业情报人员/商业间谍

知己知彼，方能百战百胜，闭门造车是不行的。情报工作在现代商业竞争中具有非常重要的作用，不容小觑。当受训者人数较少时，此项工作可由营销总监承担；当受训者人数较多时，可设专人协助营销总监完成此项工作。

9）其他角色

当受训者人数较多时，可适当增加首席执行官助理、财务总监助理、营销总监助理、生产总监助理等辅助角色，特别是财务总监助理，很值得增设。同时，为了使这些辅助角色不被边缘化，应尽可能明确其所承担的具体工作任务。

### 1.1.3 主要角色的盘面定位

主要角色的盘面定位如图1-1所示。

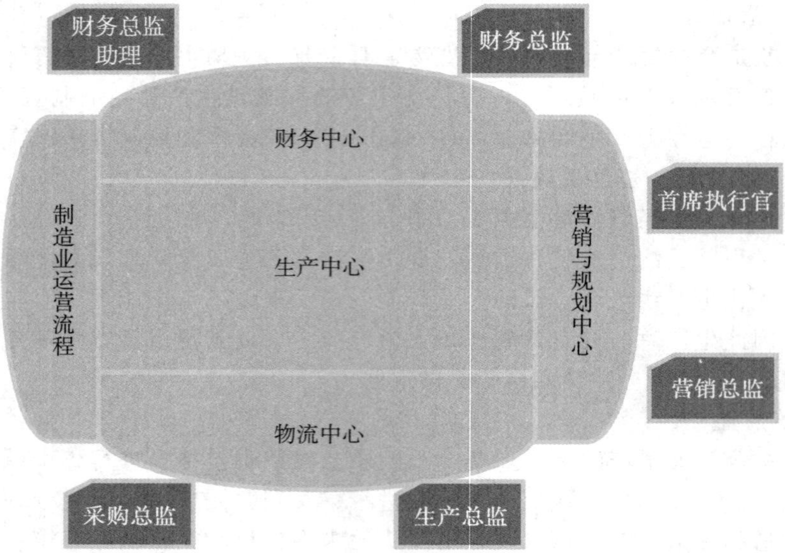


图1-1 主要角色的盘面定位

### 1.1.4 用友电子沙盘简介及其与手工沙盘的关系

手工沙盘是使用手工教具进行企业经营模拟操作的沙盘形式，也称物理沙盘。手工沙盘具有操作性强、直观性强、趣味性强等优点，但容易出现错误操作和不规范操作。

电子沙盘采用计算机软件的形式进行模拟操作，具有规范性强、评判公平、有助于分析等优点，但是缺少直观性，因此在经营过程中容易出现失误。

基于手工沙盘和电子沙盘各自的特点，教学中通常采用二者相结合的形式进行。

1）用友电子沙盘简介

用友电子沙盘是用友创业者企业模拟经营系统的简称，它实现了选单、经营、报表生成、赛后分析的全自动，将指导教师从选单、报表录入、监控中解放出来，将重点放在了对企业经营本质的分析上。

用友电子沙盘有以下几个特点：

（1）采用B/S架构，基于Web操作系统，实现本地或异地的训练。

（2）可以对运作过程中的主要环节进行控制。一方面，某环节一旦开始操作，就不能返回该环节以前的操作，从而避免了环节作弊；另一方面，自动核对现金流，并依据现金流对企业的运行进行控制，从而避免了随意挪用现金的操作，真实反映了现金对企业运行的关键作用。

（3）实现交易活动（包括银行贷款、销售订货、原料采购、交货、应收账款回收、市场调查等）的本地操作，以及自动验证操作的合法性。

（4）既可以与实物沙盘结合使用，也可以单独使用（高级训练时采用）。

（5）有多组训练的选择，普通版可在6～12组中任选。

（6）可以有限地改变运行环境参数，调节运行难度。

用友电子沙盘除了可以帮助教师轻松完成训练外，还便于教师组织校内比赛，为学生提供更多的实战训练机会。

电子沙盘系统前台效果如图1-2所示。

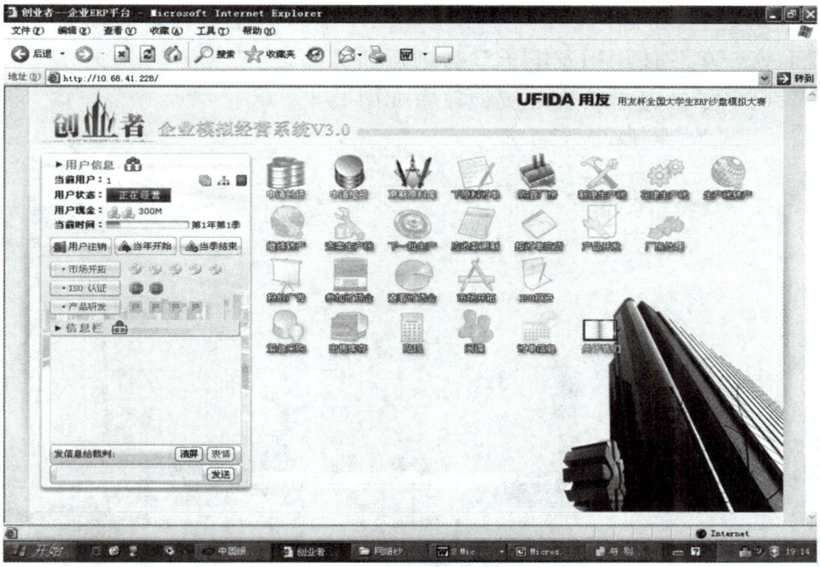


图1-2　电子沙盘系统前台效果图

电子沙盘系统后台效果如图1-3所示。

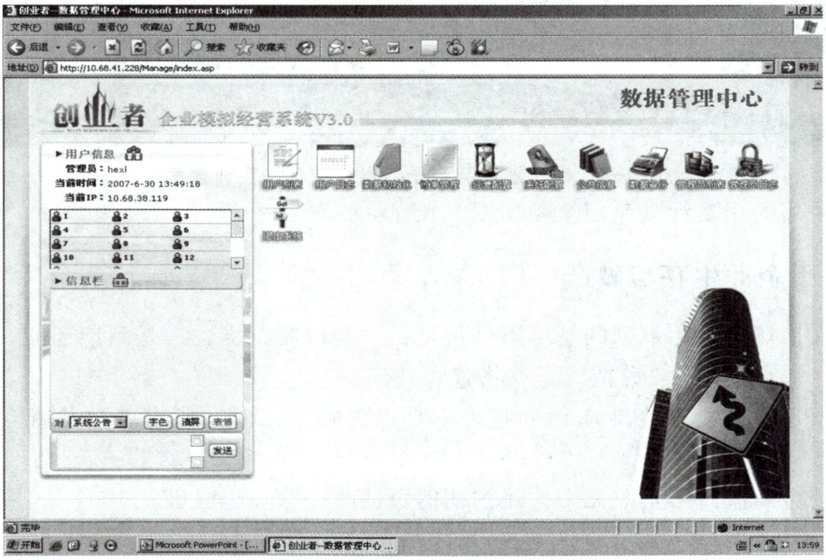


图1-3　电子沙盘系统后台效果图

2）用友电子沙盘与手工沙盘的关系

用友电子沙盘是用友手工沙盘的拓展和延伸，它们在教学和实训中既可以相结合，也可以单独使用。用友电子沙盘是教师在讲授“用友ERP企业经营沙盘模拟实训”课程时所用的教学软件。利用用友电子沙盘，教师可以记录企业模拟经营的竞争过程，收集各企业每年的广告投入、成本费用、财务状况、经营成果等信息，协助完成选单过程，对各组的经营情况进行销售分析、成本分析、财务分析等，从而实现轻松授课。对于初训者而言，理想的教学模式是将用友电子沙盘与手工沙盘相结合，这样有利于初训者对企业的经营及运作流程有一个直观的认识；对于已经熟悉了企业运行流程的高级训练者而言，单独使用用友电子沙盘进行训练即可。

手工沙盘与电子沙盘相结合的实训教室如图1-4所示。

**图1-4　手工沙盘与电子沙盘相结合的实训教室**

实际采用的用友沙盘盘面全貌如图1-5所示。

### 1.1.5　关于企业生存与破产

企业在市场上生存下来的基本条件包括：一是以收抵支；二是到期还债。

如果企业出现以下2种情况，就将宣告破产：

（1）资不抵债。当企业取得的收入不足以弥补支出时，所有者权益就会为负，企业就会破产。

（2）现金断流。当企业无力偿还到期的负债时，企业也会破产。

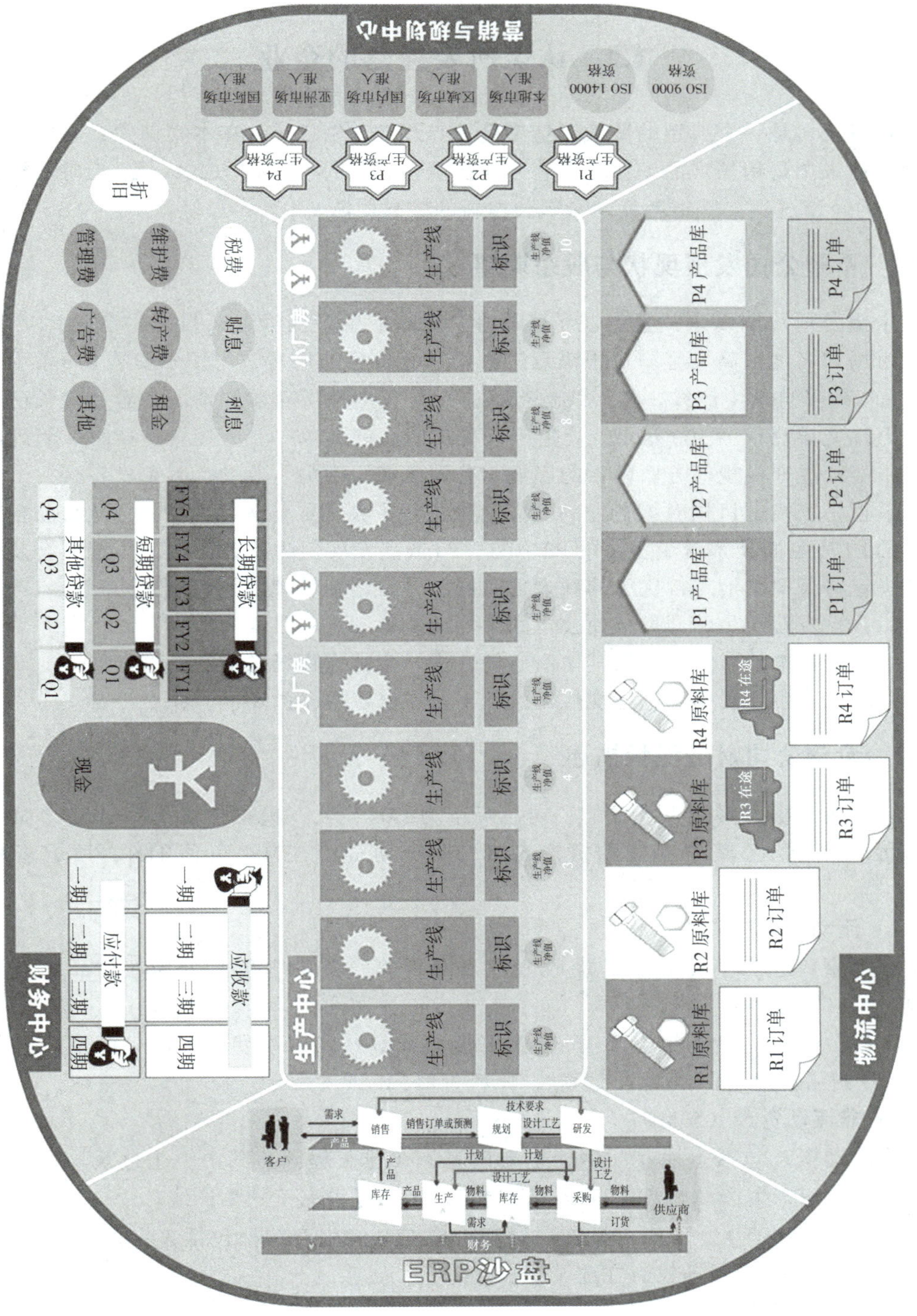


图1-5　实际采用的用友沙盘盘面全貌

## 1.2 认识所要经营的企业

希望公司是一个典型的离散制造型企业，创建已有3年。在本实训中，希望公司唯一的盈利来源是销售产品。董事会将采用企业经营模拟竞争的方式，用2天时间模拟企业6年的经营过程，胜出者就是希望公司新的领导团队。

### 1.2.1 希望公司发展现状与股东期望

希望公司长期以来一直专注于某行业P产品的生产与经营，目前生产的P1产品在本地市场知名度很高，客户也很满意。公司拥有自己的厂房，厂房中安装了3条手工生产线和1条半自动生产线，生产线运行状态良好，但从历年盈利情况来看，增长已经放缓，上年度盈利仅为300万元。受生产设备陈旧、产品单一、分销渠道狭窄、管理层长期以来经营墨守成规等方面因素的影响，公司已缺少活力。

最近一家权威机构对该行业的发展前景进行了预测，认为P产品将会从目前相对低水平的P1产品向技术含量更高的P2、P3、P4产品发展。为此，希望公司董事会及全体股东决定将公司交给一批优秀的新人去发展，并希望新管理层能够做到：

（1）投资新产品的开发，使公司的市场地位得到进一步提高。

（2）开拓本地市场以外的其他新市场，进一步拓宽市场领域。

（3）扩大生产规模，采用现代化生产手段，获取更多的利润。

### 1.2.2 希望公司财务现状描述

在本实训中，将接手经营的公司总资产为1.05亿元（模拟货币单位105M，M表示百万元，下同）。其中，流动资产52M，非流动资产53M；负债41M，所有者权益64M。

1）流动资产（52M）

流动资产包括货币资金、应收账款、存货等，其中存货又分为在制品、成品和原料。

希望公司现有货币资金20M，3个账期（3Q，Q表示季度，下同）的应收账款共15M，在制品价值8M，成品价值6M，原料价值3M。

2）非流动资产（53M）

非流动资产包括土地及厂房、生产设施、在建工程等。其中，土地及厂房在此实训中专指厂房，生产设施指生产线，在建工程指未建设完工的生产线。

希望公司现有1个价值40M的厂房和价值13M的生产线（包括3条手工生产线和1条半自动生产线），目前没有在建工程。

3）负债（41M）

负债包括流动负债和非流动负债。其中，流动负债主要指短期借款、应付账款、应交税费等，非流动负债主要指长期借款。

希望公司现有长期借款40M、应交税费1M，目前没有短期借款、应付账款等。

4）所有者权益（64M）

所有者权益包括实收资本、未分配利润等。其中，未分配利润可分为利润留存和年度净利润。

希望公司现有实收资本50M、利润留存11M、年度净利润3M。

## 1.3　初始状态设定

### 1.3.1　认识沙盘“语言”

沙盘“语言”如图1-6所示。

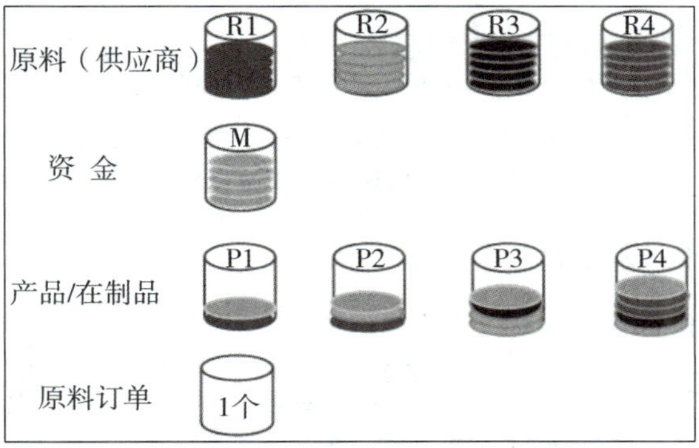


图1-6　沙盘“语言”

### 1.3.2　生产中心初始设定

生产中心初始设定如图1-7所示。

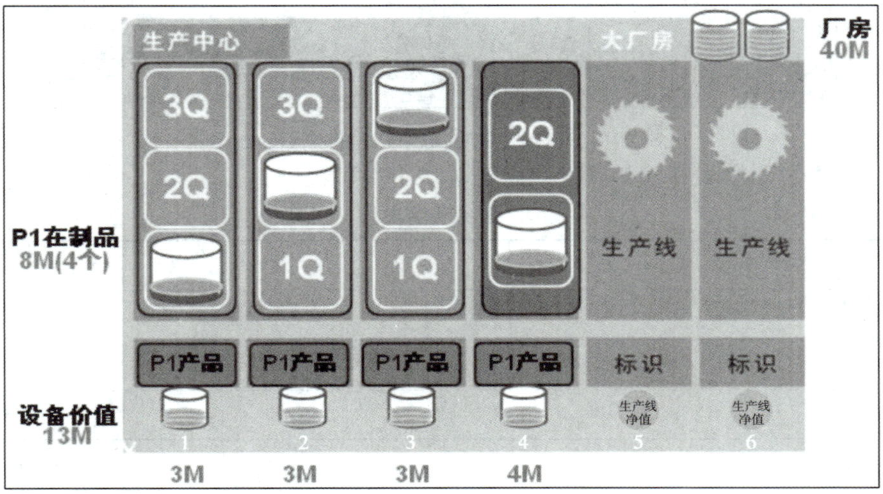


图1-7　生产中心初始设定

### 1.3.3 物流中心初始设定

物流中心初始设定如图1-8所示。

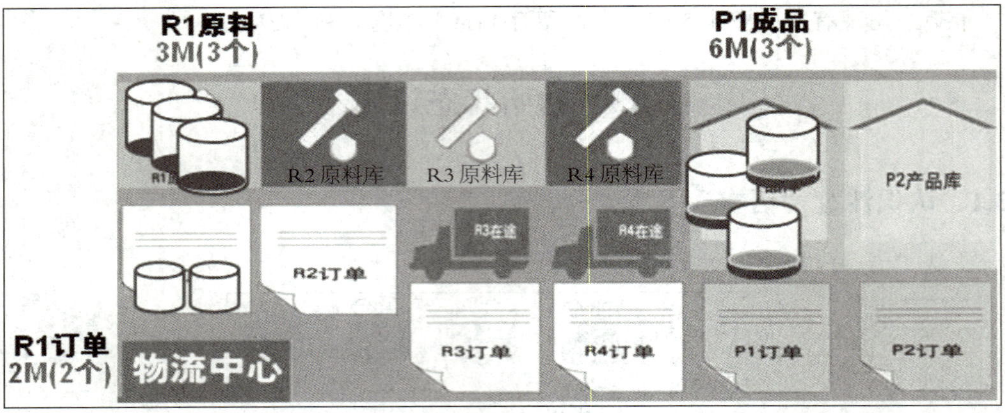


图1-8 物流中心初始设定

### 1.3.4 财务中心初始设定

财务中心初始设定如图1-9所示。

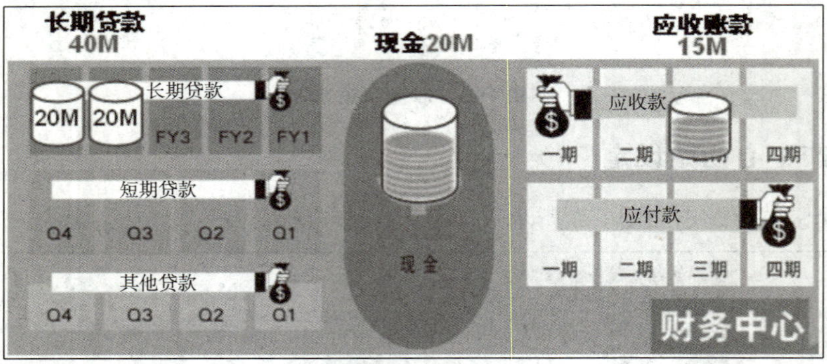


图1-9 财务中心初始设定

企业的简易利润表和简易资产负债表见表1-1和表1-2。

表1-1 简易利润表 单位：百万元

| 项目 | | 金额 |
|---|---|---|
| 营业收入 | + | 35 |
| 营业成本 | - | 12 |
| 毛利 | = | 23 |
| 综合费用 | - | 11 |
| 折旧前利润 | = | 12 |
| 折旧* | - | 4 |

续表

| 项目 | | 金额 |
| --- | --- | --- |
| 支付利息前利润 | = | 8 |
| 财务收入/支出 | +/− | 4 |
| 其他收入/支出 | +/− | 0 |
| 利润总额 | = | 4 |
| 所得税费用 | − | 1 |
| 净利润 | = | 3 |

*表示采用原手工沙盘的折旧方法。

表 1-2　简易资产负债表　单位：百万元

| 资产 | | 金额 | 负债和所有者权益 | | 金额 |
| --- | --- | --- | --- | --- | --- |
| 流动资产： | | | 负债： | | |
| 货币资金 | + | 20 | 短期借款 | + | 0 |
| 应收账款 | + | 15 | 应付账款 | + | 0 |
| 在制品 | + | 8 | 应交税费 | + | 1 |
| 成品 | + | 6 | 一年内到期的非流动负债 | + | 0 |
| 原料 | + | 3 | 长期借款 | + | 40 |
| 流动资产合计 | = | 52 | 负债合计 | = | 41 |
| 非流动资产： | | | 所有者权益： | | |
| 土地及厂房 | + | 40 | 实收资本 | + | 50 |
| 生产设施 | + | 13 | 利润留存 | + | 11 |
| 在建工程 | + | 0 | 年度净利润 | + | 3 |
| 非流动资产合计 | = | 53 | 所有者权益合计 | = | 64 |
| 资产总计 | = | 105 | 负债和所有者权益总计 | = | 105 |

## 1.3.5　营销与规划中心初始设定

营销与规划中心初始设定如图 1-10 所示。

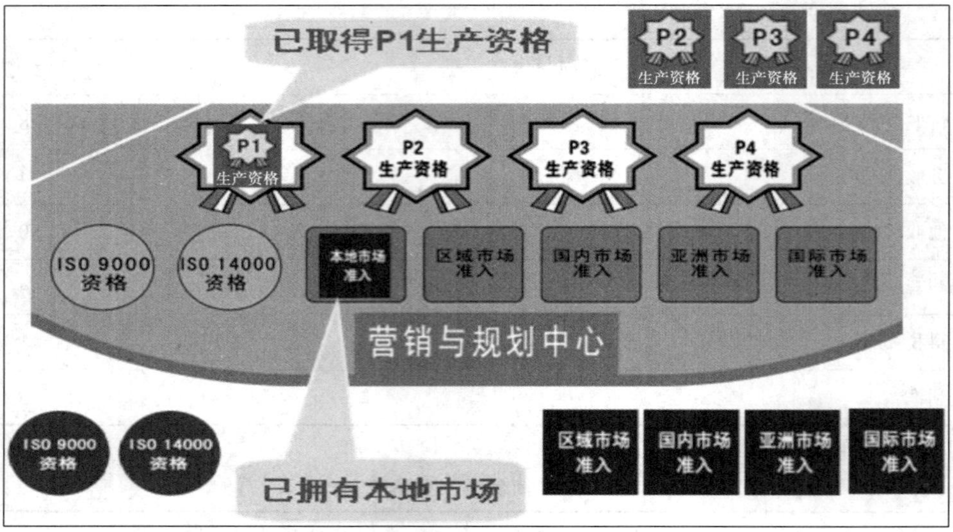


图 1-10　营销与规划中心初始设定

## 1.4　模拟企业运营规则

企业的生存和发展离不开市场这个大环境。谁赢得市场，谁就赢得了竞争。

### 1.4.1　市场划分与市场准入

企业目前在本地市场经营，新市场包括区域市场、国内市场、亚洲市场、国际市场。不同市场投入的费用及时间不同，资金短缺时可随时中断或终止投资，只有支付全部市场投入费用后方可接单。各市场之间没有必然的联系，可以跳跃式选择要开拓的市场，如放弃其中某一两个市场。

### 1.4.2　销售会议与订单争取

每年年初，各企业的营销总监都要参加销售会议并与客户见面，根据市场地位、广告投放量、市场需求及竞争态势，按图 1-11 所示顺序选择订单。

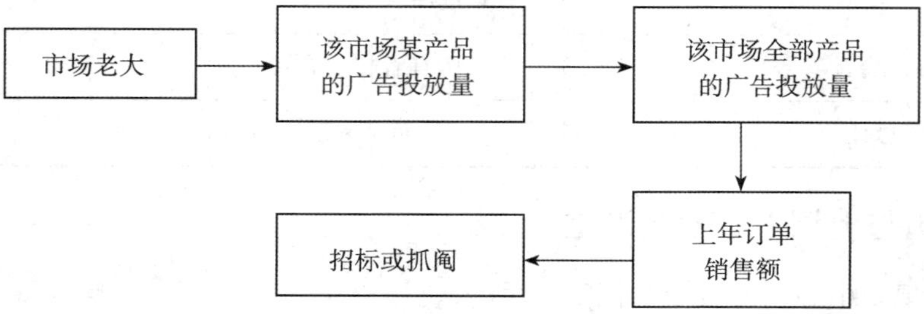


图 1-11　选单顺序

首先，根据上年企业在该市场的订单销售额决定市场领导者（也称“市场老大”），并由市场老大最先选择订单，但前提是市场老大在想要接单的产品上至少打 1M

的广告费。如果上年市场老大因存在未按期交货订单或破产等而被取消市场老大地位，则此市场该年无市场老大，订单选取按无市场老大的情况进行。

其次，按该市场某产品广告投放量的多少，依次选择订单。若在同一产品上有多家企业的广告投放量相同，则按该市场全部产品广告投放量的多少决定选单顺序。若该市场全部产品的广告投放量也相同，则按上年订单销售额的排名决定选单顺序。若上年订单销售额也相同，则可通过招标或抓阄等方式决定选单顺序。

### 1.4.3　市场竞单实际操作与技巧

下面我们以第四年P3产品为例（如图1-12所示）来说明市场竞单的实际操作。

第四年 --A 组（本地）

| 产品 | 广告 | 订单总额 | 数量 | ISO 9000 | ISO 14000 |
|---|---|---|---|---|---|
| P1 | | | | 1 | |
| P2 | | | | | |
| P3 | 2 | | | | |
| P4 | | | | | |

第四年 --B 组（本地）

| 产品 | 广告 | 订单总额 | 数量 | ISO 9000 | ISO 14000 |
|---|---|---|---|---|---|
| P1 | | | | 1 | |
| P2 | | | | | |
| P3 | 5 | | | | |
| P4 | | | | | |

第四年 --C 组（本地）

| 产品 | 广告 | 订单总额 | 数量 | ISO 9000 | ISO 14000 |
|---|---|---|---|---|---|
| P1 | | | | | 1 |
| P2 | | | | | |
| P3 | 1 | | | | |
| P4 | | | | | |

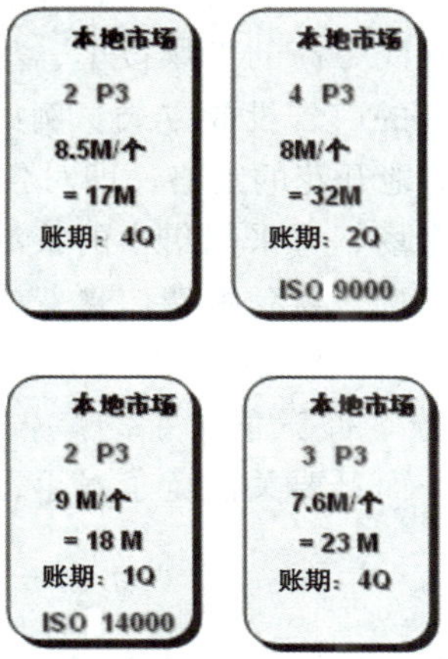


第四年 --A 组（本地）

| 产品 | 广告 | 订单总额 | 数量 | ISO 9000 | ISO 14000 |
|---|---|---|---|---|---|
| P1 | | | | 1 | |
| P2 | | | | | |
| P3 | 2 | 23 | 3 | | |
| P4 | | | | | |

第四年 --B 组（本地）

| 产品 | 广告 | 订单总额 | 数量 | ISO 9000 | ISO 14000 |
|---|---|---|---|---|---|
| P1 | | | | 1 | |
| P2 | | | | | |
| P3 | 5 | 32+17 | 4+2 | | |
| P4 | | | | | |

第四年 --C 组（本地）

| 产品 | 广告 | 订单总额 | 数量 | ISO 9000 | ISO 14000 |
|---|---|---|---|---|---|
| P1 | | | | | 1 |
| P2 | | | | | |
| P3 | 1 | 18 | 2 | | |
| P4 | | | | | |

说明：此次竞单首先由B组选单，B组选销售额为32M的订单；然后由A组选单，A组选销售额为23M的订单；接下来是C组选单，通常选法是C组选18M的订单；最后B组又拿走了17M的订单。如果从竞争的角度来看，C组可以考虑选17M的订单，虽然少获得了1M的销售额和利润，但B组却失去了第二次拿单的机会，因为B组没有打14K的广告，没有资格拿带有ISO 14000的订单，也就是18M的订单。

图1-12　第四年P3产品市场竞单实际操作

模拟企业的利润来源只有销售产品，因此如何选择最有价值的销售订单，对企业来讲意义非凡。销售订单的选取一般应考虑以下几方面因素：

（1）企业的实际产能。

（2）产品销售价格。

（3）应收账款的账期。

（4）订单的约束条件（如加急单、需要ISO认证等）。

在实际操作中，营销总监对各个市场要拥有敏锐的洞察力和准确的判断力，做到左眼是“显微镜”盯企业，右眼是“放大镜”盯市场，既要专注于某个市场，又要对全局进行统筹安排。例如，营销总监应结合企业的产能状况、财务状况、市场地位、产品价格差异等因素合理考虑各个市场的订单分布情况。具体如下：

（1）依据产能接适量的订单，防止因产能不足而出现违约。

（2）结合企业的财务状况，争取用最少的广告费用获取最高的销售额和利润，并保证现金及时回流。

（3）使产品在各个市场的分布合理，保住或争取市场老大地位。

（4）尽量在利润率高的市场接单，尽量接利润率高的订单。

（5）选择正确的广告投放方式。例如，对于有明显优势（市场老大）或竞争不激烈的市场，可采取遍地开花的策略，即对各个产品均投入少量的广告费，以获取大量订单；对于竞争激烈的市场，可采用集中的策略，即将广告费集中在有利可图的某一两个产品上，以确保有单可选，避免浪费广告费。同时，应注意广告费的规模效益，争取在平等竞争中获取优势（单个产品的广告费相同时，该市场总广告费多者优先选单）。

（6）尽量充分掌握竞争对手的广告策略和订单信息，并为我所用。选单的时候，不仅要关注自己，而且要关注竞争对手，在订单数量和订单的约束条件上“做文章”。

## 个案思考

A公司第一年在本地市场对P1产品投放了最多的广告费（19M），却选择了销售额第二大的订单，因此失去了市场老大的地位，这是一个很明显的失误。然而，在实训中类似的失误确实时有发生，我们应杜绝这种失误。不过本案例的关键并不在这里，真正值得我们思考的是：

（1）用19M的广告费去争取市场老大地位是否值得？风险是否太大？

（2）如果成为市场老大还好，如果没有呢？假如有企业打了20M广告费呢？

（3）如果第二名的广告费只有7M，夺取这个市场老大地位的代价是否太大？

（4）如果分出10M，甚至15M去做产品开发和新市场开拓，是否更有价值？

（5）用多大的代价（打多少广告）争取本地市场老大地位比较合适？

第一年6张订单的毛利依次为22M、16M、14M、10M、7M和4M。

## 个案分析

B公司拥有2条第三年第二期（2Q）可投资完成的P2产品全自动生产线。该公司在第三年初的销售会议上接了4个P2产品的订单，结果到年底P2产品不够4个，无法交单，导致违约。这是为什么呢？

因为2条P2产品全自动生产线2Q完成投资，3Q方可上线生产，到4Q时，各生产出1个P2产品（共2个）；4Q时上线生产的P2产品要到第四年1Q方可下线，因此B公司第三年实际上只能生产出2个P2产品，无法交上4个P2产品，最终导致订单违约。

## 教训分享

此案例来自2008年“用友杯”全国大学生沙盘模拟经营大赛辽宁赛区决赛（本科组），这次决赛共有9组选手参加。比赛进行到第三年时，绝大多数参赛组的产能都已具有相当的规模，市场对各公司越来越重要。此时，国内市场刚刚开放，尚无市场老大，各组都跃跃欲试，竞争相当激烈。C公司在该市场对每种产品各投了2M广告费，该市场广告费合计为8M。由于其他各组在P2、P3产品的广告费上最低投入是3M，而P2、P3产品仅各有6张订单，因此C公司丧失了对P2、P3产品的选单机会，4M广告费等于白白浪费了。I公司将8M广告费集中投在P2、P3产品上，即P2、P3产品各投入4M广告费，结果得到了总额54M的订单，收获颇丰。可见，此种竞争状态适合采用集中力量、各个击破的策略，不适合采用广种薄收、遍地开花的策略。

### 1.4.4 厂房购买、租赁与出售

厂房购买、租赁与出售如图1-13所示。

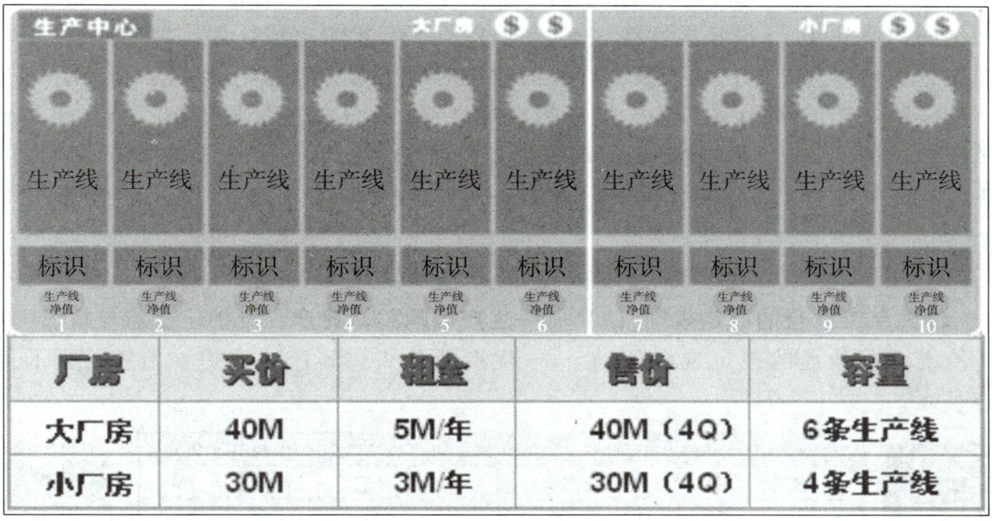


| 厂房 | 买价 | 租金 | 售价 | 容量 |
|---|---|---|---|---|
| 大厂房 | 40M | 5M/年 | 40M（4Q） | 6条生产线 |
| 小厂房 | 30M | 3M/年 | 30M（4Q） | 4条生产线 |

图1-13 厂房购买、租赁与出售

> 注意：购买厂房后，将购买价放在厂房价值处，表明该厂房的价值，厂房不计提折旧；租赁厂房时，租金放在综合费用区的租金处；出售厂房的收入为4Q应收账款，不是可以马上使用的现金，急需用钱时可以贴现；如果厂房里仍有生产线，则需要马上支付租金。

### 1.4.5 生产线购买、转产、维护、出售与折旧

生产线购买、转产、维护、出售与折旧如图1-14所示。

| 生产线 | 购买价格 | 安装周期 | 生产周期 | 转产周期 | 转产费用 | 维护费用 | 出售残值 |
|---|---|---|---|---|---|---|---|
| 手工线 | 5M | 无 | 3Q | 无 | 无 | 1M/年 | 1M |
| 半自动线 | 10M | 2Q | 2Q | 1Q | 1M | 1M/年 | 2M |
| 全自动线 | 15M | 3Q | 1Q | 1Q | 2M | 1M/年 | 3M |
| 柔性线 | 20M | 4Q | 1Q | 无 | 无 | 1M/年 | 4M |

每种生产线都能生产所有产品，所需支付的加工费相同，1M/产品。
购买：投资新生产线时，按安装周期平均支付费用，全部投资到位的下一个季度领取产品标识，开始生产。
转产：现有生产线转产时，需要一定的转产周期并支付一定的转产费用，最后一笔转产费用支付后一个季度方可更换产品标识。
维护：当年在建的生产线和当年出售的生产线不用交维护费。
出售：无论何时出售生产线，价格均为残值，该部分转为现金；净值与残值之差计入损失。
折旧：采用平均年限法计提折旧，折旧年限是5年。当年建成的生产线当年不计提折旧；当生产线净值等于残值时，不再计提折旧。

图1-14 生产线购买、转产、维护、出售与折旧

例如，第一年1Q投建柔性线，连续投资，到4Q投资完成，第二年1Q方可领取产品标识，开始生产。因此，该条生产线的建成时间是第二年1Q，而不是第一年4Q。该条生产线第一年4Q尚在建设中，既不用交维护费，也不需要计提折旧；第二年是该条生产线建成的第一年，不用计提折旧，但要交维护费；第三年是该条生产线建成的第二年，既要交维护费，也要计提折旧。

## 规则对比

### 传统手工沙盘的原定规则（1）——生产线购买、转产、维护、出售与折旧

传统手工沙盘的原定规则（1）——生产线购买、转产、维护、出售与折旧如图1-15所示。

| 生产线 | 购买价格 | 安装周期 | 生产周期 | 转产周期 | 转产费用 | 维护费用 | 出售残值 |
|---|---|---|---|---|---|---|---|
| 手工线 | 5M | 无 | 3Q | 无 | 无 | 1M/年 | 1M |
| 半自动线 | 8M | 2Q | 2Q | 1Q | 1M | 1M/年 | 2M |
| 全自动线 | 16M | 4Q | 1Q | 2Q | 4M | 1M/年 | 4M |
| 柔性线 | 24M | 4Q | 1Q | 无 | 无 | 1M/年 | 6M |

每种生产线都能生产所有产品，所需支付的加工费相同，1M/产品。
购买：投资新生产线时，按安装周期平均支付费用，全部投资到位的下一个季度领取产品标识，开始生产。
转产：现有生产线转产时，需要一定的转产周期并支付一定的转产费用，最后一笔转产费用支付后一个季度方可更换产品标识。
维护：当年在建的生产线和当年出售的生产线不用交维护费。
出售：出售生产线时，如果生产线净值小于残值，将净值转换为现金；如果生产线净值大于残值，将相当于残值的部分转换为现金，将差额部分作为费用处理。
折旧：每年按生产线净值的1/3取整计提折旧。当年建成的生产线当年不计提折旧；当生产线净值小于3M时，每年计提1M折旧。

图1-15 传统手工沙盘的原定规则（1）——生产线购买、转产、维护、出售与折旧

## 1.4.6　原料采购与产品生产

原料采购与产品生产如图1-16所示。

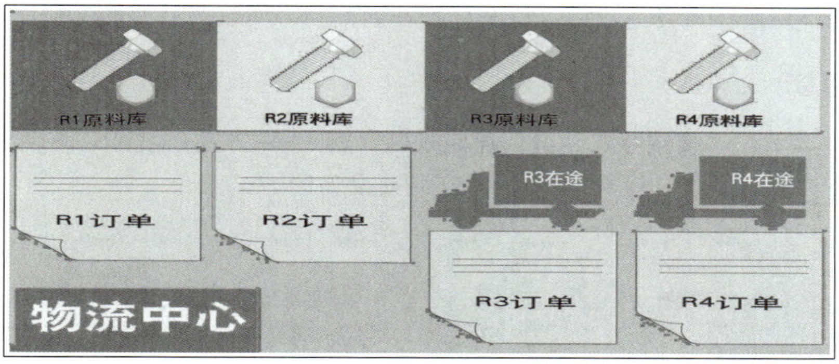


图1-16　原料采购与产品生产

采购：用空桶表示原料订货，并将其放在沙盘盘面相应的原料订单上。R1、R2订货必须提前一个季度；R3、R4订货必须提前2个季度。根据所下采购订单接收相应原料入库，并按规定付款或计入应付账款。

生产：开始生产时，按产品结构要求将原料放在生产线上并支付加工费，每种生产线都能生产所有产品，加工费均为1M/产品。空生产线才能上线生产，1条生产线在同一时刻只能生产1个产品。上线生产必须有原料，否则必须停工待料。

紧急采购：紧急采购时，付款即到货，原料价格为直接成本的2倍，成品价格为直接成本的3倍，多于直接成本的支出计入损失。

## 1.4.7　产品研发

产品研发如图1-17所示。

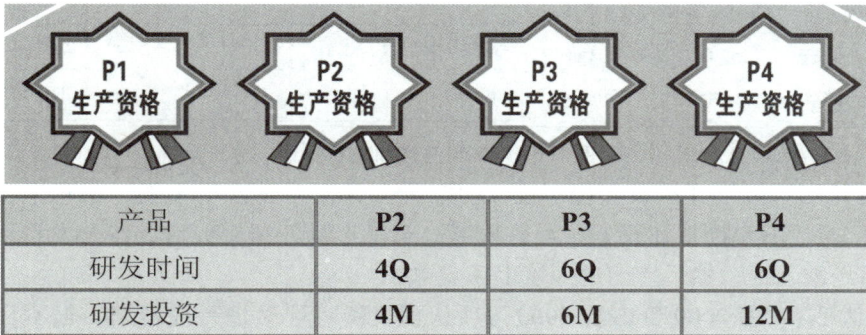

| 产品 | P2 | P3 | P4 |
|---|---|---|---|
| 研发时间 | 4Q | 6Q | 6Q |
| 研发投资 | 4M | 6M | 12M |

图1-17　产品研发

注意：新产品的研发与投资可以同时进行，按季度平均支付研发费用。资金短缺时，可随时中断或终止投资，但不可加速投资。在支付全部研发费用后的下一个周期方可开始生产新产品，可提前接单。

例如，P3产品的研发周期为6Q，企业从第一年1Q开始研发P3产品，最快要到第二年2Q才能完成研发，因此最快要到第二年3Q方可开始生产P3产品。企业在参加第二年销售订货会议时已经可以接P3产品订单，虽然此时P3产品的研发尚未完成。研发投资计入综合费用，研发完成后，持全部投资到裁判台换取产品生产资格证。

## 规则对比

### 传统手工沙盘的原定规则（2）——产品研发

传统手工沙盘的原定规则（2）——产品研发如图1-18所示。

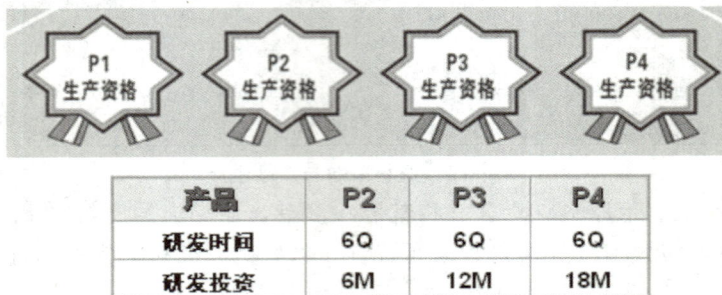

| 产品 | P2 | P3 | P4 |
|---|---|---|---|
| 研发时间 | 6Q | 6Q | 6Q |
| 研发投资 | 6M | 12M | 18M |

图1-18　传统手工沙盘的原定规则（2）——产品研发

## 1.4.8　市场开拓和ISO认证

市场开拓和ISO认证如图1-19所示。

| 管理体系 | ISO 9000 | ISO 14000 |
|---|---|---|
| 建立时间 | ≥2年 | ≥3年 |
| 所需投资 | 1M/年 | 1M/年 |

| 市场 | 区域 | 国内 | 亚洲 | 国际 |
|---|---|---|---|---|
| 完成时间 | ≥1年 | ≥2年 | ≥3年 | ≥4年 |
| 投资规则 | 1M/年 | 1M/年 | 1M/年 | 1M/年 |

图1-19　市场开拓和ISO认证

市场开拓：市场开拓投资按年度支付，允许同时开拓多个市场，但每个市场每年最多投资1M，不允许加速投资，允许中断。某一市场开拓完成后，持开发费用到裁判台领取市场准入证，然后才能进入该市场竞单。

ISO认证：ISO 9000和ISO 14000两项认证投资可同时进行或延期，但不可加速投资。相应投资完成后，持投资费用到裁判台领取ISO 9000或ISO 14000资格证。

当年市场开拓投资与ISO认证投资计入当年综合费用。

## 1.4.9　融资贷款与资金贴现

融资贷款与资金贴现如图1-20所示。

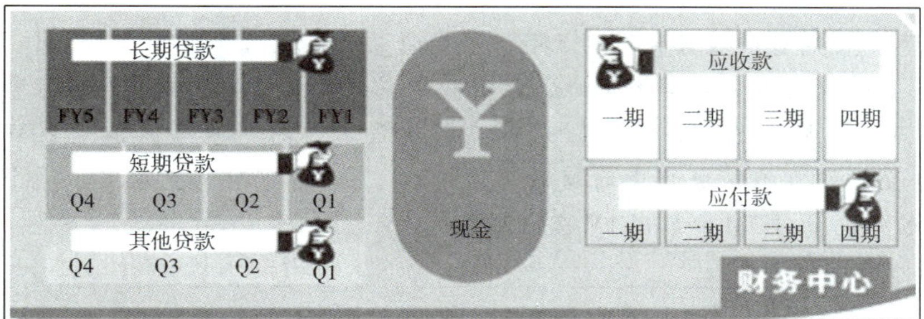


| 贷款类型 | 贷款时间 | 贷款额度 | 年息 | 还款方式 |
| --- | --- | --- | --- | --- |
| 长期贷款 | 每年年末 | 上年权益的2倍 | 10% | 年底付息，到期还本 |
| 短期贷款 | 每季度初 | 上年权益的2倍 | 5% | 到期一次还本付息 |
| 高 利 贷 | 任何时间 | 与银行协商 | 20% | 到期一次还本付息 |
| 资金贴现 | 任何时间 | 视应收款额 | 1：7 | 变现时贴息 |

图1-20　融资贷款与资金贴现

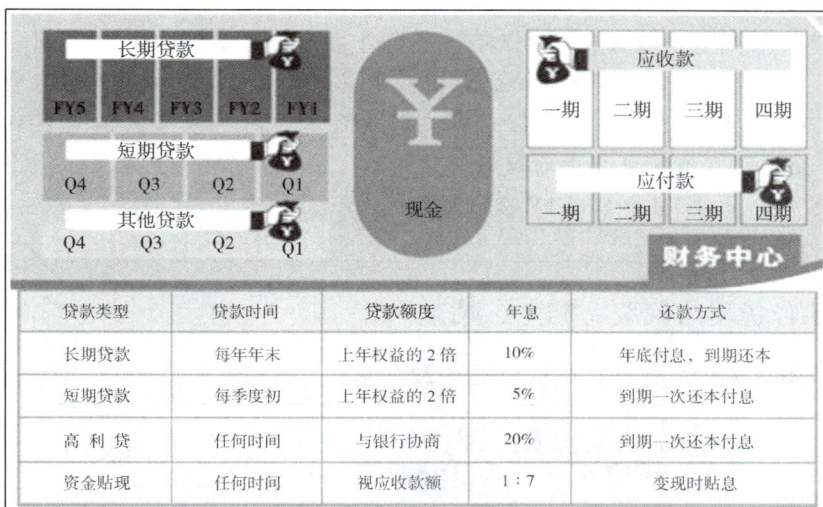

注意：长期贷款最长期限为5年，短期贷款及高利贷期限为1年，不足1年按1年计息。长期贷款每年需还利息，新贷长期贷款次年开始交利息，当年偿还的长期贷款当年也要交利息；短期贷款到期一次还本付息（贷款只能是20M的整数倍）。资金贴现在有应收账款时随时可以进行，金额是8M的整数倍，不论应收账款期限长短，从每8M中拿出1M交贴现费。

## 规则对比

### 传统手工沙盘的原定规则（3）——融资贷款与资金贴现

传统手工沙盘的原定规则（3）——融资贷款与资金贴现如图1-21所示。

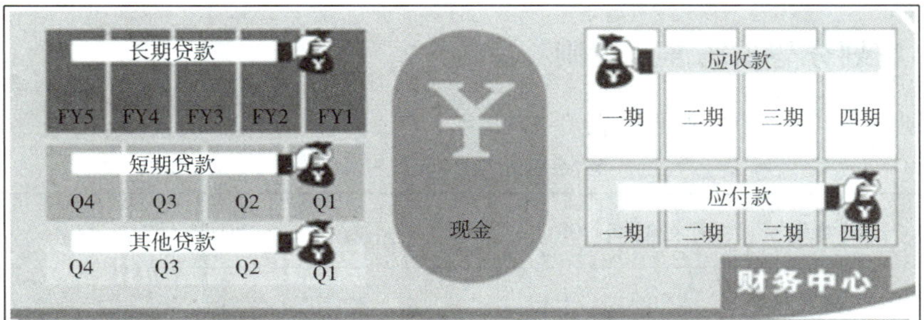


| 贷款类型 | 贷款时间 | 贷款额度 | 年息 | 还款方式 |
| --- | --- | --- | --- | --- |
| 长期贷款 | 每年年末 | 上年权益的2倍 | 10% | 年底付息，到期还本 |
| 短期贷款 | 每季度初 | 上年权益的2倍 | 5% | 到期一次还本付息 |
| 高 利 贷 | 任何时间 | 与银行协商 | 20% | 到期一次还本付息 |
| 资金贴现 | 任何时间 | 视应收款额 | 1：6 | 变现时贴息 |

图1-21　传统手工沙盘的原定规则（3）——融资贷款与资金贴现

注意：长期贷款最长期限为5年，短期贷款及高利贷期限为1年，不足1年按1年计息。长期贷款每年需还利息，新贷长期贷款次年开始交利息，当年偿还的长期贷款当年也要交利息；短期贷款到期一次还本付息（贷款只能是20M的整数倍）。资金贴现在有应收账款时随时可以进行，金额是7M的整数倍，不论应收账款期限长短，从每7M中拿出1M交贴现费。

### 1.4.10 综合费用与税费、利息、贴息

综合费用与税费、利息、贴息如图1-22所示。

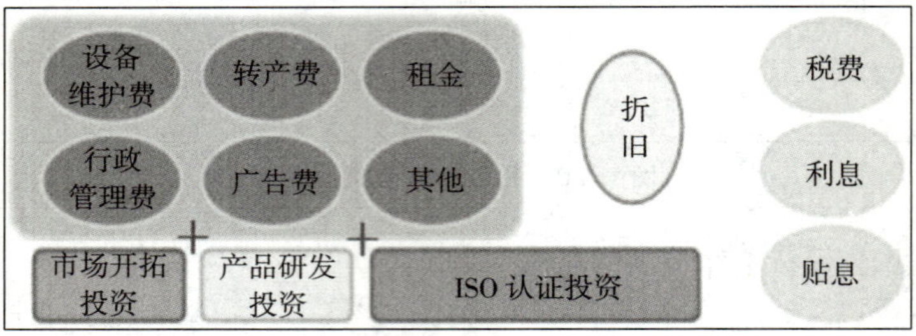


图1-22 综合费用与税费、利息、贴息

综合费用：行政管理费（每个季度1M）、市场开拓投资、产品研发投资、ISO认证投资、广告费、转产费、设备维护费、租金等计入综合费用。

税费：每年的所得税费用计入应交税费，在下一年年初交纳。

利息、贴息：利息、贴息等在利润表中单列为财务支出，不计入综合费用。

## 1.5 市场规则简表

### 1.5.1 市场划分与市场准入规则

市场划分与市场准入规则见表1-3。

表1-3 市场划分与市场准入规则

| 市场 | 开拓费用 | 开拓时间 | 说明 |
|---|---|---|---|
| 区域 | 1M | 1年 | 各市场开拓可同时进行<br>资金短缺时可随时中断或终止投资<br>开拓费用按开拓时间平均投入，不允许加速投资<br>市场开拓完成后，领取相应的市场准入证 |
| 国内 | 2M | 2年 | |
| 亚洲 | 3M | 3年 | |
| 国际 | 4M | 4年 | |

### 1.5.2　销售会议与订单争取

销售预测和销售订单是企业生产的依据。

1）销售会议

每年年初，各企业的营销总监都要参加销售会议，并根据市场地位、广告投放量、上年订单销售额等，按顺序选择订单。

2）市场地位

市场地位是针对每个市场而言的。企业的市场地位根据上一年度各企业的实际销售额排列，销售额最高的企业是该市场的“市场老大”。市场老大是有可能改变的。

3）广告投放

广告是分市场、分产品投放的，投入1M广告费有1次选取订单的机会，以后每多投2M广告费增加1次选单的机会，但能否选上订单则取决于市场需求、竞争态势等因素。例如，A公司为第三年本地市场老大，其在P2产品上投入了5M广告费，即可以获得3次选单的机会，但若在第一轮选单完毕后只剩下1张订单，那么A公司只能实现2次选单，而不能实现3次选单。

在“广告报价单”中按市场、产品决定需要投放的广告费。9K和14K分别指ISO 9000和ISO 14000，如果希望获得标有“ISO 9000”或“ISO 14000”的订单，则必须在相应的栏目中投入1M且只需要1M的广告费，该投入对该市场的所有产品有效。

4）客户订单（市场需求）

客户订单以卡片的形式表示。卡片上标注了市场、产品、产品数量、单价、订单价值总额、账期、特殊要求等内容。

（1）订单上的账期代表客户收货时货款的交付方式。若账期为0，则表示现金付款；若账期为3Q，则表示客户付给企业的是3个季度到期的应收账款。

（2）如果订单上标注了“ISO 9000”或“ISO 14000”，则要求生产企业必须取得相应的认证并投放了相应的广告费。只有2个条件都具备，才能接此订单。

（3）如果订单上有“加急!!!”字样，表示此订单为加急订单，必须在当年第一季度交货；其余订单为普通订单，可以在当年任一季度交货。如果不能按时交货，企业将受到以下处罚：

①因为不守信用，所以市场地位下降一级；如果市场老大没有按期交货，则其市场地位下降后，本年该市场没有市场老大。

②下一年该订单必须最先交货。

③交货时扣除该订单总额的20%（取整）作为违约金。

5）订单争取（竞争态势）

（1）市场老大要想获得选单机会，至少要投1M的广告费。

（2）无论投入多少广告费，每次只能选择1张订单，然后等待下一次选单机会。

（3）各个市场的产品数量是有限的，并非打广告就一定能得到订单，只有“市场预测”准确并且“商业间谍”得力的企业，才能占据优势。

## 1.6 企业运营规则简表

在现实生活中，企业需要遵循分门别类、名目繁多的各项法规，以及产品开发、生产运作、资金融通的原则。在本实训中，主要有8个方面的规则。

### 1.6.1 厂房购买、租赁与出售

厂房购买、租赁与出售见表1-4。

表1-4 厂房购买、租赁与出售

| 厂 房 | 买 价 | 租 金 | 售 价 | 容 量 |
| --- | --- | --- | --- | --- |
| 大厂房 | 40M | 5M/年 | 40M（4Q） | 6条生产线 |
| 小厂房 | 30M | 3M/年 | 30M（3Q） | 4条生产线 |

### 1.6.2 生产线购买、转产、维护、出售与折旧

生产线购买、转产、维护、出售与折旧见表1-5和表1-6。

表1-5 生产线购买、转产、维护、出售

| 生产线 | 购买价格 | 安装周期 | 生产周期 | 转产周期 | 转产费用 | 维护费用 | 出售残值 |
| --- | --- | --- | --- | --- | --- | --- | --- |
| 手工线 | 5M | 无 | 3Q | 无 | 无 | 1M/年 | 1M |
| 半自动线 | 10M | 2Q | 2Q | 1Q | 1M | 1M/年 | 2M |
| 全自动线 | 15M | 3Q | 1Q | 1Q | 2M | 1M/年 | 3M |
| 柔性线 | 20M | 4Q | 1Q | 无 | 无 | 1M/年 | 4M |

表1-6 生产线折旧

| 生产线 | 购置费 | 残值 | 建成第一年 | 建成第二年 | 建成第三年 | 建成第四年 | 建成第五年 |
| --- | --- | --- | --- | --- | --- | --- | --- |
| 手工线 | 5M | 1M | 0 | 1M | 1M | 1M | 1M |
| 半自动线 | 10M | 2M | 0 | 2M | 2M | 2M | 2M |
| 全自动线 | 15M | 3M | 0 | 3M | 3M | 3M | 3M |
| 柔性线 | 20M | 4M | 0 | 4M | 4M | 4M | 4M |

### 1.6.3 原料采购

原料采购涉及2个环节，即签订采购合同和按合同收料。签订采购合同时，要注意采购提前期，R1和R2需要提前一期下订单，R3和R4需要提前两期下订单，到期方可取料。早了会造成原料积压，占用资金；晚了会造成停工待料，影响生产效率。

货物到达时，必须照单接收，即按合同收料并支付原料费，同时录入采购登记表中采购入库的相应栏目。

### 1.6.4　产品构成与产品生产

产品研发完成后，即可生产。生产不同的产品需要不同的原料。

产品构成与产品生产见表1-7。

表1-7　产品构成与产品生产

| 产　品 | 产品构成 | | | | 成　本 |
|---|---|---|---|---|---|
| P1 | 1M加工费 | 1R1 | | | 2M |
| P2 | 1M加工费 | 1R1 | 1R2 | | 3M |
| P3 | 1M加工费 | 2R2 | 1R3 | | 4M |
| P4 | 1M加工费 | 1R2 | 1R3 | 2R4 | 5M |

（1）R1红币、R2橙币、R3蓝币、R4绿币均为原料，每个价值均为1M。

（2）生产上述产品需要支付的加工费相同，均为1M/产品，用灰币表示。每条生产线只能有1个产品在线生产，开始生产时按产品构成要求将原料放在生产线上，并支付1M加工费。

### 1.6.5　产品研发

产品研发见表1-8。

表1-8　产品研发

| 产　品 | P2 | P3 | P4 | 说　明 |
|---|---|---|---|---|
| 研发时间 | 4Q | 6Q | 6Q | 研发时间可以延长，但不能加速投资 |
| 研发投资 | 4M | 6M | 12M | |

### 1.6.6　ISO认证

ISO认证见表1-9。

表1-9　ISO认证

| ISO认证体系 | ISO 9000 | ISO 14000 | 备注说明 |
|---|---|---|---|
| 持续时间 | 2年 | 3年 | 认证时间可以延长，但不能提前 |
| 认证费用 | 2M | 3M | |

### 1.6.7　融资贷款与资金贴现

融资贷款与资金贴现见表1-10。

表1-10 融资贷款与资金贴现

| 贷款类型 | 贷款时间 | 贷款额度 | 年息 | 还款方式 | 贷/息 |
|---|---|---|---|---|---|
| 长期贷款<br>（最长为5年） | 每年年末 | 上年权益的2倍 | 10% | 年底付息，到期还本 | 20M/2M |
| 短期贷款<br>（1年） | 每季度初 | 上年权益的2倍 | 5% | 到期一次还本付息 | 20M/1M |
| 高利贷<br>（1年） | 任何时间 | 与银行协商 | 20% | 到期一次还本付息 | 20M/4M |
| 资金贴现 | 任何时间 | 视应收款额 | 1：7 | 变现时贴息 | 8M/1M |

说明：本年长期贷款的最大额度=上年权益×2-已贷长期贷款；短期贷款同理。

### 1.6.8 综合费用与折旧、税费、利息、贴息

综合费用与折旧、税费、利息、贴息见表1-11。

表1-11 综合费用与折旧、税费、利息、贴息

| 费用 | 说明 |
|---|---|
| 综合费用 | 包括行政管理费、市场开拓投资、产品研发投资、ISO认证投资、广告费、转产费、设备维护费、租金等 |
| 折旧 | 采用平均年限法，折旧年限是5年 |
| 税费 | 每年的所得税费用计入应交税费 |
| 利息、贴息 | 在利润表中单列为财务支出 |

## 1.7 编制简易财务报表说明

简易利润表见表1-12。

表1-12 简易利润表（以起始年为例） 单位：百万元

| 序号 | 项目 | | 本期金额 | 上期金额 | 数据来源 |
|---|---|---|---|---|---|
| 1 | 营业收入 | + | 32 | 35 | 产品核算统计表中的销售额合计 |
| 2 | 营业成本 | - | 12 | 12 | 产品核算统计表中的成本合计 |
| 3 | 毛利 | = | 20 | 23 | 产品核算统计表中的毛利合计 |
| 4 | 综合费用 | - | 9 | 11 | 综合费用明细表中的合计 |
| 5 | 折旧前利润 | = | 11 | 12 | 行序号3数据-行序号4数据 |
| 6 | 折旧 | - | 4 | 4 | 盘点盘面上的折旧数据 |
| 7 | 支付利息前利润 | = | 7 | 8 | 行序号5数据-行序号6数据 |
| 8 | 财务收入/支出 | +/- | （4） | （4） | 支付借款、高利贷利息和贴息计入财务支出 |
| 9 | 其他收入/支出 | +/- | 0 | 0 | 其他收支 |
| 10 | 利润总额 | = | 3 | 4 | 行序号7数据+/-行序号8、9数据 |
| 11 | 所得税费用 | - | 1 | 1 | 行序号10数据为正数时除以3取整 |
| 12 | 净利润 | = | 2 | 3 | 行序号10数据-行序号11数据 |

提示：如果前几年净利润为负数，今年的盈利可先用来弥补以前的亏损，再计算所得税费用。

简易资产负债表见表1-13。

表1-13　　简易资产负债表（以起始年为例）　　单位：百万元

| 资产 | | 期末余额（数据来源） | 上年年末余额 | 负债和所有者权益 | | 期末余额（数据来源） | 上年年末余额 |
|---|---|---|---|---|---|---|---|
| 流动资产： | | | | 负债： | | | |
| 货币资金 | + | 42（盘点现金库中的现金） | 20 | 短期借款 | + | 0（盘点短期借款） | 0 |
| 应收账款 | + | 0（盘点应收账款） | 15 | 应付账款 | + | 0（盘点应付账款） | 0 |
| 在制品 | + | 8（盘点线上在制品） | 8 | 应交税费 | + | 1（根据本年度简易利润表中的所得税费用填列） | 1 |
| 成品 | + | 6（盘点库中成品） | 6 | 一年内到期的非流动负债 | + | 0（盘点一年内到期的长期借款） | 0 |
| 原料 | + | 2（盘点原料库中原料） | 3 | 长期借款 | + | 40（除一年内到期的长期借款） | 40 |
| 流动资产合计 | = | 58（以上5项之和） | 52 | 负债合计 | = | 41（以上5项之和） | 41 |
| 非流动资产： | | | | 所有者权益： | | | |
| 土地及厂房 | + | 40（厂房价值之和） | 40 | 实收资本 | + | 50（股东不增资的情况下为50） | 50 |
| 生产设施 | + | 9（设备净值之和） | 13 | 利润留存 | + | 14（上一年利润留存+上一年年度净利润） | 11 |
| 在建工程 | + | 0（在建设备价值之和） | 0 | 年度净利润 | + | 2（简易利润表中的净利润） | 3 |
| 非流动资产合计 | = | 49（以上3项之和） | 53 | 所有者权益合计 | = | 66（以上3项之和） | 64 |
| 资产总计 | = | 107（流动资产+非流动资产） | 105 | 负债和所有者权益总计 | = | 107（负债+所有者权益） | 105 |

## 1.8　市场预测报告（7份）

这是一家权威的市场调研机构对未来各个市场需求的预测。应该说，这一预测具有很高的可信度，但根据这一预测进行企业的经营运作，其后果将由各企业自行承担。

P1产品是目前市场上的主流产品，P2产品作为P1产品的技术改良产品，也比较容易获得大众的认同。P3和P4产品作为P系列产品里的高端产品，各个市场对它们的认同度不尽相同，它们的需求量与价格也存在较大的差异。

### 1.8.1　6组竞赛市场预测

1）本地市场

本地市场预测如图1-23所示。

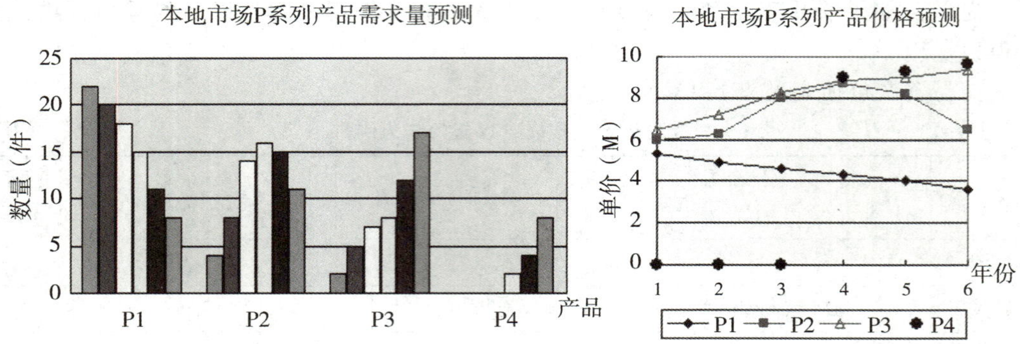


图 1-23　本地市场预测

本地市场将会持续发展，客户对低端产品的需求可能会下降。随着需求的下降，低端产品的价格很有可能逐步走低。后几年，随着高端产品的成熟，客户对P3和P4产品的需求将越来越强烈。同时，随着客户质量意识的不断提高，在后几年，客户可能更看好企业通过了ISO 9000和ISO 14000认证的产品。

2）区域市场

区域市场预测如图1-24所示。

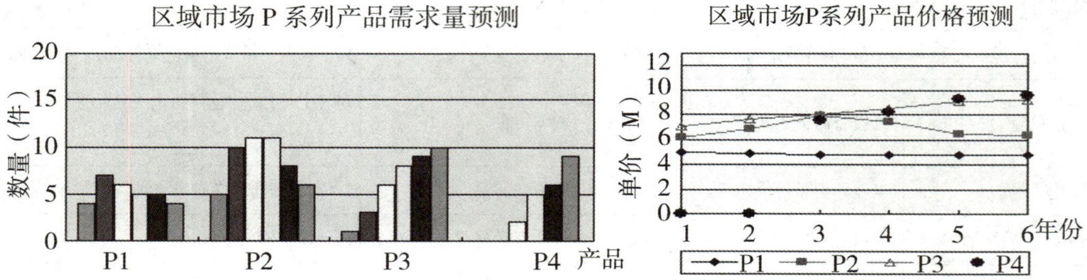


图 1-24　区域市场预测

区域市场的客户对P系列产品的喜好相对稳定，因此市场需求量的波动也比较平稳。因其紧邻本地市场，所以产品需求量的走势可能与本地市场相似，价格趋势也大致一样。该市场的客户比较乐于接受新的事物，对高端产品比较有兴趣。然而，由于受到地域的限制，因此该市场的需求总量非常有限。同时，这个市场上的客户比较挑剔，在后几年，客户可能更看好企业通过了ISO 9000和ISO 14000认证的产品。

3）国内市场

国内市场预测如图1-25所示。

因为P1产品带有较浓的地域色彩，所以国内市场的客户对P1产品不会有持久的需求。因为P2产品更适合国内市场，所以客户对P2产品的需求会比较平稳。随着客户对P系列产品的逐渐认同，客户对P3产品的需求可能会越来越强烈，但客户对P4产品并不那么认同。当然，对于高端产品，客户一定会更看重质量认证。

4）亚洲市场

亚洲市场预测如图1-26所示。

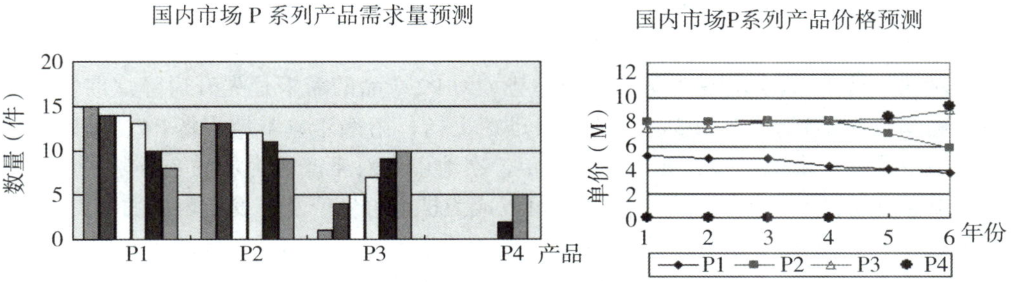


图 1-25　国内市场预测

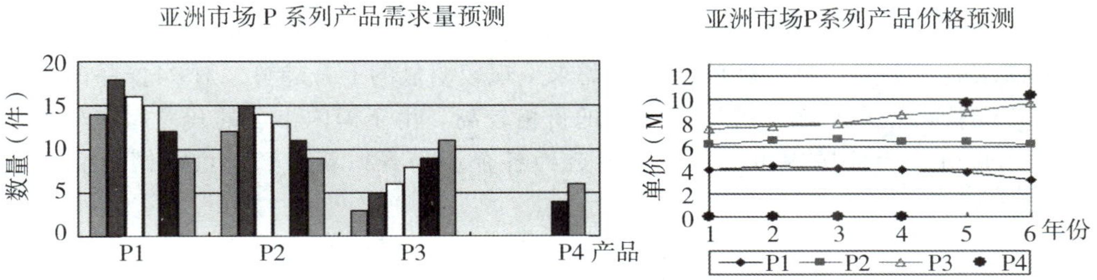


图 1-26　亚洲市场预测

这个市场上客户的喜好一向波动较大，所以客户对 P1 产品的需求可能起伏较大，估计 P2 产品的需求走势与 P1 产品相似。该市场的客户对新产品很敏感，因此客户对 P3 和 P4 产品的需求可能会越来越强烈，P3 和 P4 产品的价格也可能不菲。另外，该市场的客户很看重产品的质量，所以在后几年里，企业没有通过 ISO 9000 和 ISO 14000 认证的产品可能很难销售。

5）国际市场

国际市场预测如图 1-27 所示。

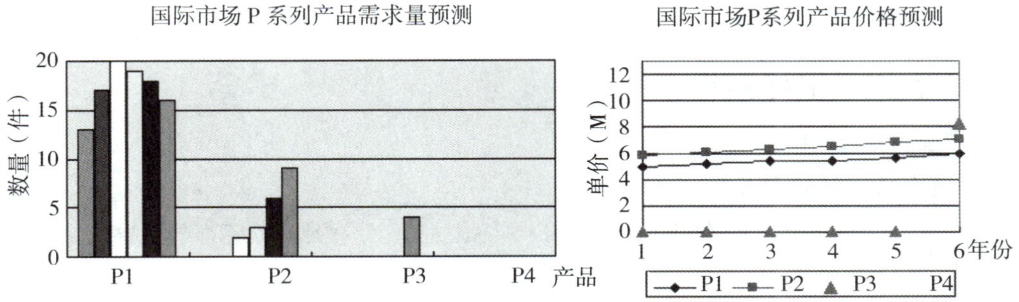


图 1-27　国际市场预测

P 系列产品进入国际市场可能需要一个较长的时期。有迹象表明，该市场的客户对 P1 产品已经有所认同，需求也比较旺盛。对于 P2 产品，客户将会谨慎地接受。对于新兴的技术，该市场的客户将会以观望为主，因此客户对 P3 和 P4 产品的需求可能很弱。因为产品需求主要集中在低端产品上，所以客户对 ISO 9000 和 ISO 14000 认证的要求并不如其他几个市场那么高，但也不排除客户在后期会有这方面的要求。

关于市场预测的简略分析：

本地市场：总体市场需求量大，客户对P1产品的需求呈现明显的下降趋势，与之相反的是，对P3产品的需求呈现明显的上升趋势，对P2产品的需求是先升后降。前三年，P1产品的利润空间不错，P2、P3产品的价格迅速上扬；第四年，本地市场P4产品的价格在各个市场中最高。由此可知，在第一、二年，本地市场对生产能力弱的企业来说，是一个不错的生存市场；第三年以后，本地市场可以成为扩大再生产及开发新市场的有力后盾。

区域市场：开发周期短，市场容量不是很大，但客户对P2产品的需求量较大，产品价格较平稳。在竞争不太激烈的情况下，可以考虑将区域市场作为企业的利基市场。因此，区域市场的问题在于如何有效利用。

国内市场：国内市场中P1、P2、P3产品的容量明显大于区域市场，客户对P1、P2产品的需求略呈下降趋势，对P3产品的需求呈现较明显的上升趋势，对P4产品的需求量不大。产品价格相对平稳，P2、P3产品的价格较高。由于国内市场的开发周期与产品的研发周期接近，因此国内市场很可能会成为各企业为开拓新市场、增加销售而争夺的焦点。

亚洲市场：开发周期较长，高端产品价格平稳，市场容量略高于平均水平，客户对P1、P2、P3产品的需求量明显大于区域市场。由于后几年各企业的产能都可能有所扩大，因此占领新市场将成为一些企业的目标。在激烈的市场竞争中，亚洲市场在第四年可能会成为广告投放的重地；如果竞争不激烈，则亚洲市场极有可能成为独家的舞台。总之，掌握竞争对手的市场开拓信息非常重要。

国际市场：这是一个非常独特的市场，其独特性并不在于其开发周期最长，而在于从所有年份来看，客户对P1产品的需求都非常旺盛，在各市场P1产品的需求量和价格都普遍下降的情况下，国际市场P1产品的价格却节节攀升，后期P1产品在所有产品中利润率最高。国际市场的独特性还表现在该市场的客户对P3、P4产品几乎没有需求，对P2产品的需求在其他市场呈下降趋势的情况下反而呈上升趋势，虽然规模不是很大。这种独特性也许可以成为企业制胜甚至反败为胜的关键。

## 1.8.2 7组竞赛市场预测

1）本地市场

本地市场预测如图1-28所示。

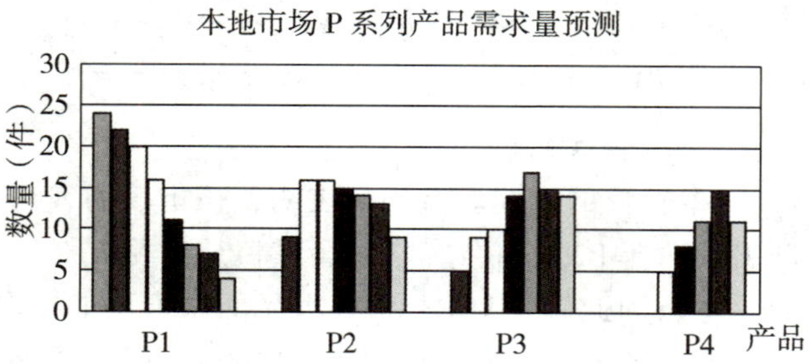


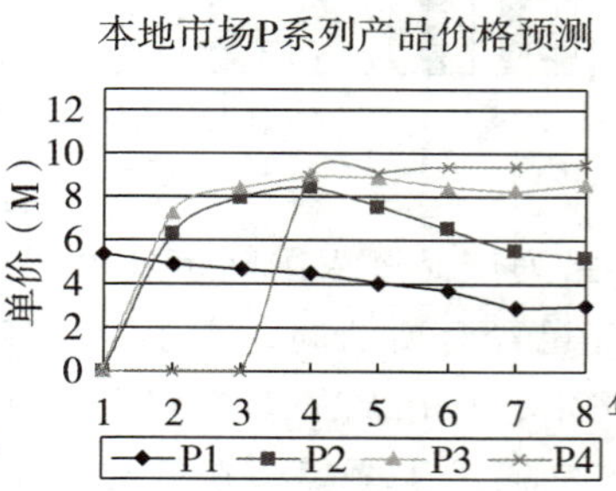


图1-28 本地市场预测

本地市场将会持续发展，客户对低端产品的需求可能会下降。随着需求的下降，低端产品的价格很有可能逐步走低。后几年，随着高端产品的成熟，客户对P3和P4产品的需求总体上看比较旺盛。同时，随着客户质量意识的不断提高，在后几年，客户可能更看好企业通过了ISO 9000和ISO 14000认证的产品。

2）区域市场

区域市场预测如图1-29所示。

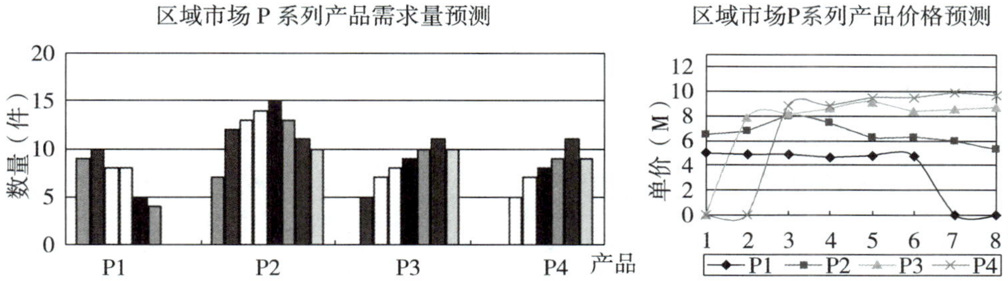


图1-29　区域市场预测

区域市场的客户相对稳定，客户对P系列产品需求的变化很有可能比较平稳。因其紧邻本地市场，所以产品需求量的走势可能与本地市场相似，价格趋势也大致一样。该市场容量有限，客户比较乐于接受新的事物，但客户会更看好企业通过了ISO 9000和ISO 14000认证的产品。

3）国内市场

国内市场预测如图1-30所示。

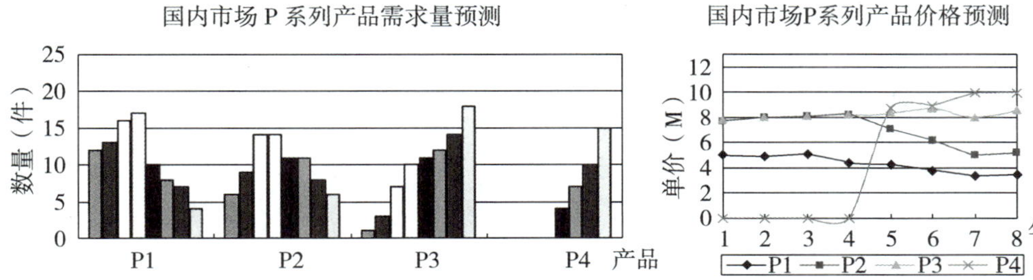


图1-30　国内市场预测

因为P1产品带有较浓的地域色彩，所以国内市场的客户对P1产品不会有持久的需求。因为P2产品更适合国内市场，所以客户对P2产品的需求会比较平稳。随着客户对P系列产品的逐渐认同，客户对P3和P4产品的需求可能会越来越强烈。当然，对于高端产品，客户一定会更看重质量认证。

4）亚洲市场

亚洲市场预测如图1-31所示。

这个市场上客户的喜好一向波动较大，所以客户对P1产品的需求可能起伏较大。该市场的客户对新产品很敏感，因此客户对P3和P4产品的需求可能会越来越强烈，P3和P4产品的价格也可能不菲。另外，该市场的客户很看重产品的质量，所以在后几年里，企业没有通过ISO 9000和ISO 14000认证的产品可能很难销售。

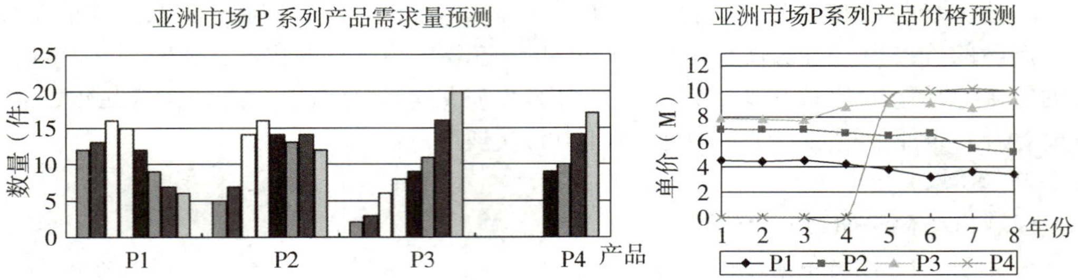


图 1-31 亚洲市场预测

5）国际市场

国际市场预测如图 1-32 所示。

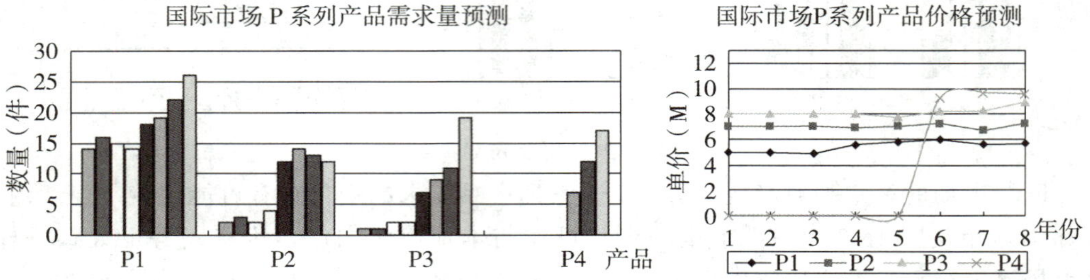


图 1-32 国际市场预测

P 系列产品进入国际市场可能需要一个较长的时期。有迹象表明，该市场的客户对 P1 产品已经有所认同，需求也比较旺盛。该市场的客户对 P2、P3 和 P4 产品的接受会很谨慎。当然，国际市场的客户也会关注企业通过了 ISO 9000 和 ISO 14000 认证的产品。

### 1.8.3 8组竞赛市场预测

1）本地市场

本地市场预测如图 1-33 所示。

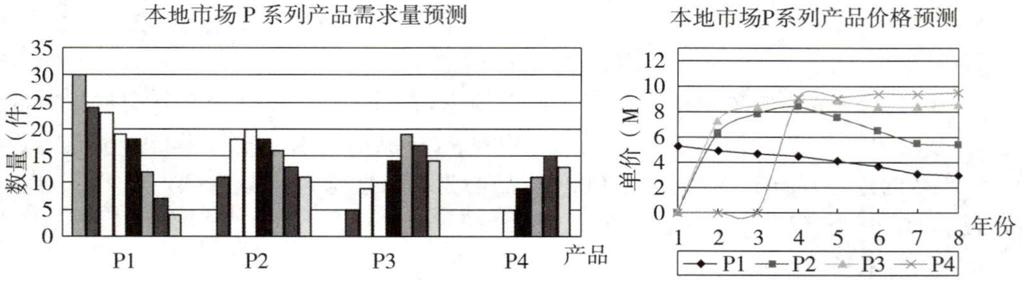


图 1-33 本地市场预测

本地市场将会持续发展，客户对低端产品的需求可能会下降。随着需求的下降，低端产品的价格很有可能逐步走低。后几年，随着高端产品的成熟，客户对 P3 和 P4 产品的需求总体上看比较旺盛。同时，随着客户质量意识的不断提高，在后几年，客户可能更看好企业通过了 ISO 9000 和 ISO 14000 认证的产品。

2）区域市场

区域市场预测如图 1-34 所示。

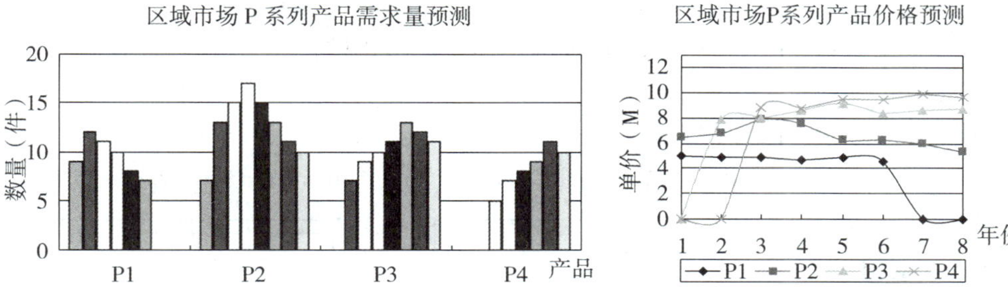


图 1-34　区域市场预测

区域市场的客户相对稳定，客户对 P 系列产品需求的变化很有可能比较平稳。因其紧邻本地市场，所以产品需求量的走势可能与本地市场相似，价格趋势也大致一样。该市场容量有限，客户比较乐于接受新的事物，但客户会更看好企业通过了 ISO 9000 和 ISO 14000 认证的产品。

3）国内市场

国内市场预测如图 1-35 所示。

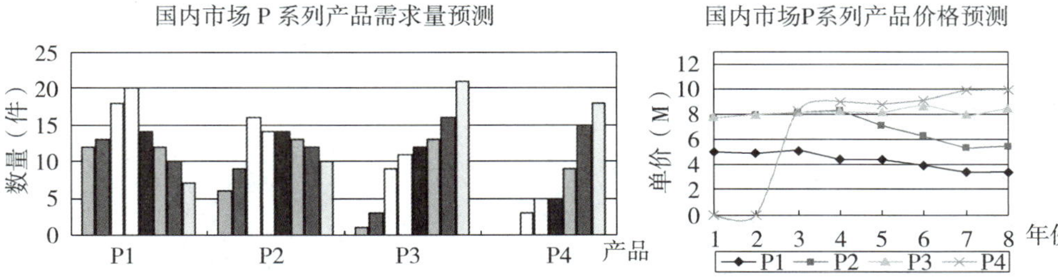


图 1-35　国内市场预测

因为 P1 产品带有较浓的地域色彩，所以国内市场的客户对 P1 产品不会有持久的需求。因为 P2 产品更适合国内市场，所以客户对 P2 产品的需求会比较平稳。随着客户对 P 系列产品的逐渐认同，客户对 P3 和 P4 产品的需求可能会越来越强烈。当然，对于高端产品，客户一定会更看重质量认证。

4）亚洲市场

亚洲市场预测如图 1-36 所示。

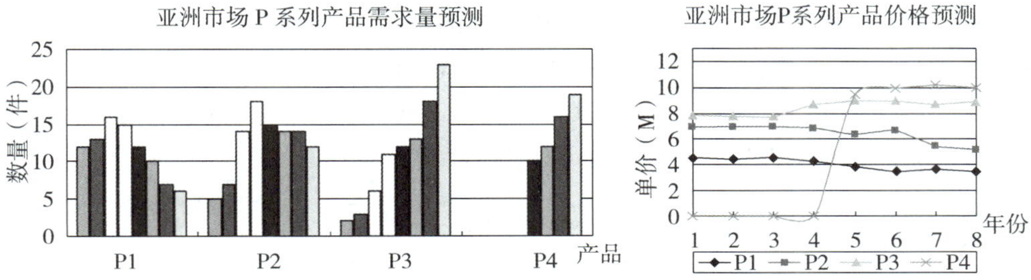


图 1-36　亚洲市场预测

这个市场上客户的喜好一向波动较大，所以客户对P1产品的需求可能起伏较大。该市场的客户对新产品很敏感，因此客户对P3和P4产品的需求会越来越强烈，P3和P4产品的价格也可能不菲。另外，该市场的客户很看重产品的质量，所以在后几年里，企业没有通过ISO 9000和ISO 14000认证的产品可能很难销售。

5）国际市场

国际市场预测如图1–37所示。

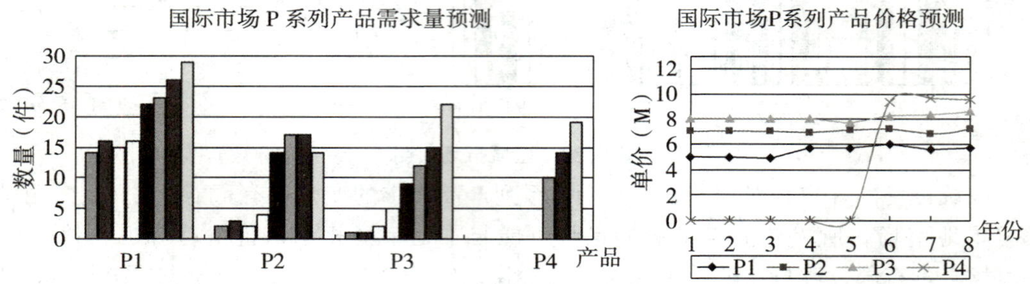


图1–37 国际市场预测

P系列产品进入国际市场可能需要一个较长的时期。有迹象表明，该市场的客户对P1产品已经有所认同，需求也比较旺盛。该市场的客户对P2、P3和P4产品的接受会很谨慎。当然，国际市场的客户也会更关注企业通过了ISO 9000和ISO 14000认证的产品。

### 1.8.4 9组竞赛市场预测

1）本地市场

本地市场预测如图1–38所示。

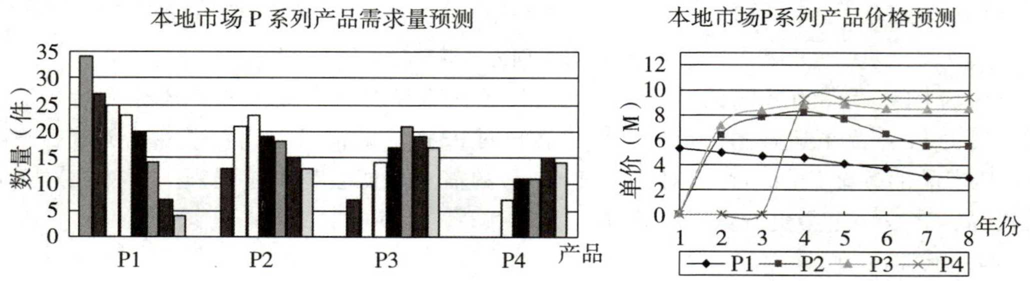


图1–38 本地市场预测

本地市场将会持续发展，客户对低端产品的需求可能会下降。随着需求的下降，低端产品的价格很有可能逐步走低。后几年，随着高端产品的成熟，客户对P3和P4产品的需求总体上看比较旺盛。同时，随着客户质量意识的不断提高，在后几年，客户可能更看好企业通过了ISO 9000和ISO 14000认证的产品。

2）区域市场

区域市场预测如图1–39所示。

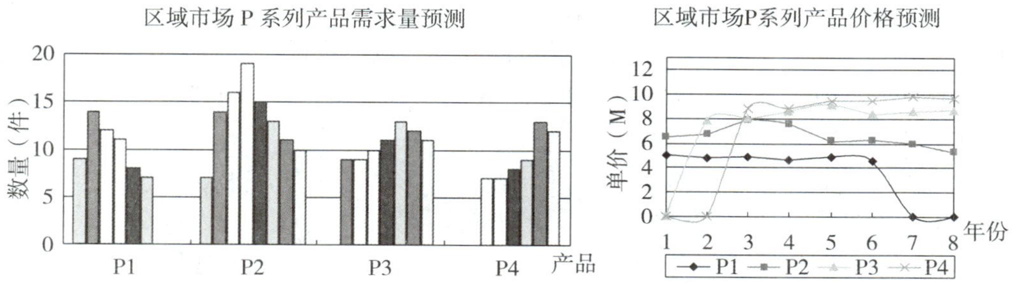


**图 1-39　区域市场预测**

区域市场的客户相对稳定，客户对P系列产品需求的变化很有可能比较平稳。因其紧邻本地市场，所以产品需求量的走势可能与本地市场相似，价格趋势也大致一样。该市场容量有限，客户比较乐于接受新的事物，但客户会更看好企业通过了ISO 9000和ISO 14000认证的产品。

**3）国内市场**

国内市场预测如图1-40所示。

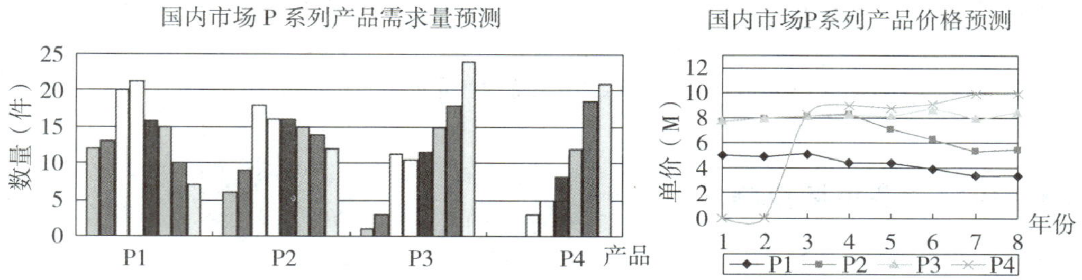


**图 1-40　国内市场预测**

因为P1产品带有较浓的地域色彩，所以国内市场的客户对P1产品不会有持久的需求。因为P2产品更适合国内市场，所以客户对P2产品的需求会比较平稳。随着客户对P系列产品的逐渐认同，客户对P3和P4产品的需求可能会越来越强烈。当然，对于高端产品，客户一定会更看重质量认证。

**4）亚洲市场**

亚洲市场预测如图1-41所示。

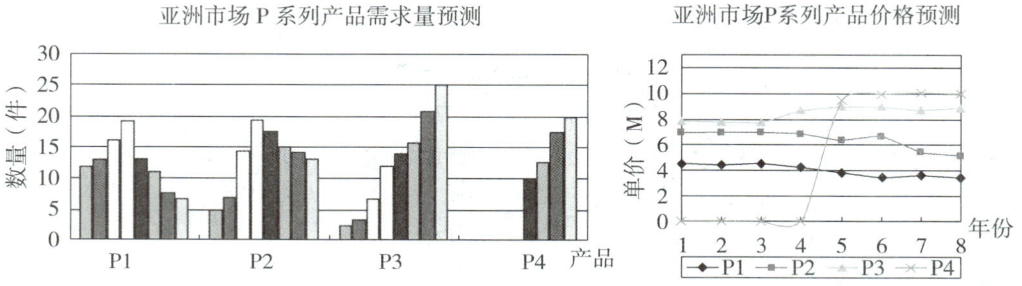


**图 1-41　亚洲市场预测**

这个市场上客户的喜好一向波动较大，所以客户对P1产品的需求可能起伏较大，估计P2产品的需求走势与P1产品相似。该市场的客户对新产品很敏感，因此客户对P3和P4产品的需求可能会越来越强烈，P3和P4产品的价格也可能不菲。另外，该市场的客户很看重产品的质量，所以在后几年里，企业没有通过ISO 9000和ISO 14000认证的产品可能很难销售。

5）国际市场

国际市场预测如图1-42所示。

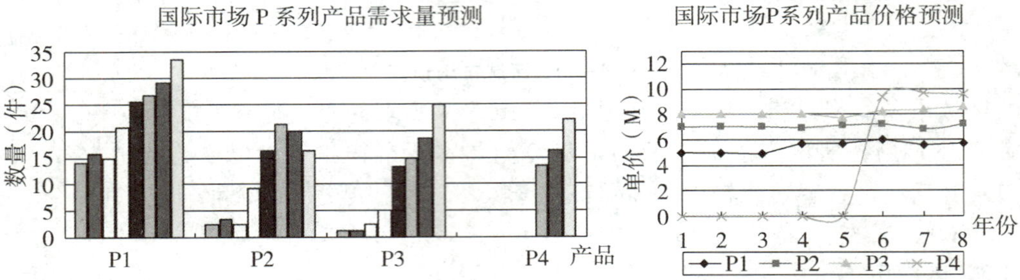


**图1-42　国际市场预测**

P系列产品进入国际市场可能需要一个较长的时期。有迹象表明，该市场的客户对P1产品已经有所认同，需求也较旺盛。该市场的客户对P2、P3和P4产品的接受会很谨慎。当然，国际市场的客户也会关注企业通过了ISO 9000和ISO 14000认证的产品。

## 1.8.5　10组竞赛市场预测

1）本地市场

本地市场预测如图1-43所示。

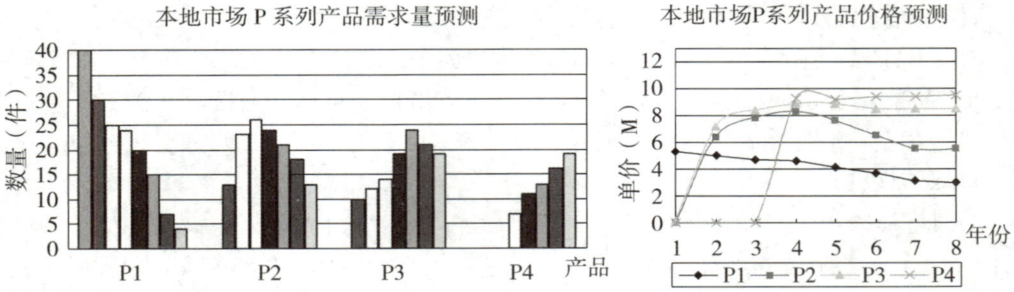


**图1-43　本地市场预测**

本地市场将会持续发展，客户对低端产品的需求可能会下降。随着需求的下降，低端产品的价格很有可能逐步走低。后几年，随着高端产品的成熟，客户对P3和P4产品的需求总体上看比较旺盛。同时，随着客户质量意识的不断提高，在后几年，客户可能更看好企业通过了ISO 9000和ISO 14000认证的产品。

2）区域市场

区域市场预测如图1-44所示。

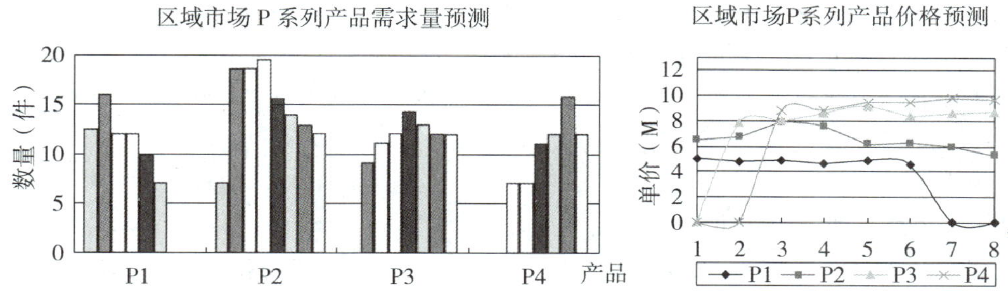


**图 1-44 区域市场预测**

区域市场的客户相对稳定，客户对P系列产品需求的变化很有可能比较平稳。因其紧邻本地市场，所以产品需求量的走势可能与本地市场相似，价格趋势也大致一样。该市场容量有限，客户比较乐于接受新的事物，但客户会更看好企业通过了ISO 9000和ISO 14000认证的产品。

### 3）国内市场

国内市场预测如图1-45所示。

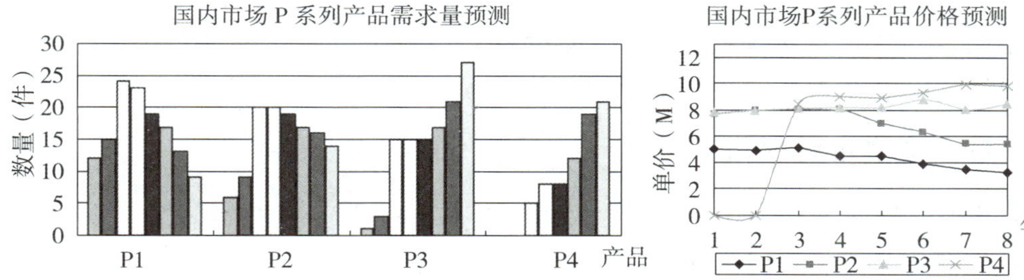


**图 1-45 国内市场预测**

因为P1产品带有较浓的地域色彩，所以国内市场的客户对P1产品不会有持久的需求。因为P2产品更适合国内市场，所以客户对P2产品的需求会比较平稳。随着客户对P系列产品的逐渐认同，客户对P3和P4产品的需求可能会越来越强烈。当然，对于高端产品，客户一定会更看重质量认证。

### 4）亚洲市场

亚洲市场预测如图1-46所示。

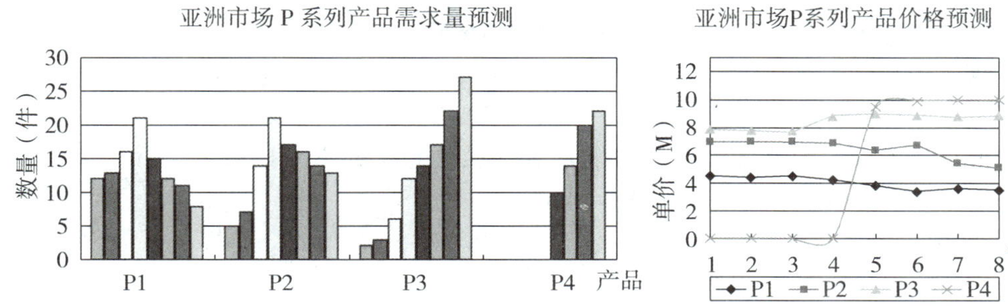


**图 1-46 亚洲市场预测**

这个市场上客户的喜好一向波动较大，所以客户对P1产品的需求可能起伏较大，估计P2产品的需求走势与P1产品相似。该市场的客户对新产品很敏感，因此客户对P3和P4产品的需求量可能会越来越强烈，P3和P4产品的价格也可能不菲。另外，该市场的客户很看重产品的质量，所以在后几年里，企业没有通过ISO 9000和ISO 14000认证的产品可能很难销售。

5）国际市场

国际市场预测如图1-47所示。

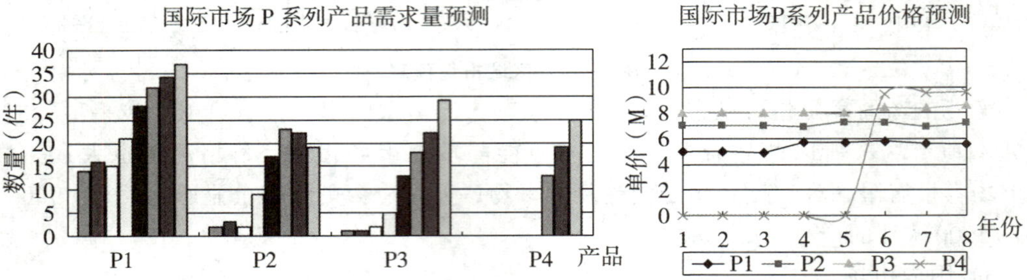


图1-47　国际市场预测

P系列产品进入国际市场可能需要一个较长的时期。有迹象表明，该市场的客户对P1产品已经有所认同，需求也较旺盛。该市场的客户对P2、P3和P4产品的接受会很谨慎。当然，国际市场的客户也会关注企业通过了ISO 9000和ISO 14000认证的产品。

### 1.8.6　11组竞赛市场预测

1）本地市场

本地市场预测如图1-48所示。

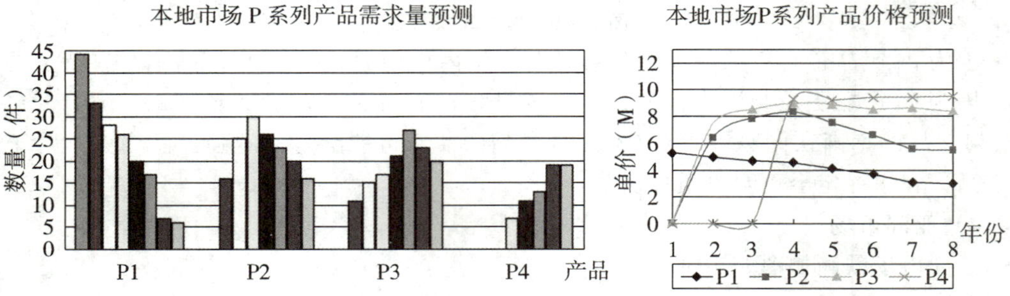


图1-48　本地市场预测

本地市场将会持续发展，客户对低端产品的需求可能会下降。随着需求的下降，低端产品的价格很有可能逐步走低。后几年，随着高端产品的成熟，客户对P3和P4产品的需求总体上看比较旺盛。同时，随着客户质量意识的不断提高，在后几年，客户可能更看好企业通过了ISO 9000和ISO 14000认证的产品。

2）区域市场

区域市场预测如图1-49所示。

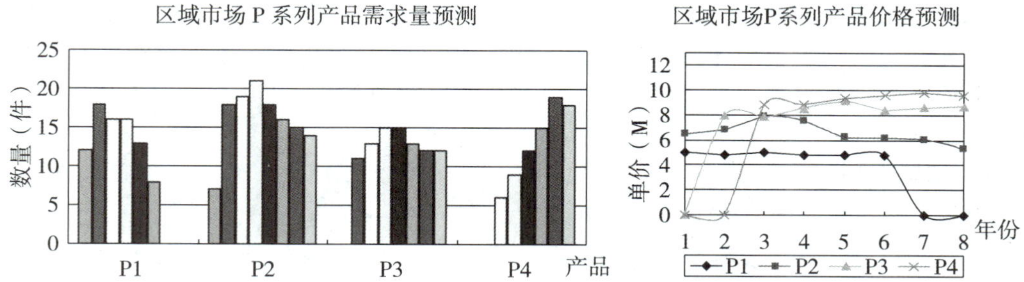


**图 1-49　区域市场预测**

区域市场的客户相对稳定，客户对P系列产品需求的变化很有可能比较平稳。因其紧邻本地市场，所以产品需求量的走势可能与本地市场相似，价格趋势也大致一样。该市场容量有限，客户比较乐于接受新的事物，但客户会更看好企业通过了ISO 9000和ISO 14000认证的产品。

### 3）国内市场

国内市场预测如图 1-50 所示。

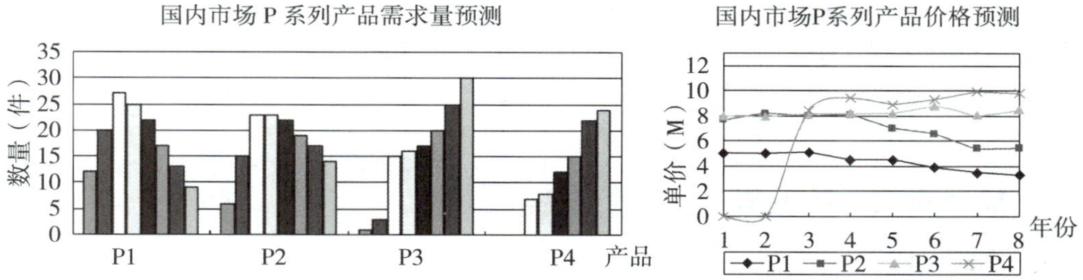


**图 1-50　国内市场预测**

因为P1产品带有较浓的地域色彩，所以国内市场的客户对P1产品不会有持久的需求。因为P2产品更适合国内市场，所以客户对P2产品的需求会比较平稳。随着客户对P系列产品的逐渐认同，客户对P3和P4产品的需求可能会越来越强烈。当然，对于高端产品，客户一定会更看重质量认证。

### 4）亚洲市场

亚洲市场预测如图 1-51 所示。

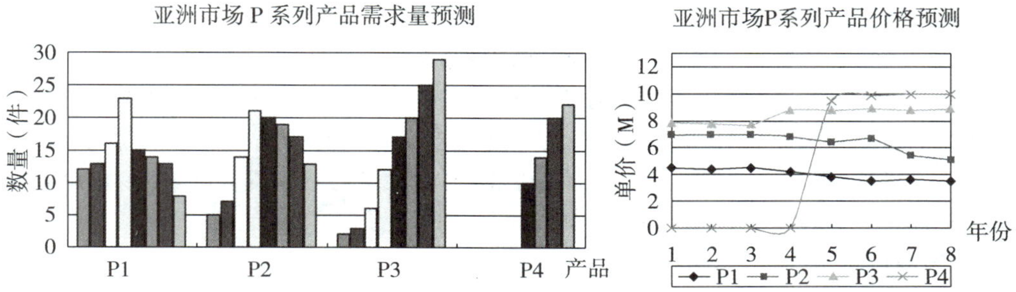


**图 1-51　亚洲市场预测**

这个市场上的客户喜好一向波动较大，所以客户对P1产品的需求可能起伏较大，估计P2产品的需求走势与P1产品相似。该市场的客户对新产品很敏感，因此客户对P3和P4产品的需求可能会越来越强烈，P3和P4产品的价格也可能不菲。另外，该市场的客户很看重产品的质量，所以在后几年里，企业没有通过ISO 9000和ISO 14000认证的产品可能很难销售。

5）国际市场

国际市场预测如图1-52所示。

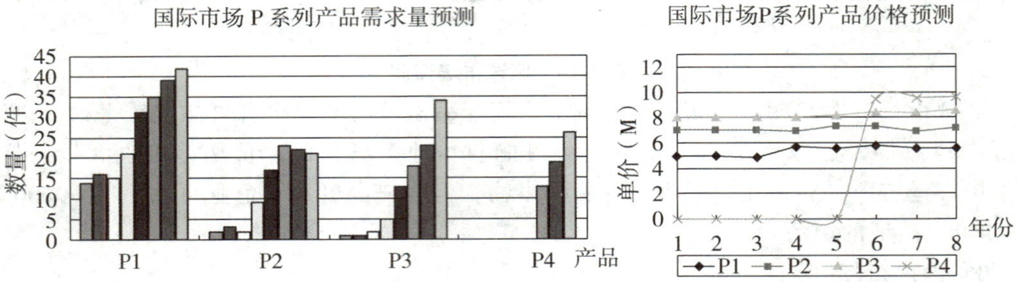


图1-52　国际市场预测

P系列产品进入国际市场可能需要一个较长的时期。有迹象表明，该市场的客户对P1产品已经有所认同，需求也比较旺盛。该市场的客户对P2、P3和P4产品的接受会很谨慎。当然，国际市场的客户也会关注企业通过了ISO 9000和ISO 14000认证的产品。

## 1.8.7　12组竞赛市场预测

1）本地市场

本地市场预测如图1-53所示。

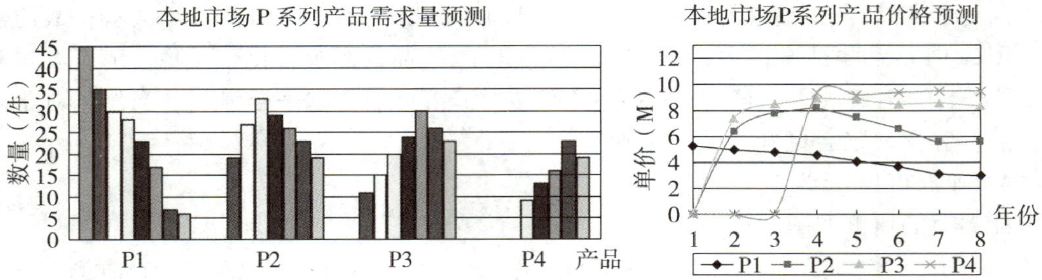


图1-53　本地市场预测

本地市场将会持续发展，客户对低端产品的需求可能会下降。随着需求的下降，低端产品的价格很有可能逐步走低。后几年，随着高端产品的成熟，客户对P3和P4产品的需求总体上看比较旺盛。同时，随着客户质量意识的不断提高，在后几年，客户可能更看好企业通过了ISO 9000和ISO 14000认证的产品。

2）区域市场

区域市场预测如图1-54所示。

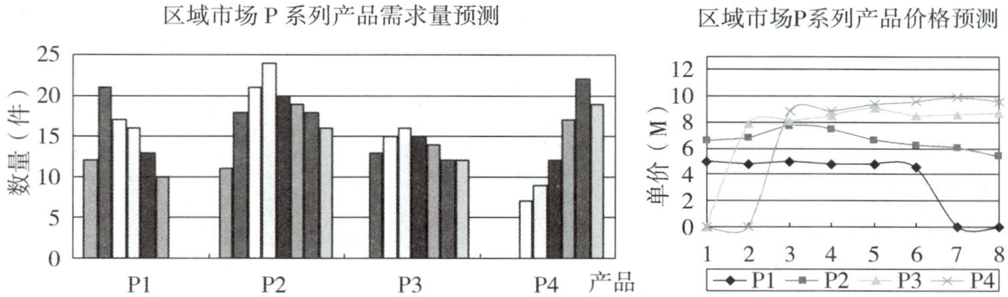


图 1-54 区域市场预测

区域市场的客户相对稳定，客户对 P 系列产品需求的变化很有可能比较平稳。因其紧邻本地市场，所以产品需求量的走势可能与本地市场相似，价格趋势也大致一样。该市场容量有限，客户比较乐于接受新的事物，但客户会更看好企业通过了 ISO 9000 和 ISO 14000 认证的产品。

3）国内市场

国内市场预测如图 1-55 所示。

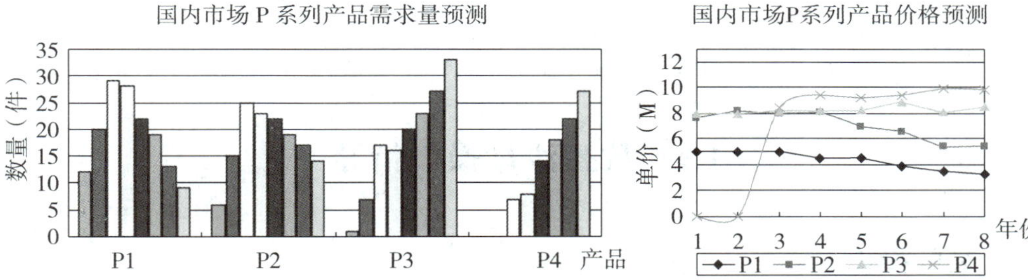


图 1-55 国内市场预测

因为 P1 产品带有较浓的地域色彩，所以国内市场的客户对 P1 产品不会有持久的需求。因为 P2 产品更适合国内市场，所以客户对 P2 产品的需求会比较平稳。随着客户对 P 系列产品的逐渐认同，客户对 P3 和 P4 产品的需求可能会越来越强烈。当然，对于高端产品，客户一定会更看重质量认证。

4）亚洲市场

亚洲市场预测如图 1-56 所示。

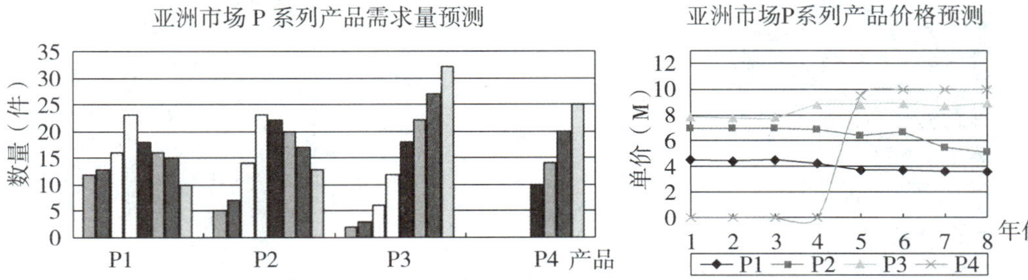


图 1-56 亚洲市场预测

这个市场上的客户喜好一向波动较大，所以客户对 P1 产品的需求可能起伏较大，估计P2产品的需求走势与P1产品相似。该市场的客户对新产品很敏感，因此客户对P3和P4产品的需求可能会越来越强烈，P3和P4产品的价格也可能不菲。另外，该市场的客户很看重产品的质量，所以在后几年里，企业没有通过ISO 9000和ISO 14000认证的产品可能很难销售。

5）国际市场

国际市场预测如图1-57所示。

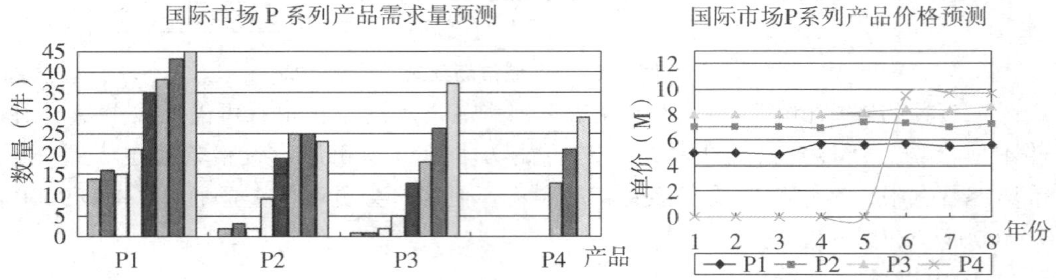


**图1-57　国际市场预测**

P系列产品进入国际市场可能需要一个较长的时期。有迹象表明，该市场的客户对P1产品已经有所认同，需求也比较旺盛。该市场的客户对P2、P3和P4产品的接受会很谨慎。当然，国际市场的客户也会关注企业通过了ISO 9000和ISO 14000认证的产品。

# 1.9　数智沙盘操作指导

## 1.9.1　教师操作

教师建立实训或比赛的步骤如下：

首先，点击“案例开发”—“新建案例”，建立学校信息，如图1-58所示。

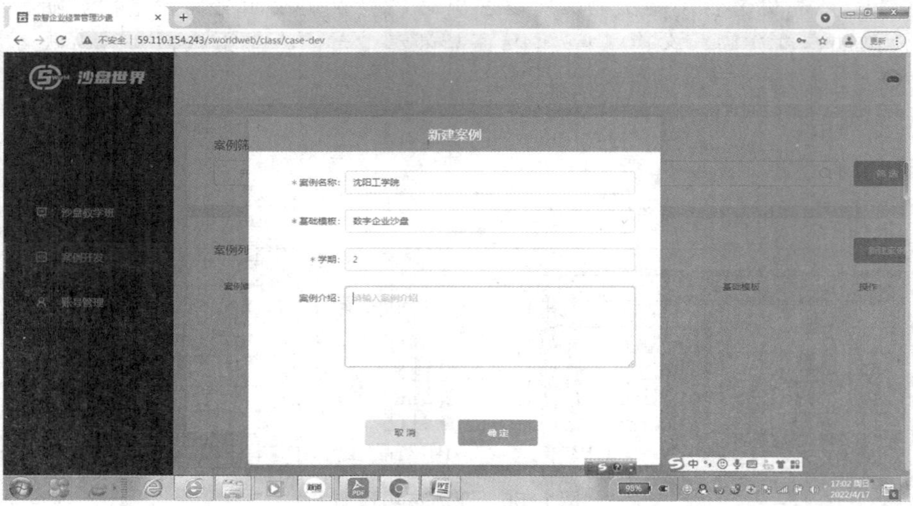


**图1-58　建立学校信息**

其次，点击“沙盘教学班”—“新建班级”，建立教学班信息，如图1-59所示。

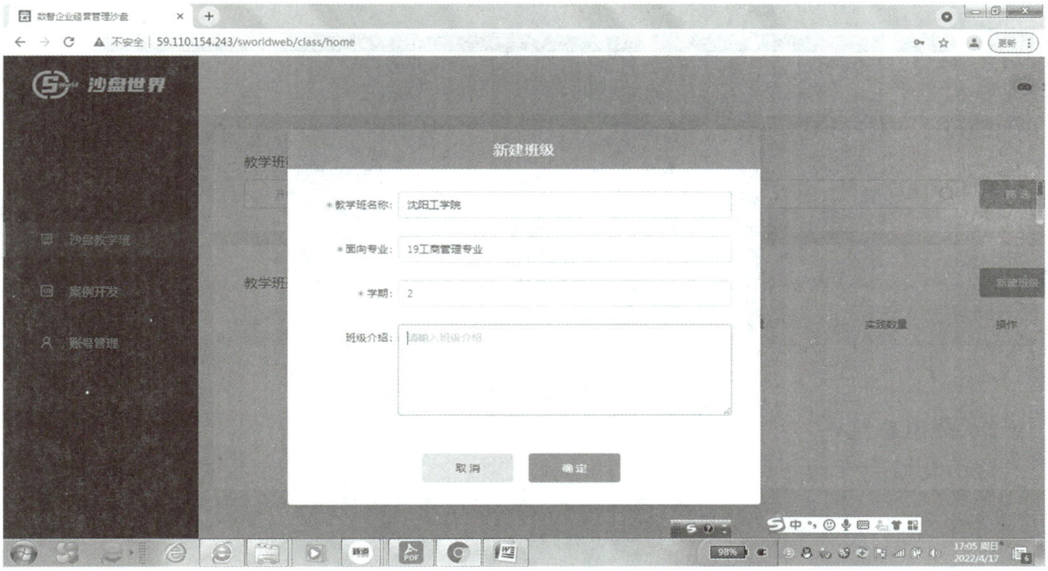


图1-59　建立教学班信息

最后，通过“教学班筛选”（如图1-60所示），进入班级。

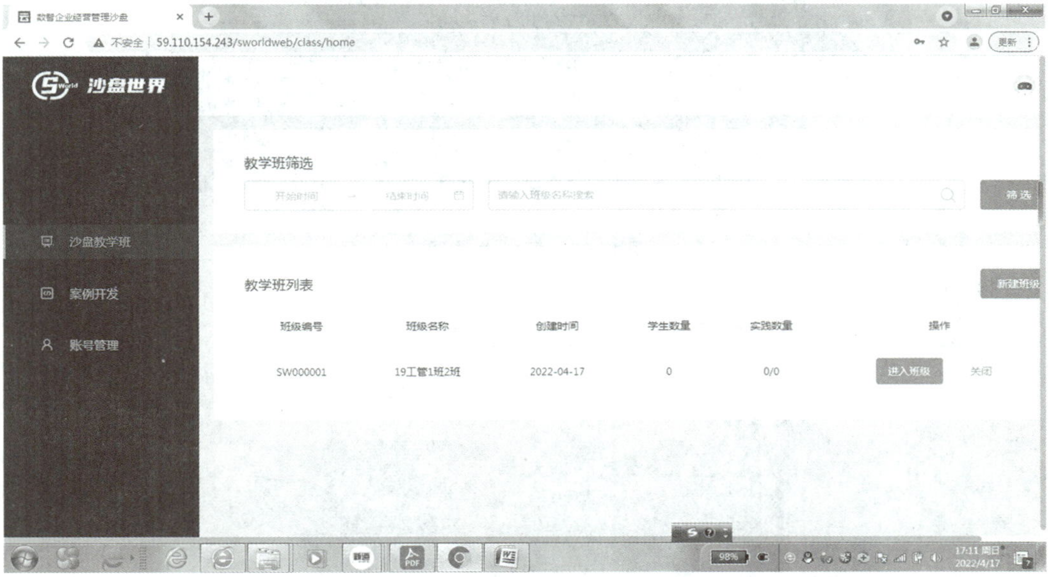


图1-60　教学班筛选

### 1.9.2　主要角色及其职责

1）首席执行官

首席执行官职责如图1-61所示。

图1-61　首席执行官职责

2）营销总监

营销总监职责如图1-62所示。

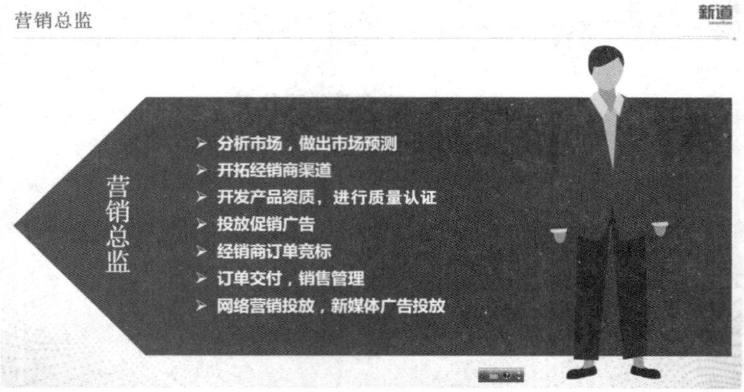


图1-62　营销总监职责

3）生产总监

生产总监职责如图1-63所示。

图1-63　生产总监职责

4）财务总监

财务总监职责如图1–64所示。

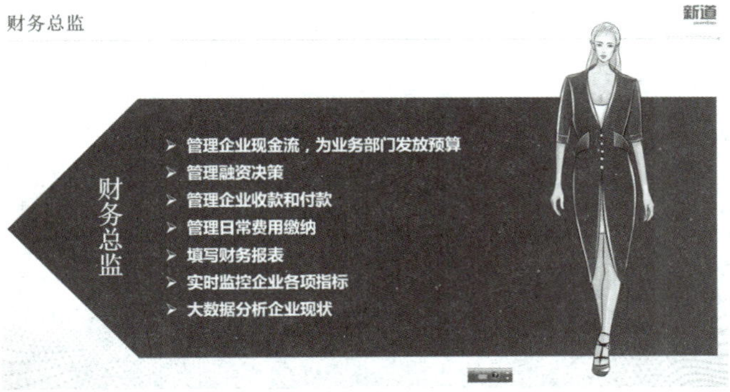


图1–64　财务总监职责

5）人力资源总监

人力资源总监职责如图1–65所示。

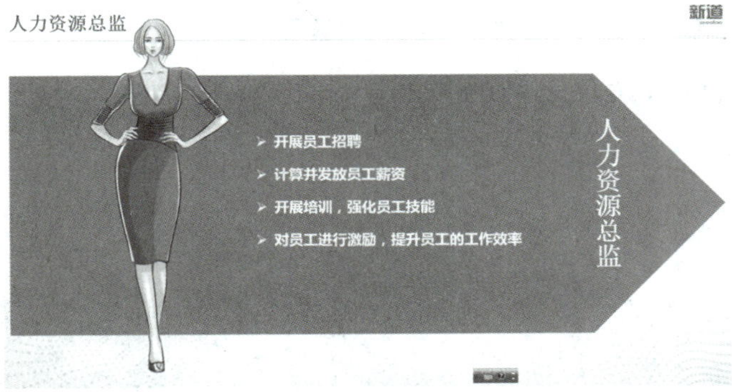


图1–65　人力资源总监职责

## 1.9.3　企业经营管理画布

企业经营管理画布如图1–66所示。

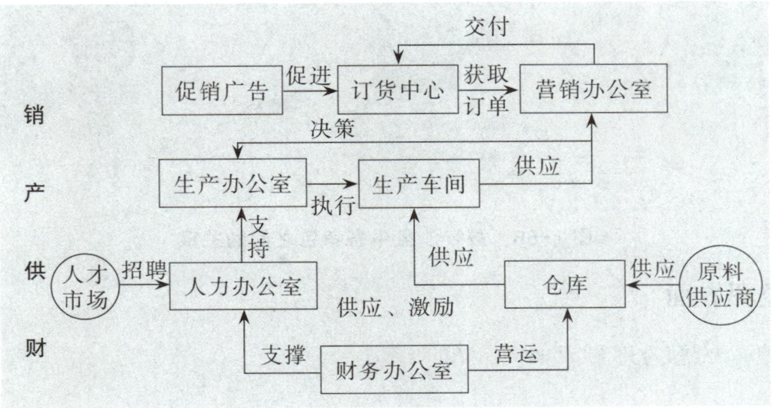


图1–66　企业经营管理画布

### 1.9.4 企业经营流程

企业经营流程如图1-67所示。

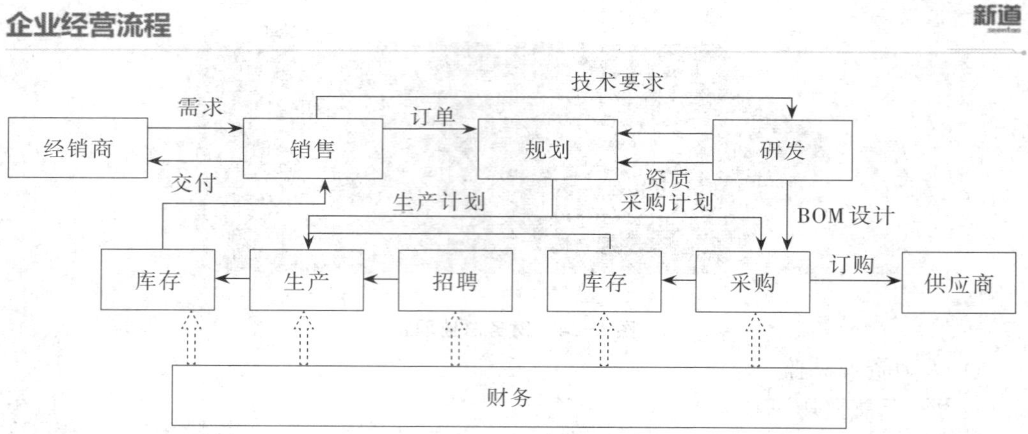


图1-67 企业经营流程

### 1.9.5 数智沙盘中各角色之间的关系

数智沙盘中各角色之间的关系如图1-68所示。

图1-68 数智沙盘中各角色之间的关系

### 1.9.6 总经理界面

数智沙盘中的总经理界面如图1-69所示。

图 1-69 总经理界面

注意：数智沙盘中只有4个操作角色，分别是财务总监、人力资源总监、生产总监和营销总监，如图1-69右侧的4个按钮，并没有总经理的具体操作界面，总经理的职能分散在以上4个操作角色中。

## 1.9.7 各角色的具体操作

1）财务总监

财务总监的工作主要包括融资管理、应收账款管理、应付账款管理、费用管理、预算控制和报表管理。

（1）在数智沙盘里，在总经理界面，首先由财务总监创建企业。企业名称、行业类型、企业愿景、企业宣言等内容经团队成员商定后，由财务总监录入，如图1-70所示。

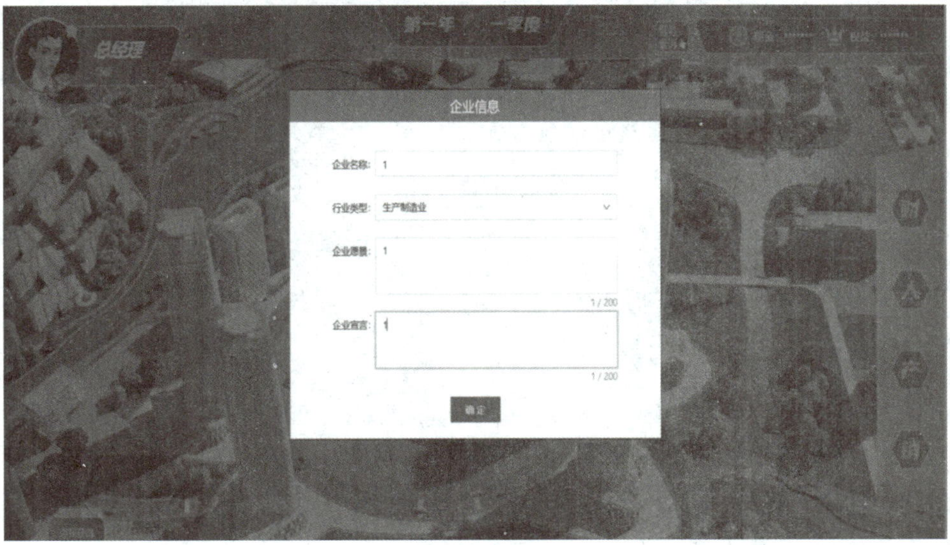


图 1-70 创建企业

（2）财务总监进行融资管理，如图1-71所示。贷不贷款、贷多少款，选择直接融资还是间接融资，选择长期银行融资还是短期银行融资等均由财务总监进行操作。

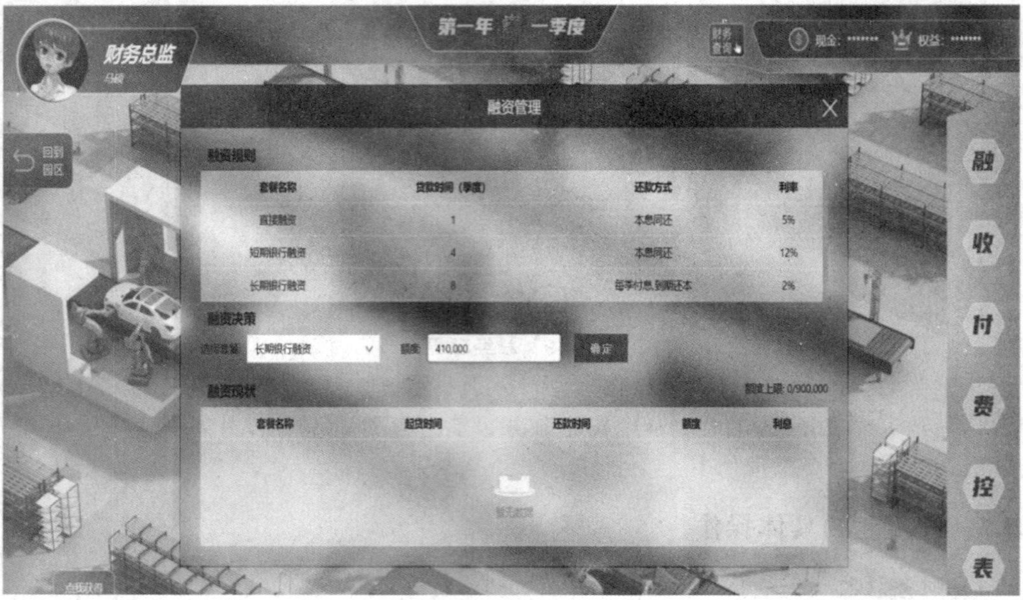


图1-71 融资管理

（3）财务总监进行应收账款管理，如图1-72所示。财务总监负责收应收账款，或进行应收账款贴现等。

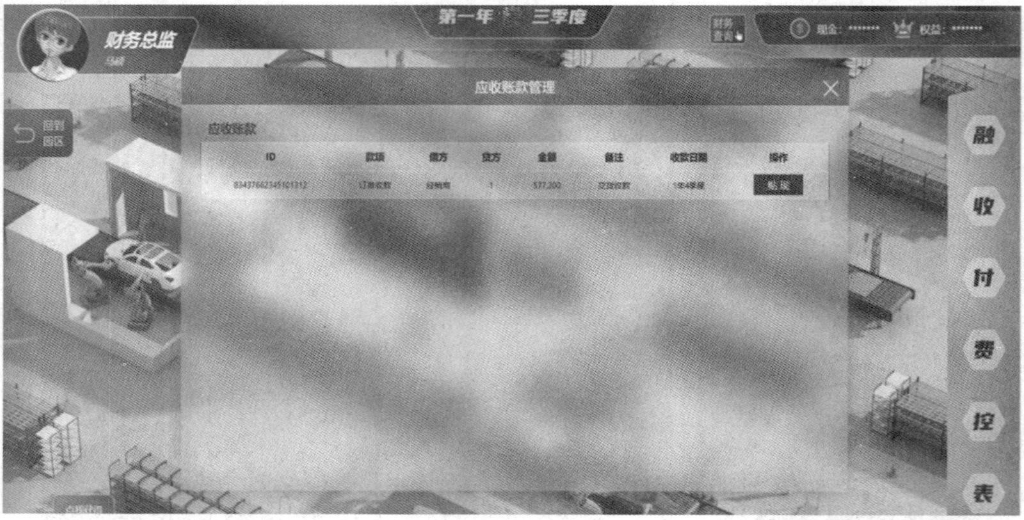


图1-72 应收账款管理

（4）财务总监进行应付账款管理，如图1-73所示。财务总监负责支付应付账款。

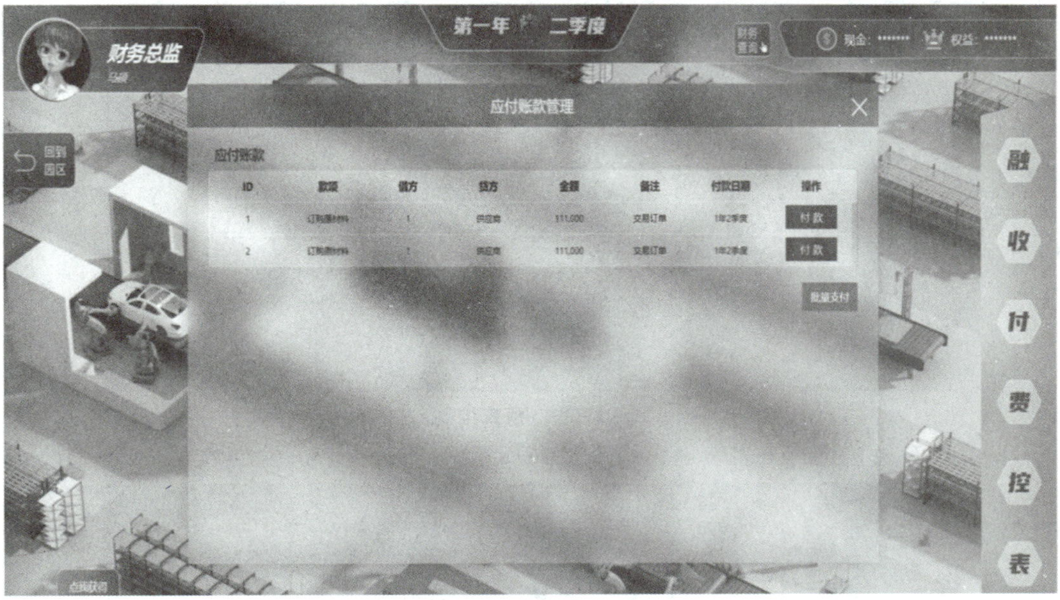


图 1-73　应付账款管理

（5）财务总监进行费用管理，如图 1-74 所示。财务总监负责缴纳各种财务费用和管理费用。

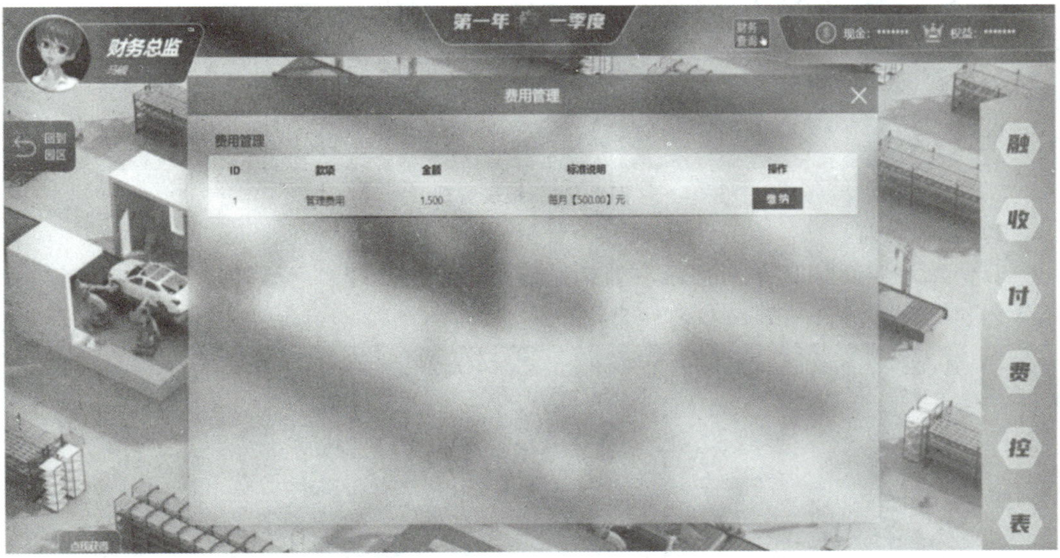


图 1-74　费用管理

（6）财务总监进行预算控制，如图 1-75 所示。各部门如果需要使用经费，必须向财务总监提出申请。

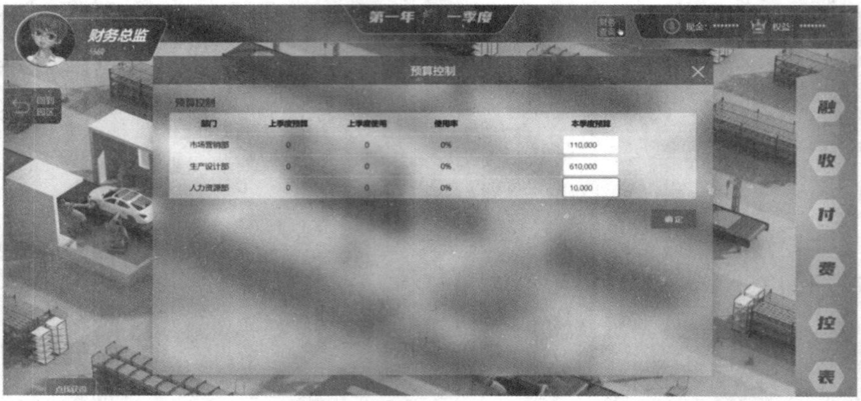


图1-75 预算控制

（7）财务总监进行报表管理，如图1-76所示。

图1-76 报表管理

2）营销总监

营销总监界面如图1-77所示。营销总监负责渠道管理、产品管理、促销管理、竞单管理和交付管理，见图1-77右侧5个按钮。

图1-77 营销总监界面

（1）营销总监进行渠道管理，如图1-78所示。开发什么市场、什么时候进行开发等都由营销总监进行操作。

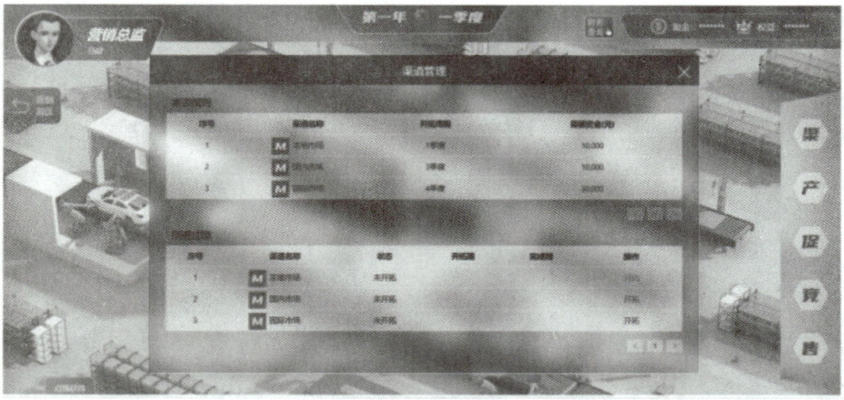


图1-78　渠道管理

（2）营销总监进行产品管理。开发什么产品、什么时候进行开发等都由营销总监进行操作。产品管理包括两个方面：一是产品资质管理，如图1-79所示；二是ISO认证管理，如图1-80所示。

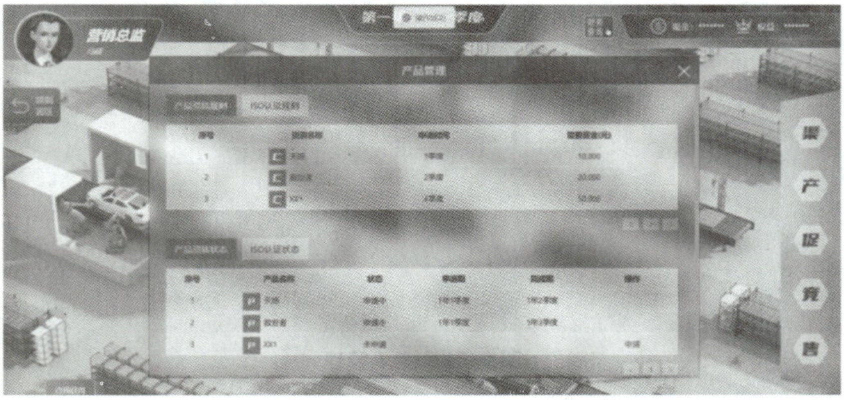


图1-79　产品管理——产品资质管理

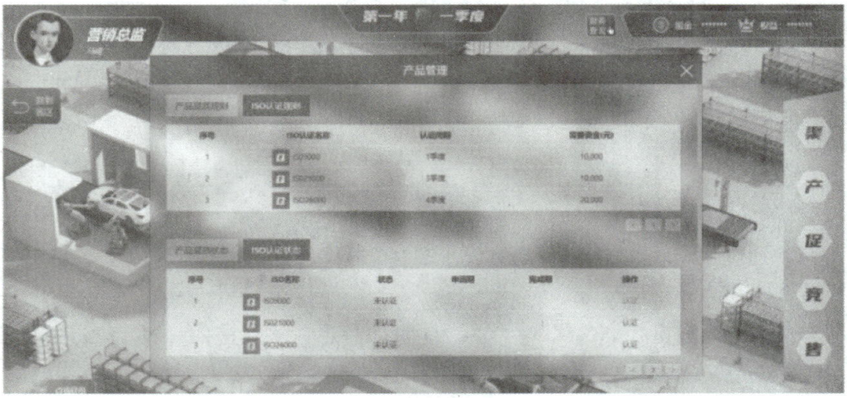


图1-80　产品管理——ISO认证管理

（3）营销总监进行促销管理，如图1-81所示。投放多少广告、在哪个市场投放广告等都由营销总监进行操作。

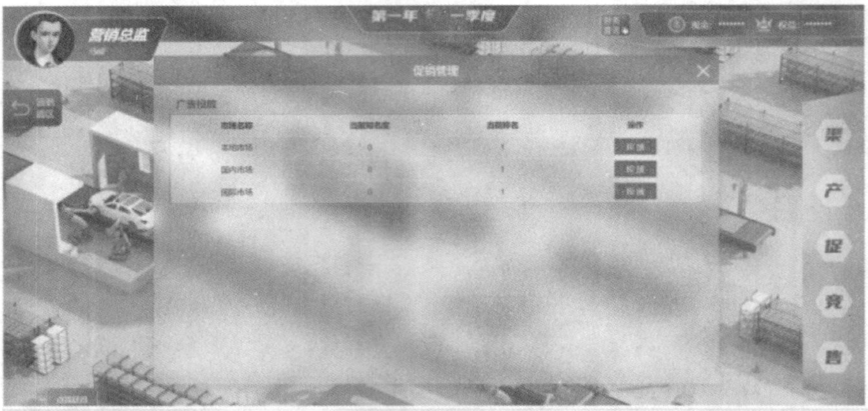


**图1-81 促销管理**

（4）营销总监进行竞单管理，如图1-82所示。

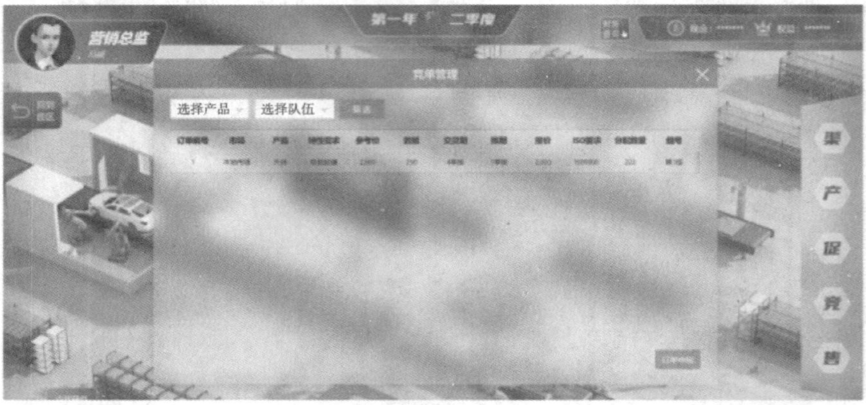


**图1-82 竞单管理**

其中，订单申报如图1-83所示。

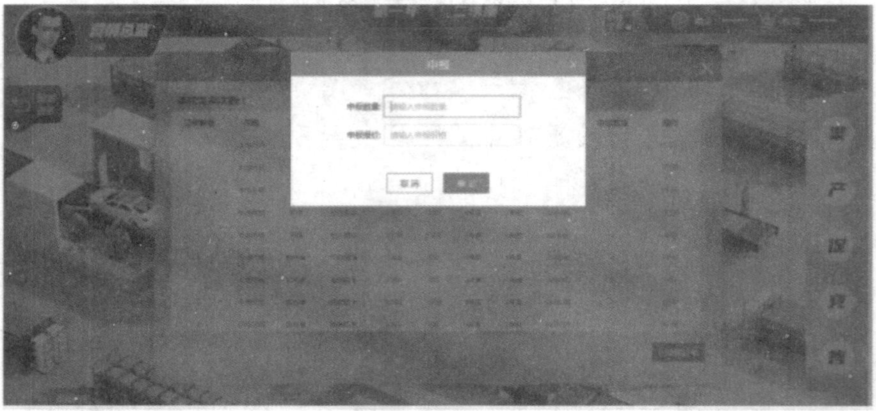


**图1-83 订单申报**

（5）营销总监进行交付管理，如图1-84所示。

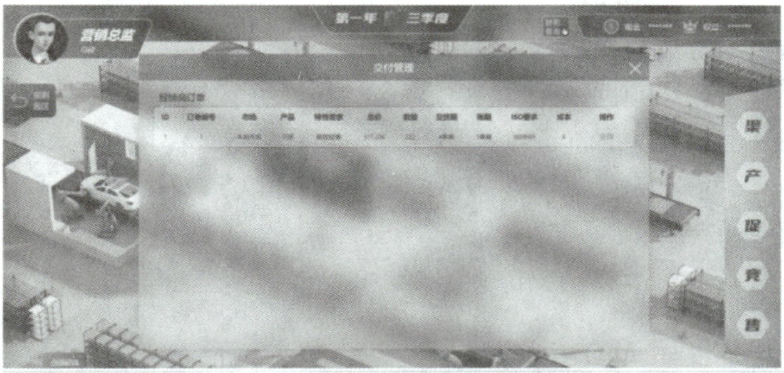


图1-84　交付管理

3）生产总监

生产总监界面如图1-85所示。生产总监主要负责工人管理、设备管理、库存管理、设计管理和研发管理。

图1-85　生产总监界面

（1）生产总监进行工人管理，如图1-86所示。设置班次、使用工人类型等都由生产总监进行操作。

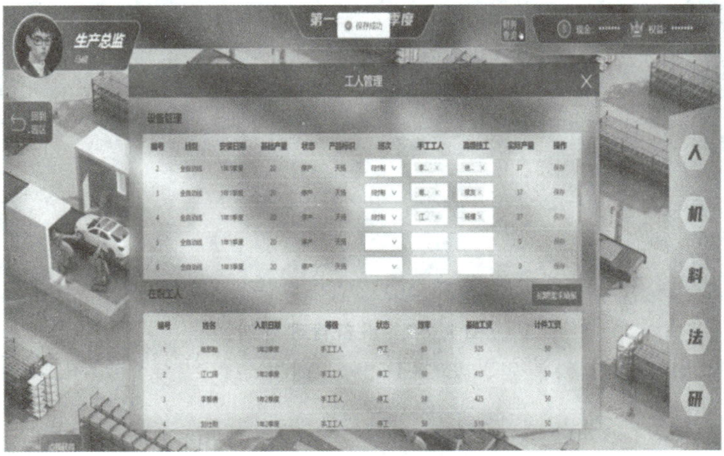


图1-86　工人管理

（2）生产总监进行设备管理，如图1-87和图1-88所示。建什么生产线、什么时候建等都由生产总监进行操作。

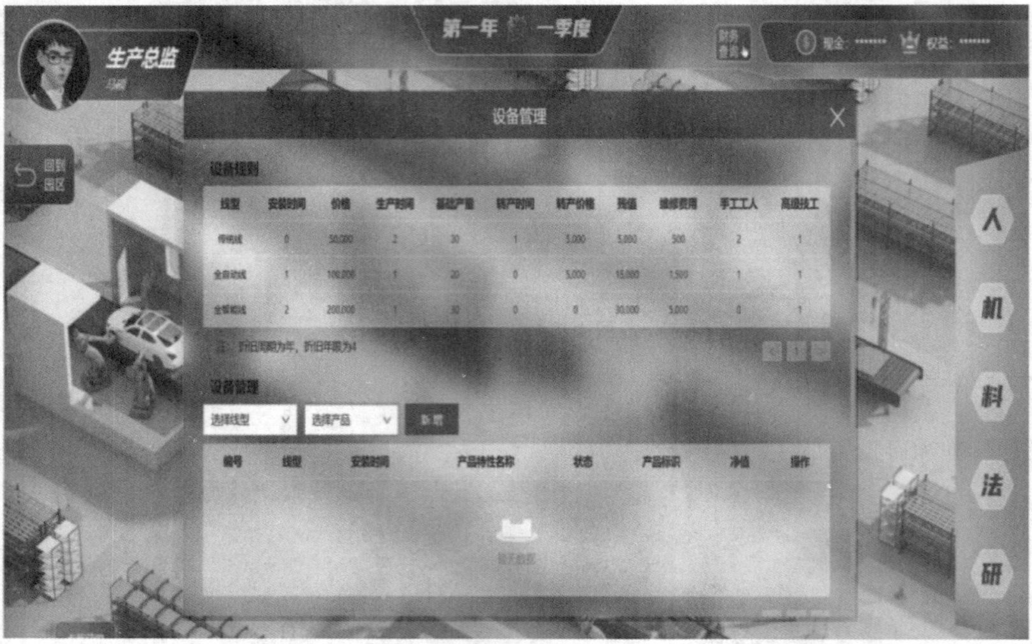


图1-87　设备管理（1）

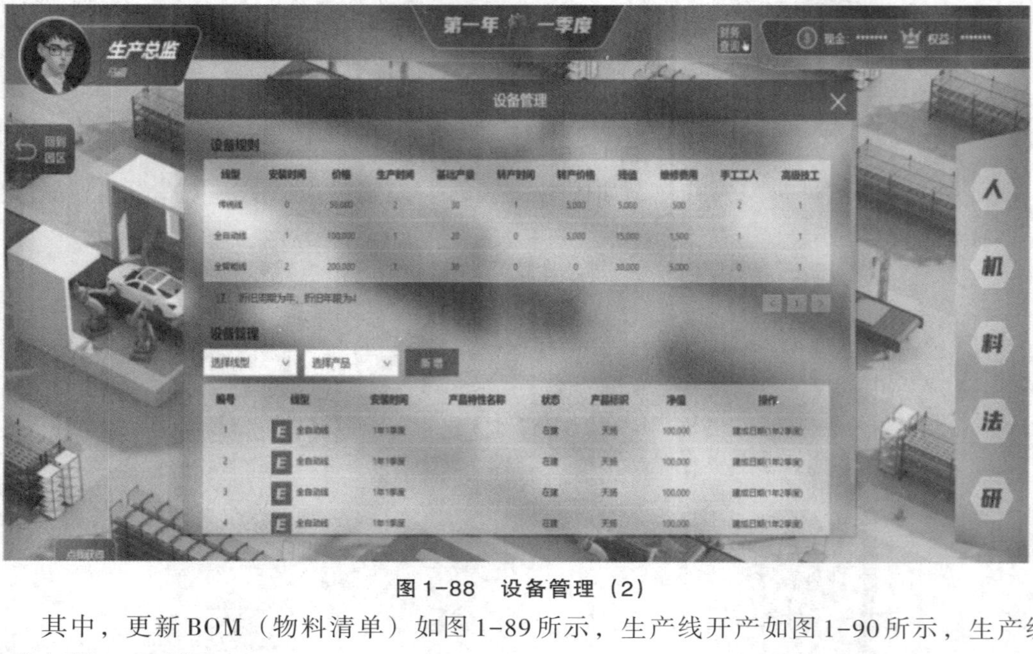


图1-88　设备管理（2）

其中，更新BOM（物料清单）如图1-89所示，生产线开产如图1-90所示，生产线转产如图1-91所示。

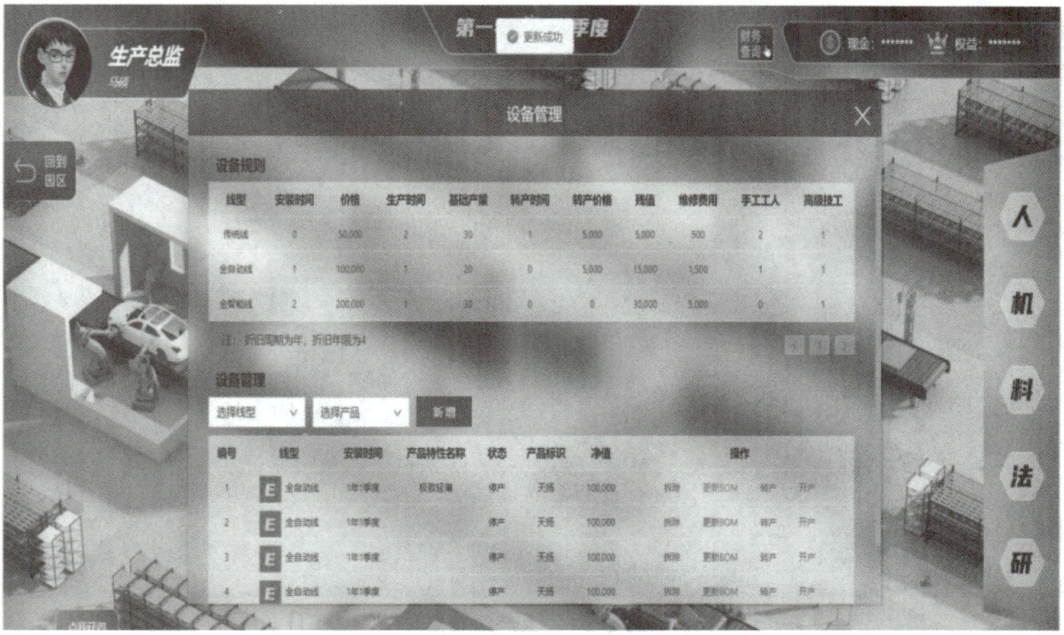


图 1-89　更新 BOM（物料清单）

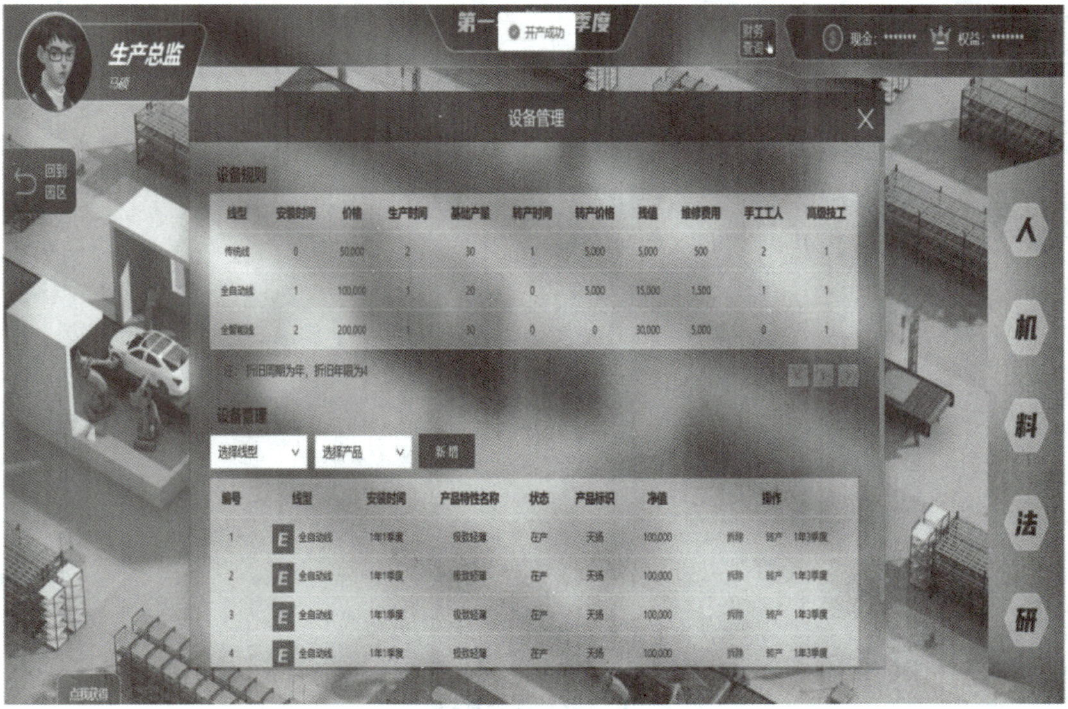


图 1-90　生产线开产

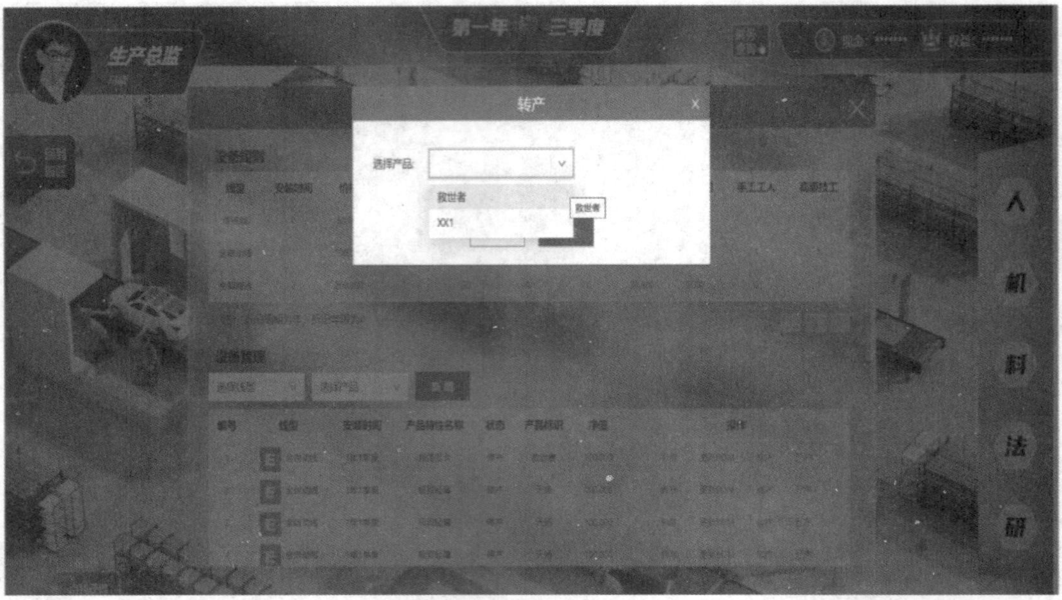


图 1-91　生产线转产

（3）生产总监进行库存管理，如图 1-92 所示。什么时候买材料、买什么材料等都由生产总监进行操作。

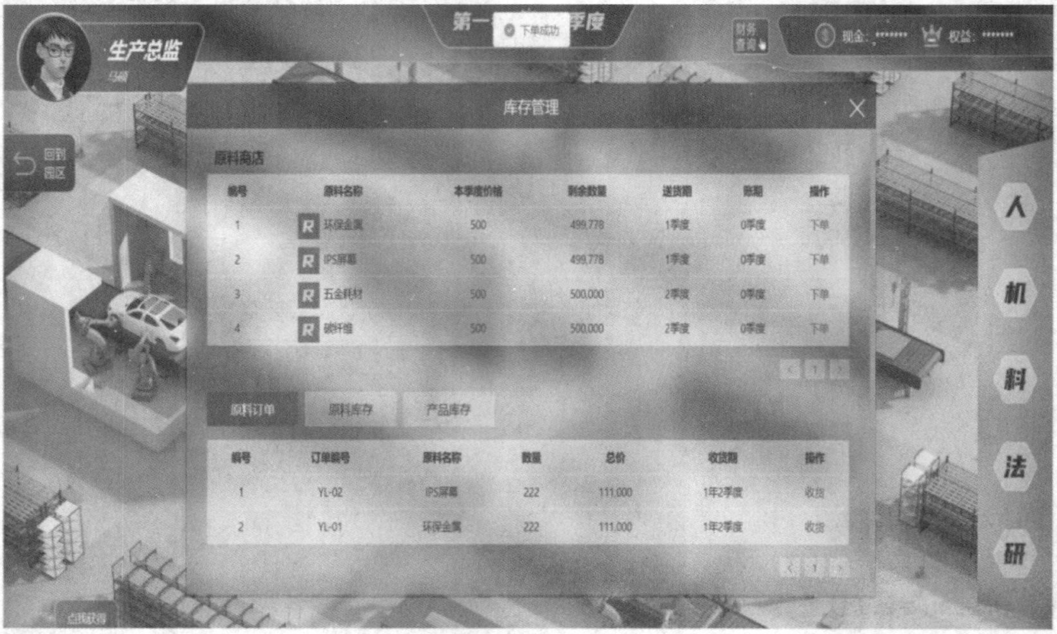


图 1-92　库存管理

其中，收取原料如图 1-93 所示。

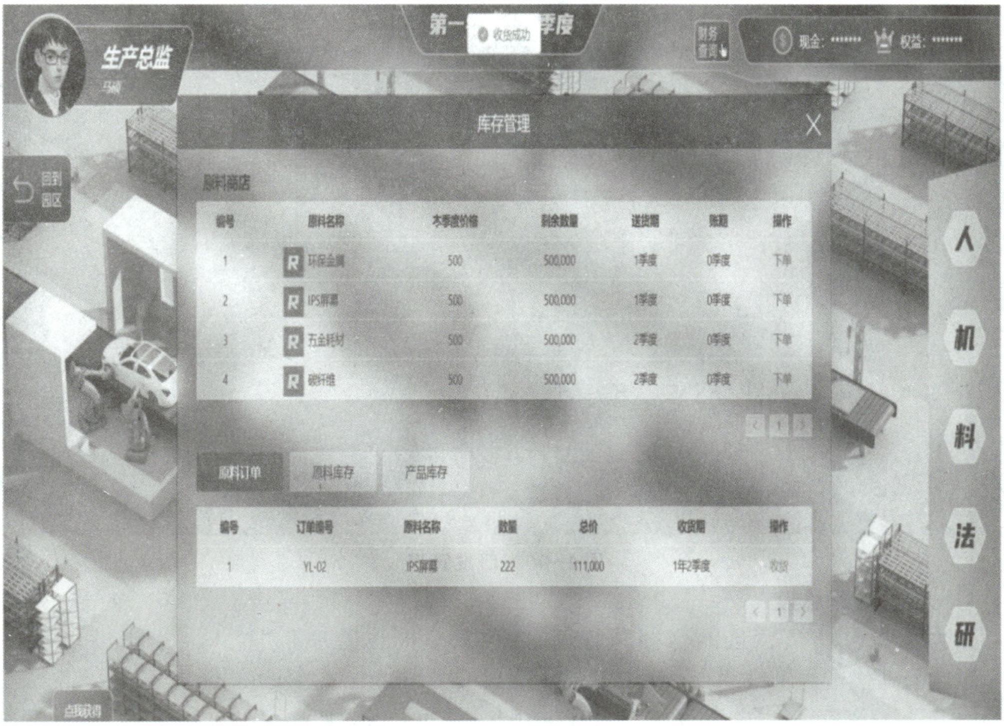


图 1-93　收取原料

（4）生产总监进行设计管理，如图 1-94 所示。设计什么产品、什么时候设计都由生产总监进行操作。

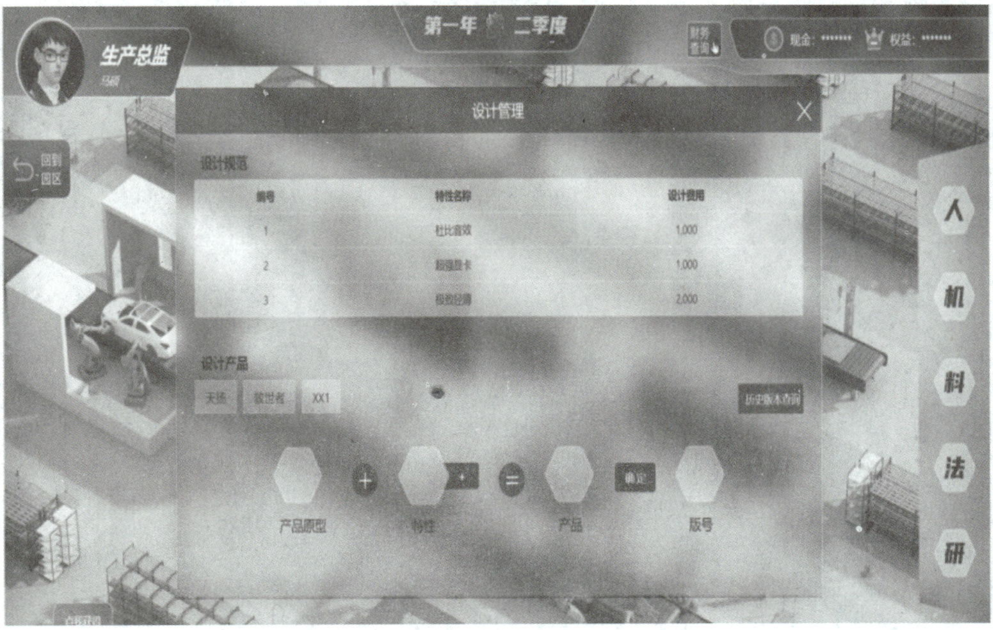


图 1-94　设计管理

（5）生产总监进行研发管理，如图1-95所示。

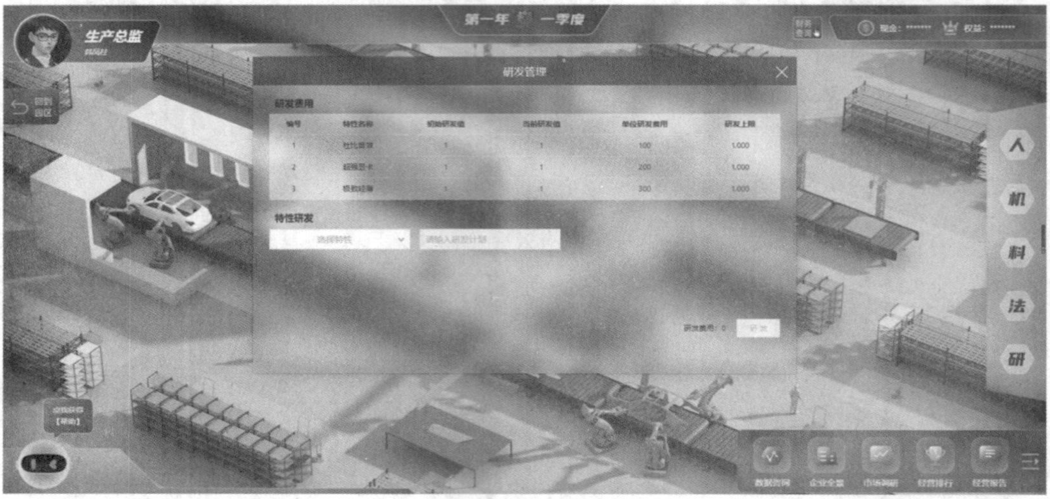


图1-95　研发管理

4）人力资源总监

人力资源总监负责选人（招聘管理）、用人（岗位管理）、育人（培训管理）和留人（激励管理）。

（1）人力资源总监进行OFFER管理和招聘管理分别如图1-96和图1-97所示。用什么样的薪酬从外部招聘员工、招聘多少员工等都由人力资源总监进行操作。

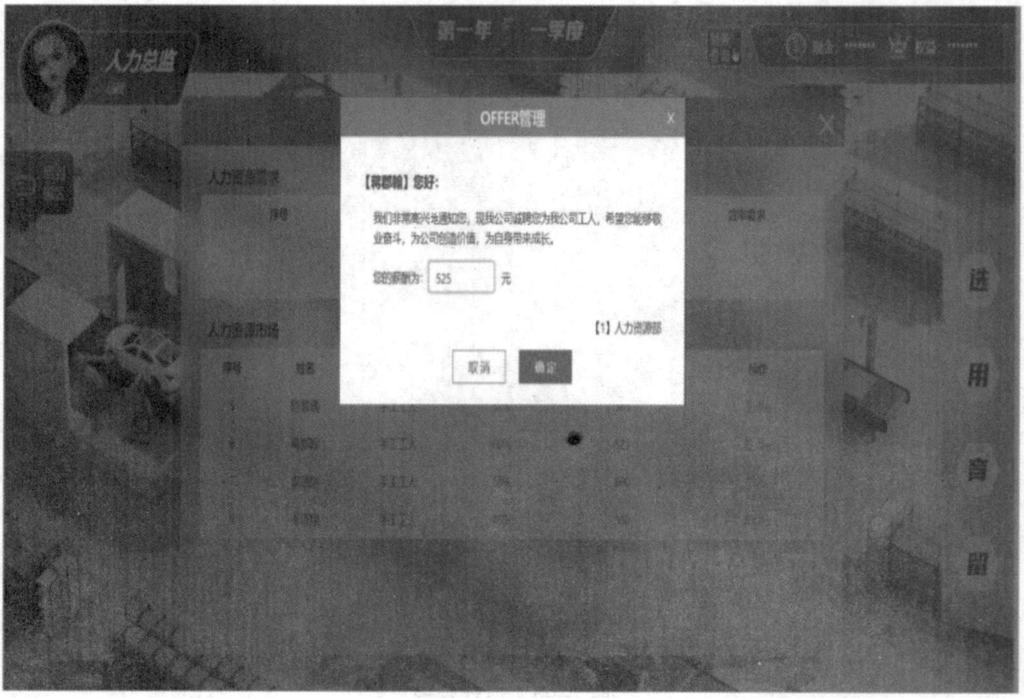


图1-96　OFFER管理

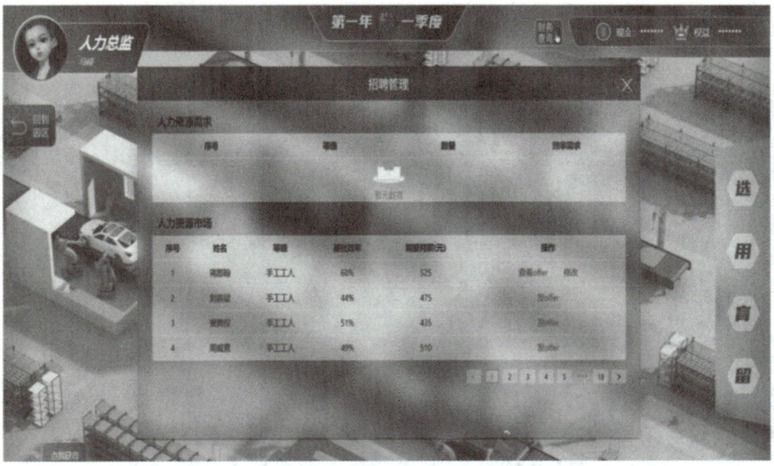


图 1-97　招聘管理

（2）人力资源总监进行岗位管理，如图 1-98 所示。

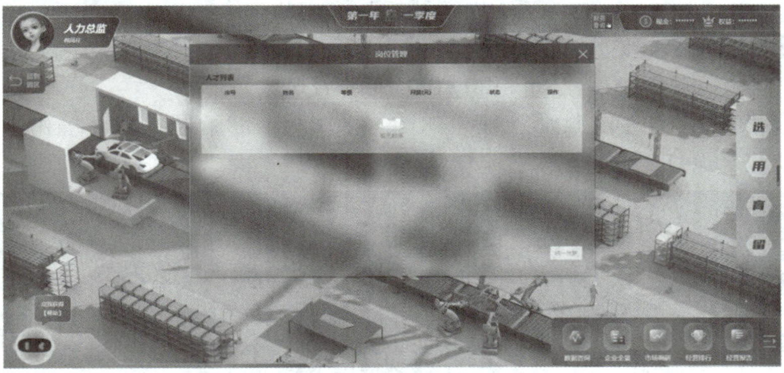


图 1-98　岗位管理

其中，统一发薪如图 1-99 所示。

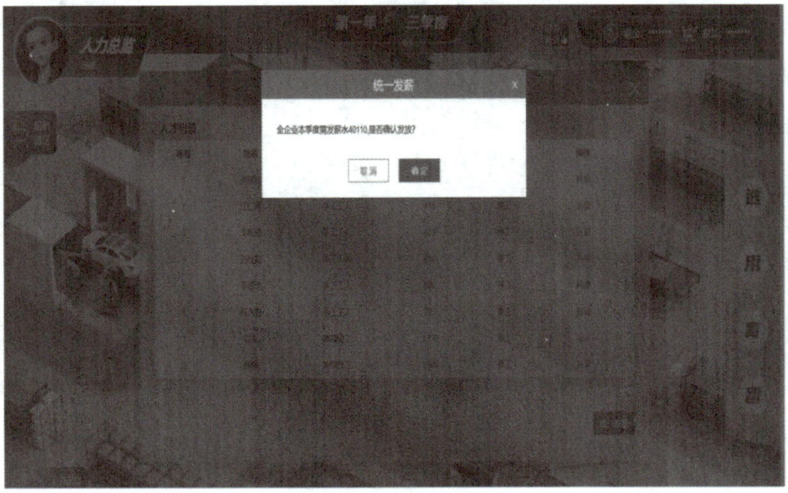


图 1-99　统一发薪

（3）人力资源总监进行培训管理，如图1-100所示。培训可以提高员工的生产效率。

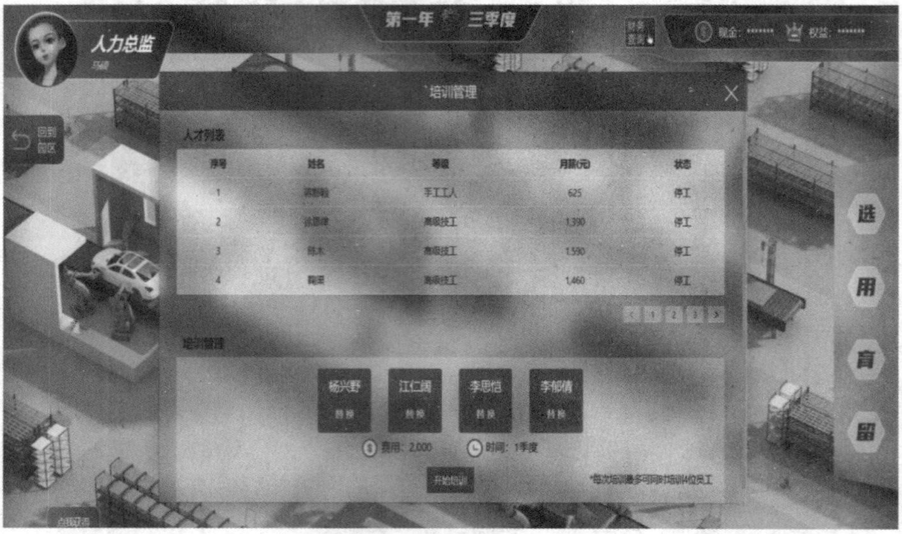


图1-100　培训管理

（4）人力资源总监进行激励管理，如图1-101所示。给员工涨薪等由人力资源总监进行操作。

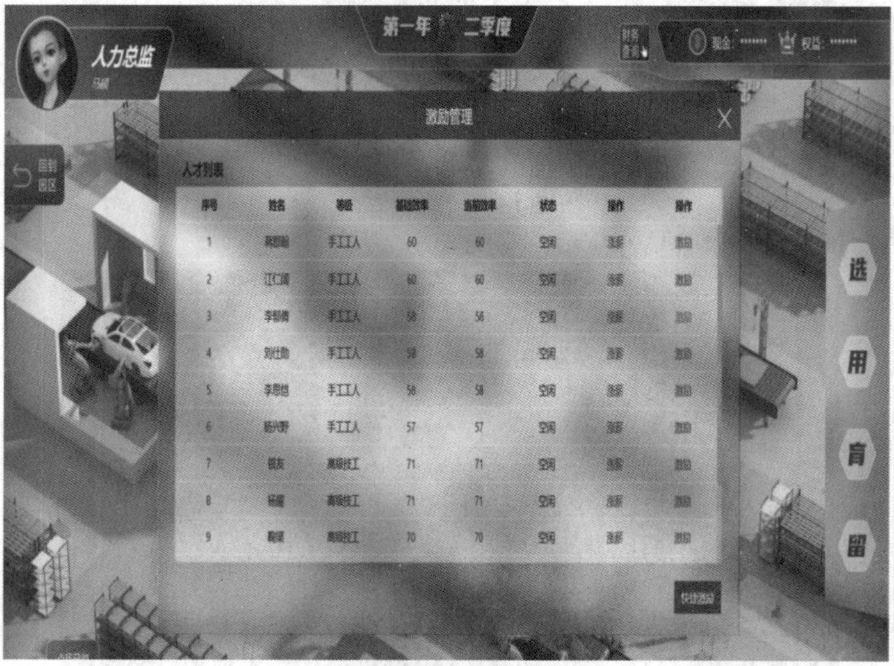


图1-101　激励管理

# 第二篇

## 操作篇

思路决定出路，格局决定结局。

企业为什么需要战略？根本原因是资源有限。

战略没有好坏，只有适合和不适合；适合自己的战略就是最好的战略。

课程思政目标：基于社会主义核心价值观，运用马克思主义哲学思想，理论联系实际，解决企业经营沙盘模拟实训中的各种问题。

## 2.0 开篇语

也许你已经迫不及待地想动手操作，且慢！在进行模拟企业经营的实际操作前，你和你的团队必须解决以下3个问题：一是彻底弄懂“导入篇”所讲的市场规则和企业运营规则，这是企业有效运行的基础；二是基于“导入篇”提供的市场预测，制定企业的发展战略，明确企业的发展方向和目标，这是取胜的关键；三是严肃组织纪律，使各个角色能在首席执行官的统一指挥下，严格按照企业流程各司其职、协调运作，这是成功的保障。

### 2.0.1 关于规则

了解规则并用好规则是顺利、有效经营模拟企业的基础。规则并不是只有首席执行官掌握就行，其实每个人都应该熟练掌握，尤其要掌握自己所负责业务部分的规则。

对于规则，要彻底弄懂，而不是似懂非懂。在实训过程中，我们发现容易误解的规则主要有：市场老大的地位与广告和选单的关系；新生产线的折旧与维护费；贷款的更新与利息；新产品上市与投放广告的顺序；不同产品的成本核算等。此外，原料订货与采购是比较简单的部分，可是还有很多人搞错，要么搞不清订货与采购的关系，要么订货、采购太早导致原料积压在库里迟迟不能用。

在实际操作中，不同角色用表的填法不同：

（1）首席执行官用表，主要是控制企业按流程运行，在完成每项工作后打“√”

即可。

（2）财务总监用表，主要填写现金流入、流出的数字，不涉及现金流入、流出的项目不填写数字，打“√”或“×”即可；在简易资产负债表中，“成品”和“在制品”分别填写成品和在制品的金额，而不是个数。

（3）营销总监用表，填写成品的数量等。

（4）生产总监用表，填写在制品的数量等。

（5）采购总监用表，填写原料订货与采购的数量等。

（6）首席运营官用表与首席执行官用表相同，旨在监督企业按流程运行，在团队成员完成每项工作后打“√”。

（7）专门的情报人员使用营销总监用表。

还有一点要特别说明，那就是应严格按照模拟企业运行流程一步步操作，不要跳跃进行。短期贷款每个季度初都能贷，长期贷款只有年末才能贷。现金流运行到年末时就要决定是否需要增加长期贷款，而不是等到结完账甚至下一年已经开始运行时才决定。

判断胜负，不但要看企业当前的所有者权益，而且要看企业的发展潜力。切记！

### 2.0.2 关于战略选择

企业经营过程犹如船在波涛汹涌的大海中航行，船要驶向希望的彼岸，离不开罗盘和舵柄。企业要在瞬息万变的竞争环境中获得生存和发展，也离不开企业战略的指引。我们在制定发展战略时，一定要注意控制发展速度。我们并不提倡墨守成规、停滞不前，而是要确保发展速度与企业权益的发展相平衡，这也是管理的精髓之一，即“适度”。

一些实训团队在制定企业发展战略时，豪情万丈，气吞山河，大有扫平天下之势：一上来就拼命铺设全自动生产线和柔性生产线，研发全系列产品，开发全部市场，将资金用到了极限。结果是投入了巨额的财务费用、研发费用、市场开拓费用，再加上生产线折旧等，企业权益迅速下降甚至为负或出现现金断流，不得不含泪宣告破产。

因此，各团队在制定企业战略时，一定不要脱离企业的实际，要懂得量力而行，当然也不能过于保守。由于资源有限，企业在一定时期内只能做有限的事，正确的做法是明确目标，具体到实训中就是要回答以下几个问题：

问题1：我们想成为什么样的企业？

规模方面，是大企业还是小企业？生产产品方面，是多品种还是少品种？市场开拓方面，是许多市场还是少量市场？市场地位方面，是努力成为市场领导者还是甘当追随者？

例如，C公司拟采取“全部市场+有限产品”的策略，所以第一年只在本地市场投了2M广告费，销售了部分P1产品。第二年，C公司仍然只生产P1产品，并用较低的广告费售出了一部分P1产品。C公司第一时间开发了所有市场，却并没有开发新产品。正当人们认为其发展滞后时，C公司在第三年初跳过P2、P3产品，直接开发了P4产品，并建了1条P1产品的全自动生产线，保留了1条P1产品的半自动生产线；在第三年4Q变卖了手工生产线，开始投资建设4条P4产品的全自动生产线；在第四年2Q与P4产品的研发同步完成，同年3Q开始生产P4产品。从第四年开始，由于独家生产P4产品，C公司包揽了P4产品市场。第五年，由于有4条全自动生产线全力生产P4产品，C公司在本地、区域、国内和亚洲4个有P4产品需求的市场上均以3M广告费实现了重复选单，C公司的P4产品席卷了各个市场。同时，C公司将P1产品向国际市场转移，依靠P1产品的储备和保留的产能，在国际市场实现了P1产品的多次选单，夺得了国际市场的老大地位。第六年，C公司的发展更是锦上添花。由于国际市场P1产品的利润率很高，其他各市场P4产品的利润率也很可观，因此C公司的权益大幅攀升。最终，C公司用3年的时间实现了大逆转，赢得了竞赛。

问题2：我们倾向何种产品和市场？

由于资源有限，在很多情况下，放弃比不计代价地掠取更明智。你不可能全面开花、面面俱到，应选取你的重点市场和重点产品。

例如，A公司第一年在本地市场投放了8M广告费，夺得了市场老大的地位，早早确立了自己的“主战场”。由于本地市场是综合需求量最大的一个市场，因此A公司在随后的发展过程中变卖了手工生产线，在大厂房里新置了5条全自动生产线，开发了P2、P3产品，跳过区域市场，又开发了国内和亚洲市场，实现了产能与市场之间的平衡，持续稳健发展。在企业融资和广告费等方面节约了大量成本，健康发展到第六年，最终取得了第一的成绩。

又如，F公司第一年以5M的平均广告费投入获得了平均销量。第二年研发了P2产品，投资了2条P2产品全自动生产线，并开发了全部市场。第三年开发了P3产品，变卖了2条手工生产线，新建了2条P3产品全自动生产线。第四年开始大规模销售P2、P3产品，并取得了亚洲市场老大地位。然而，此时各公司均大量生产P2、P3产品，市场趋于饱和，广告费竞争也非常激烈，于是F公司在这一年决定开辟蓝海——研发P4产品。F公司从第五年开始低成本销售P4产品，同时放弃了一些利润率低的产品市场。经营结束后，F公司凭借这种灵活转变的策略，取得了竞赛的胜利。

放弃也是一种美，有时放弃比占有更重要。打完江山后，我们自然会想到保江山。这句话本身无可厚非，但值得我们注意的是，我们要保有价值的江山。对于那些竞争激烈、利润空间小的市场要敢于放弃，依据自己的产品组合和竞争状况寻找新的市场，不断地“丢芝麻，捡西瓜”。

问题3：我们计划怎样拓展生产设施和生产能力？

生产线是产品加工的载体。本沙盘包括手工、半自动、全自动和柔性4种生产线。不同生产线的购置价格、生产效率、折旧费用以及转产的灵活性都不相同，因此生产总监应会同财务总监、营销总监以及首席执行官，依据本企业的经营战略和财务状况，选择恰当的时机投资恰当的生产线。

具体来说，为了有效扩大生产能力，需要思考并回答：购置什么样的生产线？什么时候购置和购置多少？为此，我们需要考虑以下几方面因素：

（1）生产线安装周期。如果计划在第二年1Q生产P1产品，则应在第一年1Q开始投资建设柔性生产线，或在第一年2Q开始投资建设全自动生产线。

（2）产品研发周期。例如，P3和P4产品的研发周期需要6Q，为避免生产线闲置，可以将P3产品全自动生产线调整在第一年4Q开始投资。第二年2Q，生产线安装和产品研发同时完成，3Q开始生产。

（3）生产线的折旧。生产线的折旧会影响企业的权益，而权益又决定了企业融资规模的大小和是否破产等。因此，生产线的折旧直接影响了企业的财务状况。由于当年建成的生产线当年不计提折旧，因此应考虑生产线的建成时机，尽量增加新生产线建成当年的使用时间，特别是在资金紧张的情况下。

（4）生产线组合。生产线组合需要考虑研发产品的类型及市场开拓情况。一般来讲，如果采取积极扩张的战略，则可考虑采用全自动生产线和柔性生产线；如果采取稳健发展的策略，则可考虑采用半自动生产线和全自动生产线，并控制生产线的数量。

在实际操作中，柔性生产线是一把“双刃剑”，它的优点在于可以灵活、快速地调整产品组合，方便营销总监接取订单。它的缺点也显而易见，即投资成本较高，并且它的存在对原料的采购、生产的组织等也会产生一定的影响。因此，生产线组合及安装的前提是，制定合理、详细的发展战略，在此框架的指导下，做好企业的现金预算分析，这样才能保证生产线选择的合理性。

此外，还要编制生产计划和投资计划。生产总监要与首席执行官、营销总监确定当年销售产品的重点，在营销总监投广告前制订出生产安排计划，向营销总监告知本年企业可能生产的产品种类及数量。营销总监拿到当年销售订单后，结合订单情况和企业资金情况重新修正确定当年的生产计划、生产线投资计划等。

假如生产P1产品和P2产品，则产品生产及设备投资计划见表2-1。

表2-1　**产品生产及设备投资计划**　金额单位：百万元

| 生产线 | | 第一年 | | | | 第二年 | | | | 第三年 | | | |
|---|---|---|---|---|---|---|---|---|---|---|---|---|---|
| | | 第一季度 | 第二季度 | 第三季度 | 第四季度 | 第一季度 | 第二季度 | 第三季度 | 第四季度 | 第一季度 | 第二季度 | 第三季度 | 第四季度 |
| 1手工线 | 产品生产 | | → | → | → | →P1 | → | → | P1→ | → | → | P2→ | → |
| | 设备投资 | 5 | | | | | | | | | | | |
| 2半自动线 | 产品生产 | | | → | → | →P1 | → | →P1→ | → | P1→ | → | P1→ | → |
| | 设备投资 | 5 | 5 | | | | | | | | | | |
| 3全自动线 | 产品生产 | | | | | → | →P2 | →P2 | →P2 | →P2 | →P2 | →P2 | →P2 |
| | 设备投资 | | 5 | 5 | 5 | | | | | | | | |
| 4柔性线 | 产品生产 | | | | | → | →P2 | →P2 | →P2 | →P1 | →P1 | →P2 | →P2 |
| | 设备投资 | 5 | 5 | 5 | 5 | | | | | | | | |
| 合计 | 完工产品 | | | | | 2P1 | 2P2 | 1P1+2P2 | 1P1+2P2 | 2P1+1P2 | 1P1+1P2 | 1P1+3P2 | 2P2 |
| | 设备投资 | 15 | 15 | 10 | 10 | | | | | | | | |

不同生产线的产能计算公式如下：

当年某产品可接订单量=期初库存+本年产量

表2-2为不同生产线产能计算表。

表 2-2 **不同生产线产能计算表**

| 生产线类型 | 在制品状态 | 各季度完成的生产 1 2 3 4 | 年生产能力 |
| --- | --- | --- | --- |
| 手工生产线（4种状态） | ○ ○ ○ | □ □ □ ■ | 1 |
| | ● ○ ○ | □ □ ■ □ | 1 |
| | ○ ● ○ | □ ■ □ □ | 1 |
| | ○ ○ ● | ■ □ □ ■ | 2 |
| 半自动生产线（3种状态） | ○ ○ | □ □ ■ □ | 1 |
| | ● ○ | □ ■ □ ■ | 2 |
| | ○ ● | ■ □ ■ □ | 2 |
| 柔性/全自动生产线（2种状态） | ○ | □ ■ ■ ■ | 3 |
| | ● | ■ ■ ■ ■ | 4 |

注：“●”表示在制品处于生产线生产周期的位置；“○”表示年初生产线上的在制品已经经过或尚未经过的生产过程；“■”表示生产线有完工产品的时期；“□”表示生产线无完工产品的时期。

尽量使生产线折旧与其能给企业带来的利润相匹配，使生产线在有限的使用期内发挥最大的效能。由于生产线建成当年不计提折旧，第二年才计提折旧，因此我们应在生产线建设与产品研发配套的基础上，尽量使生产线在建成当年产生最大的价值，即尽量获得高额的投资回报，这样可以最大限度地增加企业建设生产线当年的收益，缓解生产线投资给企业带来的资金压力。

问题 4：我们计划采用怎样的融资策略？

现金流是企业生存的命脉，现金断流意味着企业将倒闭破产。融资的方式有很多，如长期贷款、短期贷款、资金贴现、出售厂房和设备，以及高利贷等，但高利贷方式应尽量避免使用。每种融资方式的特点和适用性都不同，我们应根据企业的发展规划，做好融资计划，从而保证企业的正常运转，切不可因小利而影响到整个规划的实施。

值得注意的是，融资手段不应过于单一，应采用多种融资手段并进行最佳组合。巧妙处理各种融资手段之间的关系，以最低的成本获取最适量的资金，是财务总监的重要职责。长、短期贷款是企业主要的融资手段。一般而言，长期贷款的融资成本高于短期贷款，但还款压力较小；短期贷款的融资成本较低，但还款压力较大，尤其是在前期，企业的权益可能会大幅度下降，进而影响企业的贷款能力。因此，我们要对企业的经营战略、运营状况做一个长期的、细致的分析，这样才能正确把握贷款时机并合理确定长、短期贷款之间的比例关系，在满足现金需求的情况下，将总贷款成本降到最低。

资金贴现是企业为缓解暂时性资金紧张而采取的融资方式，但其前提是要有应收账款。在实际操作中，应注意贴现的比例。

高利贷是成本最高的一种融资方式，对企业权益的影响较大，会使企业的财务状况进一步恶化。因此，我们一般不提倡使用高利贷，应尽量考虑其他融资手段。只有在迫不得已的情况下，才考虑此种融资手段。

在实际操作前，每个团队都应对上述问题进行深入探讨并达成共识。每一年经营下来，都需要反思自己的行为，聆听指导教师根据现场数据做出的点评，分析实际与计划的偏差及偏差产生的原因，进而对战略做出必要的修正。

### 2.0.3 关于团队协作

本次实训虽然是模拟企业6年的经营，但在盘面上运作只有短短3天的时间。尽量缩短磨合时间，立即进入角色，并在首席执行官的统一指挥下各司其职、协调有效地运作，对一个临时组成的团队来说非常重要。因此，受训者既要积极向前，又要听从指挥；既要勇挑重担，又不能厚此薄彼；既要各抒己见，又要彼此尊重。这样才能既发挥团队成员的作用，又不会使团队成员互不服气、各行其是，影响企业的经营运作。

在实训中，经常有企业不能平账。出现这种情况，有时是因为财务总监不会做账，但多数时候是因为各角色没有严格按照企业运行流程去操作。甚至有人拿着沙盘用具玩，从而使得账实不符。此外，营销总监与生产总监沟通不够，要么出现大量库存，要么接了订单却生产不出产品，也会导致账目混乱。

另外一个值得注意的问题就是不能搞一团和气。例如，一个企业3年都不能平账，也不更换财务人员，这不仅严重影响了企业的运营，而且影响了竞赛的进程。这不是真正的团结，更谈不上团队协作。让合适的人做合适的事，这是基本的准则。

请认真思考以下有关发展战略的问题并记录结果（首席执行官带领管理团队共同决定）：

（1）我们想成为什么样的企业？企业的经营目标和宗旨是什么？（包括文字描述及具体数字，如销售收入目标、利润目标等）

（2）我们倾向于何种产品、何种市场？准备何时实现？填写表2-3。

表 2-3　　　　　　　　　　　　　产品与市场开发计划

| 产　品 | 市　场 | | | | |
| --- | --- | --- | --- | --- | --- |
| | 本　地 | 区　域 | 国　内 | 亚　洲 | 国　际 |
| P1 | 现在的位置 | | | | |
| P2 | | | | | |
| P3 | | | | | |
| P4 | | | | | |

（3）我们想实现多大的产能？建什么样的生产线？准备何时实现？填写表 2-4。

表 2-4　　　　　　　　　　　　　生产线购置计划

| 生产线 | 目　前 | 第一年 | 第二年 | 第三年 | 第四年 | 第五年 | 第六年 |
| --- | --- | --- | --- | --- | --- | --- | --- |
| 手工线 | 3 条 | | | | | | |
| 半自动线 | 1 条 | | | | | | |
| 全自动线 | | | | | | | |
| 柔性线 | | | | | | | |

（4）我们想什么时候融资？融什么资？融多少资？填写表 2-5。

表 2-5　　　　　　　　　　　　　融资计划

| 融资手段 | 目　前 | 第一年 | 第二年 | 第三年 | 第四年 | 第五年 | 第六年 |
| --- | --- | --- | --- | --- | --- | --- | --- |
| 长期贷款 | 40M | | | | | | |
| 短期贷款 | | | | | | | |

注意：高利贷是不得已的选择，原则上建议不采用。资金贴现应根据企业的实际财务状况和应收账款情况而定，很难预先设定。

各角色应根据上述战略规划，思索如何有效贯彻执行，并确定执行细节。

每个成员都要认真阅读并思考以下角色的说明与提示：

（1）首席执行官要重点关注整体战略是否有偏差，并适时带领团队成员做出必要的调整；同时，控制企业严格按照流程完成各项工作。首席执行官助理协助首席执行官工作，受首席执行官委托可以具体负责某些工作。

（2）首席运营官（如设）要监督企业按流程运行，或受首席执行官委托控制企业按流程完成各项工作，以使首席执行官腾出时间，集中精力研究企业发展战略的问题。

（3）财务总监要重点考虑现金流问题，既要保证企业发展战略实施所需资金的充足供应，又要避免资金闲置，造成浪费。因此，财务总监要认真制订具体的融资计划和资金使用计划，同时组织做好财务收支、记账、生产线折旧、设备维护费提取等工作。财务总监助理在财务总监的领导下，做好现金收支、记账和财务报表编制等工作。

（4）营销总监要根据企业战略，在与生产总监协调的基础上，制订具体的营销计划，包括生产和销售什么产品、生产和销售多少产品、通过什么渠道销售、计划在什么地区销售、各地区的销售比例如何、是否考虑促销活动等。营销总监要重点考虑广告投放和争取订单的问题，同时组织做好市场开拓投资、ISO认证投资、产品交货收款、市场信息收集等工作。营销总监助理协助营销总监工作。

（5）生产总监要根据企业发展战略的整体要求，在与营销总监、财务总监沟通的基础上，制订具体的产品开发计划、生产计划、设备投资与改造计划，确定新产品的研发进程、新设备用于生产何种产品、设备安装地点、所需资金来源、设备上线的具体时间、所需物料储备，以及生产什么、生产多少和何时生产等。生产总监助理协助生产总监工作，受生产总监委托可以具体负责某些工作，如执行具体生产任务等。

（6）采购总监要与生产总监密切配合，根据生产计划的要求，确定采购什么、采购多少与何时采购，保证按时、足量供应生产所需的原料，努力做到既不出现物料短缺，也不出现库存积压。采购总监助理协助采购总监具体执行采购任务。

（7）人力资源总监（如设）在首席执行官的领导下，执行考核团队成员的任务。因此，人力资源总监首先要清楚每个角色的任务，然后确定考核的指标与方法，做好考核记录，最后提交首席执行官做最终决定。

（8）商业情报人员（如设）在营销总监的领导下，做好商业情报收集工作，同时参与营销决策。因此，商业情报人员要掌握竞赛规则，清楚本企业的情况，明确需要收集哪些情报等。

确认我的角色：

我的角色是：________________________________________

我的就职宣言：

________________________________________

________________________________________

________________________________________

________________________________________

________________________________________

________________________________________

________________________________________

________________________________________

________________________________________

开展我的工作（确定执行计划与执行细节）：

（不够可另附页）

________________________________________

________________________________________

________________________________________

________________________________________

________________________________________

## 2.1　起始年运行

企业选定新管理团队之后，原管理团队总要“扶上马，送一程”。因此，在起始年，新管理团队仍受制于原管理团队，企业决策由原管理团队制定，新管理团队只能执行。起始年，新管理团队的主要目标是与原管理团队进行磨合，进一步熟悉并掌握规则，明晰企业的运行流程。起始年运行在指导教师的控制下进行。

起始年运行说明：

（1）不进行任何贷款。

（2）不投资新的生产线。

（3）不进行产品研发。

（4）不购买新厂房。

（5）不开拓新市场。

（6）不进行ISO认证。

（7）每季度订购一批R1原料。

（8）生产持续进行。

以财务用表为例，模拟企业每年的运行流程见表2-6。各团队应跟随指导教师的指令按流程逐步运行，在相关表格中做记录，并在沙盘盘面做相应操作。

表2-6　模拟企业运行流程表（财务用表）　金额单位：百万元

| | | | | |
|---|---|---|---|---|
| 新年度规划会议 | √ | | | |
| 参加订货会/登记销售订单 | 1 | | | |
| 制订新年度计划 | √ | | | |
| 支付应交税费 | 1 | | | |
| 季初现金盘点 | 18 | 14 | 10 | 22 |
| 更新短期贷款/还本付息/申请短期贷款 | √ | √ | √ | √ |
| 更新应付款/归还应付款 | × | × | × | × |
| 原料入库/更新原料订单 | 2 | 1 | 1 | 1 |
| 下原料订单 | √ | √ | √ | √ |
| 更新生产/完工入库 | √ | √ | √ | √ |
| 投资新生产线/变卖生产线/生产线转产 | √ | √ | √ | √ |
| 向其他企业购买原料/出售原料 | × | × | × | × |
| 开始下一批生产 | 1 | 2 | 1 | 2 |
| 更新应收款/应收款收现 | √ | √ | 15 | 32 |
| 出售厂房 | × | × | × | × |

续表

| | | | | |
|---|---|---|---|---|
| 向其他企业购买成品/出售成品 | × | × | × | × |
| 按订单交货 | × | √ | × | × |
| 产品研发投资 | × | × | × | × |
| 支付行政管理费 | 1 | 1 | 1 | 1 |
| 其他现金收支情况登记 | × | × | × | × |
| 支付租金/购买厂房 | | | | √ |
| 支付利息/更新长期贷款/申请长期贷款 | | | | 4 |
| 支付设备维护费 | | | | 4 |
| 计提折旧 | | | | (4) |
| 新市场开拓/ISO认证投资 | | | | √ |
| 现金收入合计 | 0 | 0 | 15 | 32 |
| 现金支出合计 | 4 | 4 | 3 | 12 |
| 期末现金对账 | 14 | 10 | 22 | 42 |
| 结账 | | | | √ |

销售会议完成后，登记相应表单，填写订单登记表（见表2-7）。

表2-7　　订单登记表　　金额单位：百万元

| 订单号 | ××× | | | | | | | | 合　计 |
|---|---|---|---|---|---|---|---|---|---|
| 市场 | 本地 | | | | | | | | |
| 产品 | P1 | | | | | | | | |
| 数量 | 6 | | | | | | | | |
| 账期 | 2Q | | | | | | | | |
| 销售额 | | | | | | | | | |
| 成本 | | | | | | | | | |
| 毛利 | | | | | | | | | |
| 未售 | | | | | | | | | |

交货时填写

企业按流程逐步运行后，填写产品核算统计表（见表2-8）。

表2-8　　产品核算统计表　　金额单位：百万元

| 项目 | P1 | P2 | P3 | P4 | 合　计 |
|---|---|---|---|---|---|
| 数量 | 6 | 0 | 0 | 0 | 6 |
| 销售额 | 32 | 0 | 0 | 0 | 32 |
| 成本 | 12 | 0 | 0 | 0 | 12 |
| 毛利 | 20 | 0 | 0 | 0 | 20 |

填写综合费用明细表（见表2-9）。

表2-9 综合费用明细表 金额单位：百万元

| 项目 | 金 额 | 备 注 |
| --- | --- | --- |
| 行政管理费 | 4 | |
| 广告费 | 1 | |
| 设备维护费 | 4 | |
| 租金 | | |
| 转产费 | | |
| 市场开拓投资 | | □本地 □区域 □国内 □亚洲 □国际 |
| ISO认证投资 | | □ISO 9000 □ISO 14000 |
| 产品研发投资 | | P2（ ） P3（ ） P4（ ） |
| 其他 | | |
| 合计 | 9 | |

编制起始年财务报表，包括简易利润表（见表2-10）和简易资产负债表（见表2-11）。

表2-10 简易利润表 单位：百万元

| 项目 | | 本期金额 | 上期金额 |
| --- | --- | --- | --- |
| 营业收入 | + | 32 | 35 |
| 营业成本 | - | 12 | 12 |
| 毛利 | = | 20 | 23 |
| 综合费用 | - | 9 | 11 |
| 折旧前利润 | = | 11 | 12 |
| 折旧 | - | 4 | 4 |
| 支付利息前利润 | = | 7 | 8 |
| 财务收入/支出 | +/- | 4 | 4 |
| 其他收入/支出 | +/- | 0 | 0 |
| 利润总额 | = | 3 | 4 |
| 所得税费用 | - | 1 | 1 |
| 净利润 | = | 2 | 3 |

表2-11 简易资产负债表 单位：百万元

| 资产 | | 期末余额 | 上年年末余额 | 负债和所有者权益 | | 期末余额 | 上年年末余额 |
|---|---|---|---|---|---|---|---|
| 流动资产： | | | | 负债： | | | |
| 货币资金 | + | 42 | 20 | 短期借款 | + | 0 | 0 |
| 应收账款 | + | 0 | 15 | 应付账款 | + | 0 | 0 |
| 在制品 | + | 8 | 8 | 应交税费 | + | 1 | 1 |
| 成品 | + | 6 | 6 | 一年内到期的非流动负债 | + | 0 | 0 |
| 原料 | + | 2 | 3 | 长期借款 | + | 40 | 40 |
| 流动资产合计 | = | 58 | 52 | 负债合计 | = | 41 | 41 |
| 非流动资产： | | | | 所有者权益： | | | |
| 土地及厂房 | + | 40 | 40 | 实收资本 | + | 50 | 50 |
| 生产设施 | + | 9 | 13 | 利润留存 | + | 14 | 11 |
| 在建工程 | + | 0 | 0 | 年度净利润 | + | 2 | 3 |
| 非流动资产合计 | = | 49 | 53 | 所有者权益合计 | = | 66 | 64 |
| 资产总计 | = | 107 | 105 | 负债和所有者权益总计 | = | 107 | 105 |

## 2.2 典型策略与实例

《礼记·中庸》中有言："凡事豫（预）则立，不豫（预）则废。"同样，进行用友ERP企业经营沙盘模拟实训前，也要有一整套策略，方能使你的团队临危不乱，在变幻莫测的比赛中笑到最后。下面介绍竞赛中的一些典型策略和典型实例供参考。

### 2.2.1 典型策略

#### □ 典型策略1 力压群雄——霸王策略

策略介绍：

一开始就大举贷款，所筹到的大量资金用于扩大产能，保证产能第一，通过大量投放广告夺取本地市场老大地位，同时随着产品开发的节奏，实现由P1产品向P2、P3等更高端的主流产品过渡。在竞争中，始终保持主流产品综合销售额第一。后期继续通过大量投放广告争取主流产品最高价市场的老大地位，使企业权益最高，令对手望尘莫及，从而赢得比赛。

运作要点：

运作好此策略的关键有两点：一是资本运作，有效使用长、短期融资手段，使自己有充足的资金用于扩大产能和维持高额的广告费用，并能够承受巨大的还款压力，使资金运转正常，所以此策略对财务总监的要求很高。二是精确预测产能和生产成本，有效预估市场产品需求和订单结构。如何安排产能扩大的节奏，如何实现零库存，如何进行产品组合与市场开发，这些都将决定企业经营的成败。

评述：

采取霸王策略的团队需要有相当的魄力，敢于破釜沉舟，谨小慎微者不宜采用。此策略的隐患在于，如果资金或广告在某一环节出现失误，则会使企业陷入十分艰难的处境。过大的还款压力和过高的贷款费用，可能会将企业逼上破产的境地。所以，此策略的风险很高，属于高投入、高产出，但高投入并不一定会带来高产出。

## □ 典型策略 2　忍辱负重——越王策略

策略介绍：

越王策略也可称为迂回策略。采取此策略的企业通常有很大的产能潜力，但由于前期广告运作失误，因此订单过少、销售额过低、产品大量积压、权益大幅下降，处于劣势地位。所以，企业在第二、三年只能维持生计，延缓产品开发计划，或只进行P2产品的开发，以积攒力量，度过危险期。在第四年，企业突然推出P3或P4产品，并配以有效的广告策略，出其不意地攻占对手的薄弱市场。在对手忙于应付时，把P3或P4产品的最高价市场把持在手，不给对手任何机会，最终赢得胜利。

运作要点：

此策略制胜的关键在于后期的广告运作和现金测算。因为要精准地进行广告投放，所以一定要仔细分析对手的情况，找到对手在市场中的薄弱环节，从而以最小的代价夺得市场，降低成本。同时，因为要出奇兵（P3或P4产品），而这些产品对现金的要求很高，所以现金预测必须准确。如果到时现金断流，不能完成订单，就会前功尽弃。

评述：

越王策略不是一种主动的策略，多半是在不利的情况下采取的，所以团队成员要有很强的忍耐力与决断力，不能被眼前一时的困境吓倒，要学会将“好钢用在刀刃上”，从而节约开支，降低成本，先图生存，再图胜出。

## □ 典型策略 3　见风使舵——渔翁策略

策略介绍：

渔翁策略是典型的跟随策略。当市场上有两大实力相当的企业争夺第一时，渔翁策略就派上用场了。在产能方面，要努力跟随前两者的开发节奏，同时在内部努力降低成本，在每次开辟新市场时均采用低广告投入策略，规避风险、稳健经营，在前两者两败俱伤时立即占领市场。

运作要点：

此策略的关键有两点：第一，“稳”。在经营过程中，一切都要按部就班，广告投入、产能扩大都要循序渐进，真正做到稳扎稳打。第二，利用好时机。因为时机稍纵即逝，一定要仔细分析对手。

评述：

渔翁策略在比赛中是常见的，但要成功实施，必须做好充分准备，这样才能在机会来临时一下抓住，使对手无法超越。

---

### 2.2.2 典型实例

**★ 典型实例1　　　　产能领先制胜法**

想产能领先别人，就要扩大生产能力，投资新的生产线。为了缩短生产周期，就要变卖原有的手工生产线，转而投资全自动或柔性生产线。

B公司在第一年上线的P1产品完工入库后陆续变卖了3条手工生产线，在大厂房内投资建设了4条全自动生产线，而其他公司第一年在生产线的投资上显得有些保守。因此，B公司在第二年便建立了产能优势，并利用产能抢市场，投少的广告费接别人因产能不足而不敢接的大单，再建新的生产线，如此便形成了良性循环。第三年，B公司在大厂房又建了1条全自动生产线，并租下小厂房投建了4条全自动生产线。到第四年，B公司形成了9条全自动生产线的产能格局。最终，B公司依靠产能优势取得了胜利。

**★ 典型实例2　　　　保权益胜出法**

E公司在前两年默默无闻，只投了少量的广告费以销售必要的P1产品，没有发展的迹象，但维持了很高的权益。就在人们为其发展前景担忧时，E公司却在第三年，当别的公司出现权益严重下降、融资困难、陷入发展瓶颈时，利用自己的权益优势获得了大量的短期融资，开发了P2、P3、P4产品，变卖了原有的生产线，并投资建成了6条全自动生产线。第四年，当别的公司步履维艰时，E公司一举收复失地。第五年，E公司更是锦上添花，利用产品组合优势扩大产能，直至第六年胜出。

**★ 典型实例3　　　　柔性调节胜出法**

柔性生产线由于其投资费用和折旧费用均较高而不被“行家”看好，但D公司一上来就斥巨资投建了4条柔性生产线，并把这4条柔性生产线打造成了自己的核心竞争力，灵活调节生产，灵活广告投放和接单，使自己在各方面都有了更多的余地，既迷惑了对手，也节省了广告费，即用非常少的广告费接到了非常合适的订单，因为有些大单对手生产不出来，所以不敢接。最终，D公司赢得了比赛。需要注意的是，此法对生产组织的要求较高，极易出现原料短缺或积压的情况。

“条条大路通罗马。”我们要用开阔的视野审视战略，用创新的头脑制定战略，用严谨的态度执行战略，最后的成功自然水到渠成。

## 2.3 企业经营过程控制/监督表（首席执行官/首席运营官）

# 操　作　记　录

### 企业经营过程控制/监督表

__________公司首席执行官（CEO）/首席运营官（COO）

## 起　始　年

| 企业经营流程<br>请按顺序执行下列各项操作 | 指导教师代替CEO控制团队成员运行起始年，CEO/COO在团队成员完成每一项操作后，在相应的方格内打“√” | | |
|---|---|---|---|
| 新年度规划会议 | | | |
| 参加订货会/登记销售订单 | | | |
| 制订新年度计划 | | | |
| 支付应交税费 | | | |
| 季初现金盘点（请填余额） | | | |
| 更新短期贷款/还本付息/申请短期贷款（高利贷） | | | |
| 更新应付款/归还应付款 | | | |
| 原料入库/更新原料订单 | | | |
| 下原料订单 | | | |
| 更新生产/完工入库 | | | |
| 投资新生产线/变卖生产线/生产线转产 | | | |
| 向其他企业购买原料/出售原料 | | | |
| 开始下一批生产 | | | |
| 更新应收款/应收款收现 | | | |
| 出售厂房 | | | |
| 向其他企业购买成品/出售成品 | | | |
| 按订单交货 | | | |
| 产品研发投资 | | | |
| 支付行政管理费 | | | |
| 其他现金收支情况登记 | | | |
| 支付租金/购买厂房 | | | |
| 支付利息/更新长期贷款/申请长期贷款 | | | |
| 支付设备维护费 | | | |
| 计提折旧 | | | （　） |
| 新市场开拓/ISO认证投资 | | | |
| 现金收入合计 | | | |
| 现金支出合计 | | | |
| 期末现金对账（请填余额） | | | |
| 结账 | | | |

## 第一年

| 企业经营流程<br>请按顺序执行下列各项操作 | 指导教师代替CEO控制团队成员运行起始年，CEO/COO在团队成员完成每一项操作后，在相应的方格内打“√” | | | |
|---|---|---|---|---|
| 新年度规划会议 | | | | |
| 参加订货会/登记销售订单 | | | | |
| 制订新年度计划 | | | | |
| 支付应交税费 | | | | |
| 季初现金盘点（请填余额） | | | | |
| 更新短期贷款/还本付息/申请短期贷款（高利贷） | | | | |
| 更新应付款/归还应付款 | | | | |
| 原料入库/更新原料订单 | | | | |
| 下原料订单 | | | | |
| 更新生产/完工入库 | | | | |
| 投资新生产线/变卖生产线/生产线转产 | | | | |
| 向其他企业购买原料/出售原料 | | | | |
| 开始下一批生产 | | | | |
| 更新应收款/应收款收现 | | | | |
| 出售厂房 | | | | |
| 向其他企业购买成品/出售成品 | | | | |
| 按订单交货 | | | | |
| 产品研发投资 | | | | |
| 支付行政管理费 | | | | |
| 其他现金收支情况登记 | | | | |
| 支付租金/购买厂房 | | | | |
| 支付利息/更新长期贷款/申请长期贷款 | | | | |
| 支付设备维护费 | | | | |
| 计提折旧 | | | | (　) |
| 新市场开拓/ISO认证投资 | | | | |
| 现金收入合计 | | | | |
| 现金支出合计 | | | | |
| 期末现金对账（请填余额） | | | | |
| 结账 | | | | |

## 第　二　年

| 企业经营流程<br>请按顺序执行下列各项操作 | 指导教师代替CEO控制团队成员运行起始年，CEO/COO在团队成员完成每一项操作后，在相应的方格内打“√” | | |
| --- | --- | --- | --- |
| 新年度规划会议 | | | |
| 参加订货会/登记销售订单 | | | |
| 制订新年度计划 | | | |
| 支付应交税费 | | | |
| 季初现金盘点（请填余额） | | | |
| 更新短期贷款/还本付息/申请短期贷款（高利贷） | | | |
| 更新应付款/归还应付款 | | | |
| 原料入库/更新原料订单 | | | |
| 下原料订单 | | | |
| 更新生产/完工入库 | | | |
| 投资新生产线/变卖生产线/生产线转产 | | | |
| 向其他企业购买原料/出售原料 | | | |
| 开始下一批生产 | | | |
| 更新应收款/应收款收现 | | | |
| 出售厂房 | | | |
| 向其他企业购买成品/出售成品 | | | |
| 按订单交货 | | | |
| 产品研发投资 | | | |
| 支付行政管理费 | | | |
| 其他现金收支情况登记 | | | |
| 支付租金/购买厂房 | | | |
| 支付利息/更新长期贷款/申请长期贷款 | | | |
| 支付设备维护费 | | | |
| 计提折旧 | | | （　） |
| 新市场开拓/ISO认证投资 | | | |
| 现金收入合计 | | | |
| 现金支出合计 | | | |
| 期末现金对账（请填余额） | | | |
| 结账 | | | |

## 第 三 年

| 企业经营流程<br>请按顺序执行下列各项操作 | 指导教师代替CEO控制团队成员运行起始年，CEO/COO在团队成员完成每一项操作后，在相应的方格内打“√” | | | |
|---|---|---|---|---|
| 新年度规划会议 | | | | |
| 参加订货会/登记销售订单 | | | | |
| 制订新年度计划 | | | | |
| 支付应交税费 | | | | |
| 季初现金盘点（请填余额） | | | | |
| 更新短期贷款/还本付息/申请短期贷款（高利贷） | | | | |
| 更新应付款/归还应付款 | | | | |
| 原料入库/更新原料订单 | | | | |
| 下原料订单 | | | | |
| 更新生产/完工入库 | | | | |
| 投资新生产线/变卖生产线/生产线转产 | | | | |
| 向其他企业购买原料/出售原料 | | | | |
| 开始下一批生产 | | | | |
| 更新应收款/应收款收现 | | | | |
| 出售厂房 | | | | |
| 向其他企业购买成品/出售成品 | | | | |
| 按订单交货 | | | | |
| 产品研发投资 | | | | |
| 支付行政管理费 | | | | |
| 其他现金收支情况登记 | | | | |
| 支付租金/购买厂房 | | | | |
| 支付利息/更新长期贷款/申请长期贷款 | | | | |
| 支付设备维护费 | | | | |
| 计提折旧 | | | | （ ） |
| 新市场开拓/ISO认证投资 | | | | |
| 现金收入合计 | | | | |
| 现金支出合计 | | | | |
| 期末现金对账（请填余额） | | | | |
| 结账 | | | | |

## 第　四　年

| 企业经营流程<br>请按顺序执行下列各项操作 | 指导教师代替CEO控制团队成员运行起始年，CEO/COO在团队成员完成每一项操作后，在相应的方格内打“√” | | | |
|---|---|---|---|---|
| 新年度规划会议 | | | | |
| 参加订货会/登记销售订单 | | | | |
| 制订新年度计划 | | | | |
| 支付应交税费 | | | | |
| 季初现金盘点（请填余额） | | | | |
| 更新短期贷款/还本付息/申请短期贷款（高利贷） | | | | |
| 更新应付款/归还应付款 | | | | |
| 原料入库/更新原料订单 | | | | |
| 下原料订单 | | | | |
| 更新生产/完工入库 | | | | |
| 投资新生产线/变卖生产线/生产线转产 | | | | |
| 向其他企业购买原料/出售原料 | | | | |
| 开始下一批生产 | | | | |
| 更新应收款/应收款收现 | | | | |
| 出售厂房 | | | | |
| 向其他企业购买成品/出售成品 | | | | |
| 按订单交货 | | | | |
| 产品研发投资 | | | | |
| 支付行政管理费 | | | | |
| 其他现金收支情况登记 | | | | |
| 支付租金/购买厂房 | | | | |
| 支付利息/更新长期贷款/申请长期贷款 | | | | |
| 支付设备维护费 | | | | |
| 计提折旧 | | | | （　） |
| 新市场开拓/ISO认证投资 | | | | |
| 现金收入合计 | | | | |
| 现金支出合计 | | | | |
| 期末现金对账（请填余额） | | | | |
| 结账 | | | | |

## 第 五 年

| 企业经营流程<br>请按顺序执行下列各项操作 | 指导教师代替CEO控制团队成员运行起始年，CEO/COO在团队成员完成每一项操作后，在相应的方格内打“√” | | | |
|---|---|---|---|---|
| 新年度规划会议 | | | | |
| 参加订货会/登记销售订单 | | | | |
| 制订新年度计划 | | | | |
| 支付应交税费 | | | | |
| 季初现金盘点（请填余额） | | | | |
| 更新短期贷款/还本付息/申请短期贷款（高利贷） | | | | |
| 更新应付款/归还应付款 | | | | |
| 原料入库/更新原料订单 | | | | |
| 下原料订单 | | | | |
| 更新生产/完工入库 | | | | |
| 投资新生产线/变卖生产线/生产线转产 | | | | |
| 向其他企业购买原料/出售原料 | | | | |
| 开始下一批生产 | | | | |
| 更新应收款/应收款收现 | | | | |
| 出售厂房 | | | | |
| 向其他企业购买成品/出售成品 | | | | |
| 按订单交货 | | | | |
| 产品研发投资 | | | | |
| 支付行政管理费 | | | | |
| 其他现金收支情况登记 | | | | |
| 支付租金/购买厂房 | | | | |
| 支付利息/更新长期贷款/申请长期贷款 | | | | |
| 支付设备维护费 | | | | |
| 计提折旧 | | | | （ ） |
| 新市场开拓/ISO认证投资 | | | | |
| 现金收入合计 | | | | |
| 现金支出合计 | | | | |
| 期末现金对账（请填余额） | | | | |
| 结账 | | | | |

## 第 六 年

| 企业经营流程<br>请按顺序执行下列各项操作 | 指导教师代替 CEO 控制团队成员运行起始年，CEO/COO 在团队成员完成每一项操作后，在相应的方格内打“√” | | | |
|---|---|---|---|---|
| 新年度规划会议 | | | | |
| 参加订货会/登记销售订单 | | | | |
| 制订新年度计划 | | | | |
| 支付应交税费 | | | | |
| 季初现金盘点（请填余额） | | | | |
| 更新短期贷款/还本付息/申请短期贷款（高利贷） | | | | |
| 更新应付款/归还应付款 | | | | |
| 原料入库/更新原料订单 | | | | |
| 下原料订单 | | | | |
| 更新生产/完工入库 | | | | |
| 投资新生产线/变卖生产线/生产线转产 | | | | |
| 向其他企业购买原料/出售原料 | | | | |
| 开始下一批生产 | | | | |
| 更新应收款/应收款收现 | | | | |
| 出售厂房 | | | | |
| 向其他企业购买成品/出售成品 | | | | |
| 按订单交货 | | | | |
| 产品研发投资 | | | | |
| 支付行政管理费 | | | | |
| 其他现金收支情况登记 | | | | |
| 支付租金/购买厂房 | | | | |
| 支付利息/更新长期贷款/申请长期贷款 | | | | |
| 支付设备维护费 | | | | |
| 计提折旧 | | | | （ ） |
| 新市场开拓/ISO 认证投资 | | | | |
| 现金收入合计 | | | | |
| 现金支出合计 | | | | |
| 期末现金对账（请填余额） | | | | |
| 结账 | | | | |

## 2.4　企业经营过程记录表（财务总监）

# 操　作　记　录

## 企业经营过程记录表

____________公司财务总监

起　始　年

| 企业经营流程<br>请按顺序执行下列各项操作 | 每执行完一项操作，财务总监（或助理）在相应方格内打“√”或“×”，只在涉及现金收支的方格中填写现金收支的具体数字 | | | |
|---|---|---|---|---|
| 新年度规划会议 | | | | |
| 参加订货会/登记销售订单 | | | | |
| 制订新年度计划 | | | | |
| 支付应交税费 | | | | |
| 季初现金盘点（请填余额） | | | | |
| 更新短期贷款/还本付息/申请短期贷款（高利贷） | | | | |
| 更新应付款/归还应付款 | | | | |
| 原料入库/更新原料订单 | | | | |
| 下原料订单 | | | | |
| 更新生产/完工入库 | | | | |
| 投资新生产线/变卖生产线/生产线转产 | | | | |
| 向其他企业购买原料/出售原料 | | | | |
| 开始下一批生产 | | | | |
| 更新应收款/应收款收现 | | | | |
| 出售厂房 | | | | |
| 向其他企业购买成品/出售成品 | | | | |
| 按订单交货 | | | | |
| 产品研发投资 | | | | |
| 支付行政管理费 | | | | |
| 其他现金收支情况登记 | | | | |
| 支付租金/购买厂房 | | | | |
| 支付利息/更新长期贷款/申请长期贷款 | | | | |
| 支付设备维护费 | | | | |
| 计提折旧 | | | | （　） |
| 新市场开拓/ISO认证投资 | | | | |
| 现金收入合计 | | | | |
| 现金支出合计 | | | | |
| 期末现金对账（请填余额） | | | | |
| 结账 | | | | |

**订单登记表**

金额单位：百万元

| 订单号 | | | | | | | | | | 合计 |
|---|---|---|---|---|---|---|---|---|---|---|
| 市场 | | | | | | | | | | |
| 产品 | | | | | | | | | | |
| 数量 | | | | | | | | | | |
| 账期 | | | | | | | | | | |
| 销售额 | | | | | | | | | | |
| 成本 | | | | | | | | | | |
| 毛利 | | | | | | | | | | |
| 未售 | | | | | | | | | | |

**产品核算统计表**

金额单位：百万元

| 项目 | P1 | P2 | P3 | P4 | 合计 |
|---|---|---|---|---|---|
| 数量 | | | | | |
| 销售额 | | | | | |
| 成本 | | | | | |
| 毛利 | | | | | |

**综合费用明细表**

金额单位：百万元

| 项目 | 金额 | 备注 |
|---|---|---|
| 行政管理费 | | |
| 广告费 | | |
| 设备维护费 | | |
| 租金 | | |
| 转产费 | | |
| 市场开拓投资 | | □本地 □区域 □国内 □亚洲 □国际 |
| ISO认证投资 | | □ISO 9000 □ISO 14000 |
| 产品研发投资 | | P2（ ） P3（ ） P4（ ） |
| 其他 | | |
| 合计 | | |

**简易利润表**

单位：百万元

| 项目 | 本期金额 | 上期金额 |
| --- | --- | --- |
| 营业收入 | | |
| 营业成本 | | |
| 毛利 | | |
| 综合费用 | | |
| 折旧前利润 | | |
| 折旧 | | |
| 支付利息前利润 | | |
| 财务收入/支出 | | |
| 其他收入/支出 | | |
| 利润总额 | | |
| 所得税费用 | | |
| 净利润 | | |

**简易资产负债表**

单位：百万元

| 资产 | 期末余额 | 上年年末余额 | 负债和所有者权益 | 期末余额 | 上年年末余额 |
| --- | --- | --- | --- | --- | --- |
| 流动资产： | | | 负债： | | |
| 货币资金 | | | 短期借款 | | |
| 应收账款 | | | 应付账款 | | |
| 在制品 | | | 应交税费 | | |
| 成品 | | | 一年内到期的非流动负债 | | |
| 原料 | | | 长期借款 | | |
| 流动资产合计 | | | 负债合计 | | |
| 非流动资产： | | | 所有者权益： | | |
| 土地及厂房 | | | 实收资本 | | |
| 生产设施 | | | 利润留存 | | |
| 在建工程 | | | 年度净利润 | | |
| 非流动资产合计 | | | 所有者权益合计 | | |
| 资产总计 | | | 负债和所有者权益总计 | | |

## 第 一 年

| 企业经营流程<br>请按顺序执行下列各项操作数字 | 每执行完一项操作，财务总监（或助理）在相应方格内打“√”或“×”，只在涉及现金收支的方格中填写现金收支的具体数字 | | | |
|---|---|---|---|---|
| 新年度规划会议 | | | | |
| 参加订货会/登记销售订单 | | | | |
| 制订新年度计划 | | | | |
| 支付应交税费 | | | | |
| 季初现金盘点（请填余额） | | | | |
| 更新短期贷款/还本付息/申请短期贷款（高利贷） | | | | |
| 更新应付款/归还应付款 | | | | |
| 原料入库/更新原料订单 | | | | |
| 下原料订单 | | | | |
| 更新生产/完工入库 | | | | |
| 投资新生产线/变卖生产线/生产线转产 | | | | |
| 向其他企业购买原料/出售原料 | | | | |
| 开始下一批生产 | | | | |
| 更新应收款/应收款收现 | | | | |
| 出售厂房 | | | | |
| 向其他企业购买成品/出售成品 | | | | |
| 按订单交货 | | | | |
| 产品研发投资 | | | | |
| 支付行政管理费 | | | | |
| 其他现金收支情况登记 | | | | |
| 支付租金/购买厂房 | | | | |
| 支付利息/更新长期贷款/申请长期贷款 | | | | |
| 支付设备维护费 | | | | |
| 计提折旧 | | | | （　） |
| 新市场开拓/ISO认证投资 | | | | |
| 现金收入合计 | | | | |
| 现金支出合计 | | | | |
| 期末现金对账（请填余额） | | | | |
| 结账 | | | | |

现金预算表

单位：百万元

| 项目 | 第一季度 | 第二季度 | 第三季度 | 第四季度 |
|---|---|---|---|---|
| **期初库存现金** | | | | |
| 支付上年应交税费 | | | | |
| 市场广告投入 | | | | |
| 贴现费用 | | | | |
| 利息（短期贷款） | | | | |
| 支付到期短期贷款 | | | | |
| 原料采购支付现金 | | | | |
| 转产费用 | | | | |
| 生产线投资 | | | | |
| 工人工资 | | | | |
| 产品研发投资 | | | | |
| **收到现金前的所有支出** | | | | |
| 应收款到期 | | | | |
| 支付行政管理费 | | | | |
| 租金 | | | | |
| 购买新厂房 | | | | |
| 利息（长期贷款） | | | | |
| 支付到期长期贷款 | | | | |
| 支付设备维护费 | | | | |
| 市场开拓投资 | | | | |
| ISO 认证投资 | | | | |
| 其他 | | | | |
| **库存现金余额** | | | | |

要点记录

第一季度：

第二季度：

第三季度：

第四季度：

年底小结：

订单登记表　　金额单位：百万元

| 订单号 | | | | | | | | | | 合计 |
|---|---|---|---|---|---|---|---|---|---|---|
| 市场 | | | | | | | | | | |
| 产品 | | | | | | | | | | |
| 数量 | | | | | | | | | | |
| 账期 | | | | | | | | | | |
| 销售额 | | | | | | | | | | |
| 成本 | | | | | | | | | | |
| 毛利 | | | | | | | | | | |
| 未售 | | | | | | | | | | |

产品核算统计表　　金额单位：百万元

| 项目 | P1 | P2 | P3 | P4 | 合计 |
|---|---|---|---|---|---|
| 数量 | | | | | |
| 销售额 | | | | | |
| 成本 | | | | | |
| 毛利 | | | | | |

综合费用明细表　　金额单位：百万元

| 项目 | 金额 | 备注 |
|---|---|---|
| 行政管理费 | | |
| 广告费 | | |
| 设备维护费 | | |
| 租金 | | |
| 转产费 | | |
| 市场开拓投资 | | □本地 □区域 □国内 □亚洲 □国际 |
| ISO认证投资 | | □ISO 9000 □ISO 14000 |
| 产品研发投资 | | P2（ ） P3（ ） P4（ ） |
| 其他 | | |
| 合计 | | |

**简易利润表**

单位：百万元

| 项目 | 本期金额 | 上期金额 |
| --- | --- | --- |
| 营业收入 | | |
| 营业成本 | | |
| 毛利 | | |
| 综合费用 | | |
| 折旧前利润 | | |
| 折旧 | | |
| 支付利息前利润 | | |
| 财务收入/支出 | | |
| 其他收入/支出 | | |
| 利润总额 | | |
| 所得税费用 | | |
| 净利润 | | |

**简易资产负债表**

单位：百万元

| 资产 | 期末余额 | 上年年末余额 | 负债和所有者权益 | 期末余额 | 上年年末余额 |
| --- | --- | --- | --- | --- | --- |
| 流动资产： | | | 负债： | | |
| 货币资金 | | | 短期借款 | | |
| 应收账款 | | | 应付账款 | | |
| 在制品 | | | 应交税费 | | |
| 成品 | | | 一年内到期的非流动负债 | | |
| 原料 | | | 长期借款 | | |
| 流动资产合计 | | | 负债合计 | | |
| 非流动资产： | | | 所有者权益： | | |
| 土地及厂房 | | | 实收资本 | | |
| 生产设施 | | | 利润留存 | | |
| 在建工程 | | | 年度净利润 | | |
| 非流动资产合计 | | | 所有者权益合计 | | |
| 资产总计 | | | 负债和所有者权益总计 | | |

第 二 年

| 企业经营流程<br>请按顺序执行下列各项操作 | 每执行完一项操作，财务总监（或助理）在相应方格内打“√”或“×”，只在涉及现金收支的方格中填写现金收支的具体数字 | | | |
|---|---|---|---|---|
| 新年度规划会议 | | | | |
| 参加订货会/登记销售订单 | | | | |
| 制订新年度计划 | | | | |
| 支付应交税费 | | | | |
| 季初现金盘点（请填余额） | | | | |
| 更新短期贷款/还本付息/申请短期贷款（高利贷） | | | | |
| 更新应付款/归还应付款 | | | | |
| 原料入库/更新原料订单 | | | | |
| 下原料订单 | | | | |
| 更新生产/完工入库 | | | | |
| 投资新生产线/变卖生产线/生产线转产 | | | | |
| 向其他企业购买原料/出售原料 | | | | |
| 开始下一批生产 | | | | |
| 更新应收款/应收款收现 | | | | |
| 出售厂房 | | | | |
| 向其他企业购买成品/出售成品 | | | | |
| 按订单交货 | | | | |
| 产品研发投资 | | | | |
| 支付行政管理费 | | | | |
| 其他现金收支情况登记 | | | | |
| 支付租金/购买厂房 | | | | |
| 支付利息/更新长期贷款/申请长期贷款 | | | | |
| 支付设备维护费 | | | | |
| 计提折旧 | | | | （ ） |
| 新市场开拓/ISO认证投资 | | | | |
| 现金收入合计 | | | | |
| 现金支出合计 | | | | |
| 期末现金对账（请填余额） | | | | |
| 结账 | | | | |

现金预算表

单位：百万元

| 项目 | 第一季度 | 第二季度 | 第三季度 | 第四季度 |
|---|---|---|---|---|
| **期初库存现金** | | | | |
| 支付上年应交税费 | | | | |
| 市场广告投入 | | | | |
| 贴现费用 | | | | |
| 利息（短期贷款） | | | | |
| 支付到期短期贷款 | | | | |
| 原料采购支付现金 | | | | |
| 转产费用 | | | | |
| 生产线投资 | | | | |
| 工人工资 | | | | |
| 产品研发投资 | | | | |
| **收到现金前的所有支出** | | | | |
| 应收款到期 | | | | |
| 支付行政管理费 | | | | |
| 租金 | | | | |
| 购买新厂房 | | | | |
| 利息（长期贷款） | | | | |
| 支付到期长期贷款 | | | | |
| 支付设备维护费 | | | | |
| 市场开拓投资 | | | | |
| ISO 认证投资 | | | | |
| 其他 | | | | |
| **库存现金余额** | | | | |

要点记录

第一季度：

第二季度：

第三季度：

第四季度：

年底小结：

订单登记表

金额单位：百万元

| 订单号 | | | | | | | | | | | 合计 |
|---|---|---|---|---|---|---|---|---|---|---|---|
| 市场 | | | | | | | | | | | |
| 产品 | | | | | | | | | | | |
| 数量 | | | | | | | | | | | |
| 账期 | | | | | | | | | | | |
| 销售额 | | | | | | | | | | | |
| 成本 | | | | | | | | | | | |
| 毛利 | | | | | | | | | | | |
| 未售 | | | | | | | | | | | |

产品核算统计表

金额单位：百万元

| 项目 | P1 | P2 | P3 | P4 | 合计 |
|---|---|---|---|---|---|
| 数量 | | | | | |
| 销售额 | | | | | |
| 成本 | | | | | |
| 毛利 | | | | | |

综合费用明细表

金额单位：百万元

| 项目 | 金额 | 备注 |
|---|---|---|
| 行政管理费 | | |
| 广告费 | | |
| 设备维护费 | | |
| 租金 | | |
| 转产费 | | |
| 市场开拓投资 | | □本地 □区域 □国内 □亚洲 □国际 |
| ISO认证投资 | | □ISO 9000 □ISO 14000 |
| 产品研发投资 | | P2（ ） P3（ ） P4（ ） |
| 其他 | | |
| 合计 | | |

**简易利润表**

单位：百万元

| 项目 | 本期金额 | 上期金额 |
|---|---|---|
| 营业收入 | | |
| 营业成本 | | |
| 毛利 | | |
| 综合费用 | | |
| 折旧前利润 | | |
| 折旧 | | |
| 支付利息前利润 | | |
| 财务收入/支出 | | |
| 其他收入/支出 | | |
| 利润总额 | | |
| 所得税费用 | | |
| 净利润 | | |

**简易资产负债表**

单位：百万元

| 资产 | 期末余额 | 上年年末余额 | 负债和所有者权益 | 期末余额 | 上年年末余额 |
|---|---|---|---|---|---|
| 流动资产： | | | 负债： | | |
| 货币资金 | | | 短期借款 | | |
| 应收账款 | | | 应付账款 | | |
| 在制品 | | | 应交税费 | | |
| 成品 | | | 一年内到期的非流动负债 | | |
| 原料 | | | 长期借款 | | |
| 流动资产合计 | | | 负债合计 | | |
| 非流动资产： | | | 所有者权益： | | |
| 土地及厂房 | | | 实收资本 | | |
| 生产设施 | | | 利润留存 | | |
| 在建工程 | | | 年度净利润 | | |
| 非流动资产合计 | | | 所有者权益合计 | | |
| 资产总计 | | | 负债和所有者权益总计 | | |

## 第 三 年

| 企业经营流程<br>请按顺序执行下列各项操作 | 每执行完一项操作，财务总监（或助理）在相应方格内打“√”或“×”，只在涉及现金收支的方格中填写现金收支的具体数字 | | | |
|---|---|---|---|---|
| 新年度规划会议 | | | | |
| 参加订货会/登记销售订单 | | | | |
| 制订新年度计划 | | | | |
| 支付应交税费 | | | | |
| 季初现金盘点（请填余额） | | | | |
| 更新短期贷款/还本付息/申请短期贷款（高利贷） | | | | |
| 更新应付款/归还应付款 | | | | |
| 原料入库/更新原料订单 | | | | |
| 下原料订单 | | | | |
| 更新生产/完工入库 | | | | |
| 投资新生产线/变卖生产线/生产线转产 | | | | |
| 向其他企业购买原料/出售原料 | | | | |
| 开始下一批生产 | | | | |
| 更新应收款/应收款收现 | | | | |
| 出售厂房 | | | | |
| 向其他企业购买成品/出售成品 | | | | |
| 按订单交货 | | | | |
| 产品研发投资 | | | | |
| 支付行政管理费 | | | | |
| 其他现金收支情况登记 | | | | |
| 支付租金/购买厂房 | | | | |
| 支付利息/更新长期贷款/申请长期贷款 | | | | |
| 支付设备维护费 | | | | |
| 计提折旧 | | | | （ ） |
| 新市场开拓/ISO认证投资 | | | | |
| 现金收入合计 | | | | |
| 现金支出合计 | | | | |
| 期末现金对账（请填余额） | | | | |
| 结账 | | | | |

**现金预算表**

单位：百万元

| 项　目 | 第一季度 | 第二季度 | 第三季度 | 第四季度 |
|---|---|---|---|---|
| 期初库存现金 | | | | |
| 支付上年应交税费 | | | | |
| 市场广告投入 | | | | |
| 贴现费用 | | | | |
| 利息（短期贷款） | | | | |
| 支付到期短期贷款 | | | | |
| 原料采购支付现金 | | | | |
| 转产费用 | | | | |
| 生产线投资 | | | | |
| 工人工资 | | | | |
| 产品研发投资 | | | | |
| 收到现金前的所有支出 | | | | |
| 应收款到期 | | | | |
| 支付行政管理费 | | | | |
| 租金 | | | | |
| 购买新厂房 | | | | |
| 利息（长期贷款） | | | | |
| 支付到期长期贷款 | | | | |
| 支付设备维护费 | | | | |
| 市场开拓投资 | | | | |
| ISO 认证投资 | | | | |
| 其他 | | | | |
| 库存现金余额 | | | | |

**要点记录**

第一季度：____________________

第二季度：____________________

第三季度：____________________

第四季度：____________________

年底小结：____________________

____________________

**订单登记表** 金额单位：百万元

| 订单号 | | | | | | | | | | | 合计 |
|---|---|---|---|---|---|---|---|---|---|---|---|
| 市场 | | | | | | | | | | | |
| 产品 | | | | | | | | | | | |
| 数量 | | | | | | | | | | | |
| 账期 | | | | | | | | | | | |
| 销售额 | | | | | | | | | | | |
| 成本 | | | | | | | | | | | |
| 毛利 | | | | | | | | | | | |
| 未售 | | | | | | | | | | | |

**产品核算统计表** 金额单位：百万元

| 项目 | P1 | P2 | P3 | P4 | 合计 |
|---|---|---|---|---|---|
| 数量 | | | | | |
| 销售额 | | | | | |
| 成本 | | | | | |
| 毛利 | | | | | |

**综合费用明细表** 金额单位：百万元

| 项目 | 金额 | 备注 |
|---|---|---|
| 行政管理费 | | |
| 广告费 | | |
| 设备维护费 | | |
| 租金 | | |
| 转产费 | | |
| 市场开拓投资 | | □本地 □区域 □国内 □亚洲 □国际 |
| ISO认证投资 | | □ISO 9000 □ISO 14000 |
| 产品研发投资 | | P2（ ） P3（ ） P4（ ） |
| 其他 | | |
| 合计 | | |

简易利润表

单位：百万元

| 项目 | 本期金额 | 上期金额 |
|---|---|---|
| 营业收入 | | |
| 营业成本 | | |
| 毛利 | | |
| 综合费用 | | |
| 折旧前利润 | | |
| 折旧 | | |
| 支付利息前利润 | | |
| 财务收入/支出 | | |
| 其他收入/支出 | | |
| 利润总额 | | |
| 所得税费用 | | |
| 净利润 | | |

简易资产负债表

单位：百万元

| 资产 | 期末余额 | 上年年末余额 | 负债和所有者权益 | 期末余额 | 上年年末余额 |
|---|---|---|---|---|---|
| 流动资产： | | | 负债： | | |
| 货币资金 | | | 短期借款 | | |
| 应收账款 | | | 应付账款 | | |
| 在制品 | | | 应交税费 | | |
| 成品 | | | 一年内到期的非流动负债 | | |
| 原料 | | | 长期借款 | | |
| 流动资产合计 | | | 负债合计 | | |
| 非流动资产： | | | 所有者权益： | | |
| 土地及厂房 | | | 实收资本 | | |
| 生产设施 | | | 利润留存 | | |
| 在建工程 | | | 年度净利润 | | |
| 非流动资产合计 | | | 所有者权益合计 | | |
| 资产总计 | | | 负债和所有者权益总计 | | |

## 第 四 年

| 企业经营流程<br>请按顺序执行下列各项操作 | 每执行完一项操作，财务总监（或助理）在相应方格内打“√”或“×”，只在涉及现金收支的方格中填写现金收支的具体数字 | | | |
|---|---|---|---|---|
| 新年度规划会议 | | | | |
| 参加订货会/登记销售订单 | | | | |
| 制订新年度计划 | | | | |
| 支付应交税费 | | | | |
| 季初现金盘点（请填余额） | | | | |
| 更新短期贷款/还本付息/申请短期贷款（高利贷） | | | | |
| 更新应付款/归还应付款 | | | | |
| 原料入库/更新原料订单 | | | | |
| 下原料订单 | | | | |
| 更新生产/完工入库 | | | | |
| 投资新生产线/变卖生产线/生产线转产 | | | | |
| 向其他企业购买原料/出售原料 | | | | |
| 开始下一批生产 | | | | |
| 更新应收款/应收款收现 | | | | |
| 出售厂房 | | | | |
| 向其他企业购买成品/出售成品 | | | | |
| 按订单交货 | | | | |
| 产品研发投资 | | | | |
| 支付行政管理费 | | | | |
| 其他现金收支情况登记 | | | | |
| 支付租金/购买厂房 | | | | |
| 支付利息/更新长期贷款/申请长期贷款 | | | | |
| 支付设备维护费 | | | | |
| 计提折旧 | | | | （ ） |
| 新市场开拓/ISO认证投资 | | | | |
| 现金收入合计 | | | | |
| 现金支出合计 | | | | |
| 期末现金对账（请填余额） | | | | |
| 结账 | | | | |

现金预算表

单位：百万元

| 项　目 | 第一季度 | 第二季度 | 第三季度 | 第四季度 |
|---|---|---|---|---|
| 期初库存现金 | | | | |
| 支付上年应交税费 | | | | |
| 市场广告投入 | | | | |
| 贴现费用 | | | | |
| 利息（短期贷款） | | | | |
| 支付到期短期贷款 | | | | |
| 原料采购支付现金 | | | | |
| 转产费用 | | | | |
| 生产线投资 | | | | |
| 工人工资 | | | | |
| 产品研发投资 | | | | |
| 收到现金前的所有支出 | | | | |
| 应收款到期 | | | | |
| 支付行政管理费 | | | | |
| 租金 | | | | |
| 购买新厂房 | | | | |
| 利息（长期贷款） | | | | |
| 支付到期长期贷款 | | | | |
| 支付设备维护费 | | | | |
| 市场开拓投资 | | | | |
| ISO 认证投资 | | | | |
| 其他 | | | | |
| 库存现金余额 | | | | |

要点记录

第一季度：

第二季度：

第三季度：

第四季度：

年底小结：

## 订单登记表

金额单位：百万元

| 订单号 | | | | | | | | | | | 合计 |
|---|---|---|---|---|---|---|---|---|---|---|---|
| 市场 | | | | | | | | | | | |
| 产品 | | | | | | | | | | | |
| 数量 | | | | | | | | | | | |
| 账期 | | | | | | | | | | | |
| 销售额 | | | | | | | | | | | |
| 成本 | | | | | | | | | | | |
| 毛利 | | | | | | | | | | | |
| 未售 | | | | | | | | | | | |

## 产品核算统计表

金额单位：百万元

| 项目 | P1 | P2 | P3 | P4 | 合计 |
|---|---|---|---|---|---|
| 数量 | | | | | |
| 销售额 | | | | | |
| 成本 | | | | | |
| 毛利 | | | | | |

## 综合费用明细表

金额单位：百万元

| 项目 | 金额 | 备注 |
|---|---|---|
| 行政管理费 | | |
| 广告费 | | |
| 设备维护费 | | |
| 租金 | | |
| 转产费 | | |
| 市场开拓投资 | | □本地 □区域 □国内 □亚洲 □国际 |
| ISO认证投资 | | □ISO 9000 □ISO 14000 |
| 产品研发投资 | | P2（ ） P3（ ） P4（ ） |
| 其他 | | |
| 合计 | | |

### 简易利润表

单位：百万元

| 项目 | 本期金额 | 上期金额 |
|---|---|---|
| 营业收入 | | |
| 营业成本 | | |
| 毛利 | | |
| 综合费用 | | |
| 折旧前利润 | | |
| 折旧 | | |
| 支付利息前利润 | | |
| 财务收入/支出 | | |
| 其他收入/支出 | | |
| 利润总额 | | |
| 所得税费用 | | |
| 净利润 | | |

### 简易资产负债表

单位：百万元

| 资产 | 期末余额 | 上年年末余额 | 负债和所有者权益 | 期末余额 | 上年年末余额 |
|---|---|---|---|---|---|
| 流动资产： | | | 负债： | | |
| 货币资金 | | | 短期借款 | | |
| 应收账款 | | | 应付账款 | | |
| 在制品 | | | 应交税费 | | |
| 成品 | | | 一年内到期的非流动负债 | | |
| 原料 | | | 长期借款 | | |
| 流动资产合计 | | | 负债合计 | | |
| 非流动资产： | | | 所有者权益： | | |
| 土地及厂房 | | | 实收资本 | | |
| 生产设施 | | | 利润留存 | | |
| 在建工程 | | | 年度净利润 | | |
| 非流动资产合计 | | | 所有者权益合计 | | |
| 资产总计 | | | 负债和所有者权益总计 | | |

## 第 五 年

| 企业经营流程<br>请按顺序执行下列各项操作 | 每执行完一项操作，财务总监（或助理）在相应方格内打“√”或“×”，只在涉及现金收支的方格中填写现金收支的具体数字 | | | |
|---|---|---|---|---|
| 新年度规划会议 | | | | |
| 参加订货会/登记销售订单 | | | | |
| 制订新年度计划 | | | | |
| 支付应交税费 | | | | |
| 季初现金盘点（请填余额） | | | | |
| 更新短期贷款/还本付息/申请短期贷款（高利贷） | | | | |
| 更新应付款/归还应付款 | | | | |
| 原料入库/更新原料订单 | | | | |
| 下原料订单 | | | | |
| 更新生产/完工入库 | | | | |
| 投资新生产线/变卖生产线/生产线转产 | | | | |
| 向其他企业购买原料/出售原料 | | | | |
| 开始下一批生产 | | | | |
| 更新应收款/应收款收现 | | | | |
| 出售厂房 | | | | |
| 向其他企业购买成品/出售成品 | | | | |
| 按订单交货 | | | | |
| 产品研发投资 | | | | |
| 支付行政管理费 | | | | |
| 其他现金收支情况登记 | | | | |
| 支付租金/购买厂房 | | | | |
| 支付利息/更新长期贷款/申请长期贷款 | | | | |
| 支付设备维护费 | | | | |
| 计提折旧 | | | | （ ） |
| 新市场开拓/ISO认证投资 | | | | |
| 现金收入合计 | | | | |
| 现金支出合计 | | | | |
| 期末现金对账（请填余额） | | | | |
| 结账 | | | | |

现金预算表

单位：百万元

| 项　目 | 第一季度 | 第二季度 | 第三季度 | 第四季度 |
|---|---|---|---|---|
| 期初库存现金 | | | | |
| 支付上年应交税费 | | | | |
| 市场广告投入 | | | | |
| 贴现费用 | | | | |
| 利息（短期贷款） | | | | |
| 支付到期短期贷款 | | | | |
| 原料采购支付现金 | | | | |
| 转产费用 | | | | |
| 生产线投资 | | | | |
| 工人工资 | | | | |
| 产品研发投资 | | | | |
| 收到现金前的所有支出 | | | | |
| 应收款到期 | | | | |
| 支付行政管理费 | | | | |
| 租金 | | | | |
| 购买新厂房 | | | | |
| 利息（长期贷款） | | | | |
| 支付到期长期贷款 | | | | |
| 支付设备维护费 | | | | |
| 市场开拓投资 | | | | |
| ISO 认证投资 | | | | |
| 其他 | | | | |
| 库存现金余额 | | | | |

要点记录

第一季度：______

第二季度：______

第三季度：______

第四季度：______

年底小结：______

______

订单登记表

金额单位：百万元

| 订单号 | | | | | | | | | | | 合计 |
|---|---|---|---|---|---|---|---|---|---|---|---|
| 市场 | | | | | | | | | | | |
| 产品 | | | | | | | | | | | |
| 数量 | | | | | | | | | | | |
| 账期 | | | | | | | | | | | |
| 销售额 | | | | | | | | | | | |
| 成本 | | | | | | | | | | | |
| 毛利 | | | | | | | | | | | |
| 未售 | | | | | | | | | | | |

产品核算统计表

金额单位：百万元

| 项目 | P1 | P2 | P3 | P4 | 合计 |
|---|---|---|---|---|---|
| 数量 | | | | | |
| 销售额 | | | | | |
| 成本 | | | | | |
| 毛利 | | | | | |

综合费用明细表

金额单位：百万元

| 项目 | 金额 | 备注 |
|---|---|---|
| 行政管理费 | | |
| 广告费 | | |
| 设备维护费 | | |
| 租金 | | |
| 转产费 | | |
| 市场开拓投资 | | □本地 □区域 □国内 □亚洲 □国际 |
| ISO认证投资 | | □ISO 9000 □ISO 14000 |
| 产品研发投资 | | P2（ ） P3（ ） P4（ ） |
| 其他 | | |
| 合计 | | |

**简易利润表** 单位：百万元

| 项目 | 本期金额 | 上期金额 |
| --- | --- | --- |
| 营业收入 | | |
| 营业成本 | | |
| 毛利 | | |
| 综合费用 | | |
| 折旧前利润 | | |
| 折旧 | | |
| 支付利息前利润 | | |
| 财务收入/支出 | | |
| 其他收入/支出 | | |
| 利润总额 | | |
| 所得税费用 | | |
| 净利润 | | |

**简易资产负债表** 单位：百万元

| 资产 | 期末余额 | 上年年末余额 | 负债和所有者权益 | 期末余额 | 上年年末余额 |
| --- | --- | --- | --- | --- | --- |
| 流动资产： | | | 负债： | | |
| 货币资金 | | | 短期借款 | | |
| 应收账款 | | | 应付账款 | | |
| 在制品 | | | 应交税费 | | |
| 成品 | | | 一年内到期的非流动负债 | | |
| 原料 | | | 长期借款 | | |
| 流动资产合计 | | | 负债合计 | | |
| 非流动资产： | | | 所有者权益： | | |
| 土地及厂房 | | | 实收资本 | | |
| 生产设施 | | | 利润留存 | | |
| 在建工程 | | | 年度净利润 | | |
| 非流动资产合计 | | | 所有者权益合计 | | |
| 资产总计 | | | 负债和所有者权益总计 | | |

## 第 六 年

| 企业经营流程<br>请按顺序执行下列各项操作 | 每执行完一项操作，财务总监（或助理）在相应方格内打“√”或“×”，只在涉及现金收支的方格中填写现金收支的具体数字 | | | |
|---|---|---|---|---|
| 新年度规划会议 | | | | |
| 参加订货会/登记销售订单 | | | | |
| 制订新年度计划 | | | | |
| 支付应交税费 | | | | |
| 季初现金盘点（请填余额） | | | | |
| 更新短期贷款/还本付息/申请短期贷款（高利贷） | | | | |
| 更新应付款/归还应付款 | | | | |
| 原料入库/更新原料订单 | | | | |
| 下原料订单 | | | | |
| 更新生产/完工入库 | | | | |
| 投资新生产线/变卖生产线/生产线转产 | | | | |
| 向其他企业购买原料/出售原料 | | | | |
| 开始下一批生产 | | | | |
| 更新应收款/应收款收现 | | | | |
| 出售厂房 | | | | |
| 向其他企业购买成品/出售成品 | | | | |
| 按订单交货 | | | | |
| 产品研发投资 | | | | |
| 支付行政管理费 | | | | |
| 其他现金收支情况登记 | | | | |
| 支付租金/购买厂房 | | | | |
| 支付利息/更新长期贷款/申请长期贷款 | | | | |
| 支付设备维护费 | | | | |
| 计提折旧 | | | | （ ） |
| 新市场开拓/ISO认证投资 | | | | |
| 现金收入合计 | | | | |
| 现金支出合计 | | | | |
| 期末现金对账（请填余额） | | | | |
| 结账 | | | | |

现金预算表

单位：百万元

| 项　目 | 第一季度 | 第二季度 | 第三季度 | 第四季度 |
|---|---|---|---|---|
| 期初库存现金 | | | | |
| 支付上年应交税费 | | | | |
| 市场广告投入 | | | | |
| 贴现费用 | | | | |
| 利息（短期贷款） | | | | |
| 支付到期短期贷款 | | | | |
| 原料采购支付现金 | | | | |
| 转产费用 | | | | |
| 生产线投资 | | | | |
| 工人工资 | | | | |
| 产品研发投资 | | | | |
| 收到现金前的所有支出 | | | | |
| 应收款到期 | | | | |
| 支付行政管理费 | | | | |
| 租金 | | | | |
| 购买新厂房 | | | | |
| 利息（长期贷款） | | | | |
| 支付到期长期贷款 | | | | |
| 支付设备维护费 | | | | |
| 市场开拓投资 | | | | |
| ISO 认证投资 | | | | |
| 其他 | | | | |
| 库存现金余额 | | | | |

要点记录

第一季度：

第二季度：

第三季度：

第四季度：

年底小结：

订单登记表　　金额单位：百万元

| 订单号 | | | | | | | | | | | 合计 |
|---|---|---|---|---|---|---|---|---|---|---|---|
| 市场 | | | | | | | | | | | |
| 产品 | | | | | | | | | | | |
| 数量 | | | | | | | | | | | |
| 账期 | | | | | | | | | | | |
| 销售额 | | | | | | | | | | | |
| 成本 | | | | | | | | | | | |
| 毛利 | | | | | | | | | | | |
| 未售 | | | | | | | | | | | |

产品核算统计表　　金额单位：百万元

| 项目 | P1 | P2 | P3 | P4 | 合计 |
|---|---|---|---|---|---|
| 数量 | | | | | |
| 销售额 | | | | | |
| 成本 | | | | | |
| 毛利 | | | | | |

综合费用明细表　　金额单位：百万元

| 项目 | 金额 | 备注 |
|---|---|---|
| 行政管理费 | | |
| 广告费 | | |
| 设备维护费 | | |
| 租金 | | |
| 转产费 | | |
| 市场开拓投资 | | □本地 □区域 □国内 □亚洲 □国际 |
| ISO认证投资 | | □ISO 9000 □ISO 14000 |
| 产品研发投资 | | P2（ ） P3（ ） P4（ ） |
| 其他 | | |
| 合计 | | |

简易利润表

单位：百万元

| 项目 | 本期金额 | 上期金额 |
| --- | --- | --- |
| 营业收入 | | |
| 营业成本 | | |
| 毛利 | | |
| 综合费用 | | |
| 折旧前利润 | | |
| 折旧 | | |
| 支付利息前利润 | | |
| 财务收入/支出 | | |
| 其他收入/支出 | | |
| 利润总额 | | |
| 所得税费用 | | |
| 净利润 | | |

简易资产负债表

单位：百万元

| 资产 | 期末余额 | 上年年末余额 | 负债和所有者权益 | 期末余额 | 上年年末余额 |
| --- | --- | --- | --- | --- | --- |
| 流动资产： | | | 负债： | | |
| 货币资金 | | | 短期借款 | | |
| 应收账款 | | | 应付账款 | | |
| 在制品 | | | 应交税费 | | |
| 成品 | | | 一年内到期的非流动负债 | | |
| 原料 | | | 长期借款 | | |
| 流动资产合计 | | | 负债合计 | | |
| 非流动资产： | | | 所有者权益： | | |
| 土地及厂房 | | | 实收资本 | | |
| 生产设施 | | | 利润留存 | | |
| 在建工程 | | | 年度净利润 | | |
| 非流动资产合计 | | | 所有者权益合计 | | |
| 资产总计 | | | 负债和所有者权益总计 | | |

公司贷款申请表

| 贷款类型 | | 第一年 | | | | 第二年 | | | | 第三年 | | | | 第四年 | | | | 第五年 | | | | 第六年 | | | |
|---|---|---|---|---|---|---|---|---|---|---|---|---|---|---|---|---|---|---|---|---|---|---|---|---|---|
| | | 1 | 2 | 3 | 4 | 1 | 2 | 3 | 4 | 1 | 2 | 3 | 4 | 1 | 2 | 3 | 4 | 1 | 2 | 3 | 4 | 1 | 2 | 3 | 4 |
| 短期贷款 | 借 | | | | | | | | | | | | | | | | | | | | | | | | |
| | 还 | | | | | | | | | | | | | | | | | | | | | | | | |
| 高利贷 | 借 | | | | | | | | | | | | | | | | | | | | | | | | |
| | 还 | | | | | | | | | | | | | | | | | | | | | | | | |
| 短期贷款余额 | | | | | | | | | | | | | | | | | | | | | | | | | |
| 监督员签字 | | | | | | | | | | | | | | | | | | | | | | | | | |

| 贷款类型 | | 第一年 | 第二年 | 第三年 | 第四年 | 第五年 | 第六年 |
|---|---|---|---|---|---|---|---|
| 长期贷款 | 借 | | | | | | |
| | 还 | | | | | | |
| 长期贷款余额 | | | | | | | |
| 上年所有者权益 | | | | | | | |
| 监督员签字 | | | | | | | |

## 2.5 企业经营过程记录表（营销总监）

# 操 作 记 录

企业经营过程记录表

___________公司营销总监

## 起　始　年

| 企业经营流程<br>请按顺序执行下列各项操作 | 每执行完一项操作，营销总监（或助理）在相应方格中填写产成品增减和销售情况 | | | | | | | | | | | | | | | |
|---|---|---|---|---|---|---|---|---|---|---|---|---|---|---|---|---|
| 新年度规划会议 | | | | | | | | | | | | | | | | |
| 参加订货会/登记销售订单 | | | | | | | | | | | | | | | | |
| 制订新年度计划 | | | | | | | | | | | | | | | | |
| 支付应交税费 | | | | | | | | | | | | | | | | |
| | 第一季度 | | | | 第二季度 | | | | 第三季度 | | | | 第四季度 | | | |
| 产成品库存台账 | P1 | P2 | P3 | P4 | P1 | P2 | P3 | P4 | P1 | P2 | P3 | P4 | P1 | P2 | P3 | P4 |
| 期初产成品盘点（请填余额） | | | | | | | | | | | | | | | | |
| 更新短期贷款/还本付息/申请短期贷款（高利贷） | | | | | | | | | | | | | | | | |
| 更新应付款/归还应付款 | | | | | | | | | | | | | | | | |
| 原料入库/更新原料订单 | | | | | | | | | | | | | | | | |
| 下原料订单 | | | | | | | | | | | | | | | | |
| 更新生产/完工入库 | | | | | | | | | | | | | | | | |
| 投资新生产线/变卖生产线/生产线转产 | | | | | | | | | | | | | | | | |
| 向其他企业购买原料/出售原料 | | | | | | | | | | | | | | | | |
| 开始下一批生产 | | | | | | | | | | | | | | | | |
| 更新应收款/应收款收现 | | | | | | | | | | | | | | | | |
| 出售厂房 | | | | | | | | | | | | | | | | |
| 向其他企业购买成品/出售成品 | | | | | | | | | | | | | | | | |
| 按订单交货 | | | | | | | | | | | | | | | | |
| 产品研发投资 | | | | | | | | | | | | | | | | |
| 支付行政管理费 | | | | | | | | | | | | | | | | |
| 其他现金收支情况登记 | | | | | | | | | | | | | | | | |
| 支付租金/购买厂房 | | | | | | | | | | | | | | | | |
| 支付利息/更新长期贷款/申请长期贷款 | | | | | | | | | | | | | | | | |
| 支付设备维护费 | | | | | | | | | | | | | | | | |
| 计提折旧 | | | | | | | | | | | | | （　） | | | |
| 新市场开拓/ISO认证投资 | | | | | | | | | | | | | | | | |
| 产成品入库合计 | | | | | | | | | | | | | | | | |
| 产成品出库合计 | | | | | | | | | | | | | | | | |
| 期末产成品对账（请填余额） | | | | | | | | | | | | | | | | |
| 结账 | | | | | | | | | | | | | | | | |

## 第　一　年

| 企业经营流程<br>请按顺序执行下列各项操作 | 每执行完一项操作，营销总监（或助理）在相应方格中填写产成品增减和销售情况 | | | | | | | | | | | | | | | |
|---|---|---|---|---|---|---|---|---|---|---|---|---|---|---|---|---|
| 新年度规划会议 | | | | | | | | | | | | | | | | |
| 参加订货会/登记销售订单 | | | | | | | | | | | | | | | | |
| 制订新年度计划 | | | | | | | | | | | | | | | | |
| 支付应交税费 | | | | | | | | | | | | | | | | |
| | 第一季度 | | | | 第二季度 | | | | 第三季度 | | | | 第四季度 | | | |
| 产成品库存台账 | P1 | P2 | P3 | P4 | P1 | P2 | P3 | P4 | P1 | P2 | P3 | P4 | P1 | P2 | P3 | P4 |
| 期初产成品盘点（请填余额） | | | | | | | | | | | | | | | | |
| 更新短期贷款/还本付息/申请短期贷款（高利贷） | | | | | | | | | | | | | | | | |
| 更新应付款/归还应付款 | | | | | | | | | | | | | | | | |
| 原料入库/更新原料订单 | | | | | | | | | | | | | | | | |
| 下原料订单 | | | | | | | | | | | | | | | | |
| 更新生产/完工入库 | | | | | | | | | | | | | | | | |
| 投资新生产线/变卖生产线/生产线转产 | | | | | | | | | | | | | | | | |
| 向其他企业购买原料/出售原料 | | | | | | | | | | | | | | | | |
| 开始下一批生产 | | | | | | | | | | | | | | | | |
| 更新应收款/应收款收现 | | | | | | | | | | | | | | | | |
| 出售厂房 | | | | | | | | | | | | | | | | |
| 向其他企业购买成品/出售成品 | | | | | | | | | | | | | | | | |
| 按订单交货 | | | | | | | | | | | | | | | | |
| 产品研发投资 | | | | | | | | | | | | | | | | |
| 支付行政管理费 | | | | | | | | | | | | | | | | |
| 其他现金收支情况登记 | | | | | | | | | | | | | | | | |
| 支付租金/购买厂房 | | | | | | | | | | | | | | | | |
| 支付利息/更新长期贷款/申请长期贷款 | | | | | | | | | | | | | | | | |
| 支付设备维护费 | | | | | | | | | | | | | | | | |
| 计提折旧 | | | | | | | | | | | | | （ ） | | | |
| 新市场开拓/ISO认证投资 | | | | | | | | | | | | | | | | |
| 产成品入库合计 | | | | | | | | | | | | | | | | |
| 产成品出库合计 | | | | | | | | | | | | | | | | |
| 期末产成品对账（请填余额） | | | | | | | | | | | | | | | | |
| 结账 | | | | | | | | | | | | | | | | |

## 第　二　年

| 企业经营流程<br>请按顺序执行下列各项操作 | 每执行完一项操作，营销总监（或助理）在相应方格中填写产成品增减和销售情况 | | | | | | | | | | | | | | | |
|---|---|---|---|---|---|---|---|---|---|---|---|---|---|---|---|---|
| 新年度规划会议 | | | | | | | | | | | | | | | | |
| 参加订货会/登记销售订单 | | | | | | | | | | | | | | | | |
| 制订新年度计划 | | | | | | | | | | | | | | | | |
| 支付应交税费 | | | | | | | | | | | | | | | | |
| | 第一季度 | | | | 第二季度 | | | | 第三季度 | | | | 第四季度 | | | |
| 产成品库存台账 | P1 | P2 | P3 | P4 | P1 | P2 | P3 | P4 | P1 | P2 | P3 | P4 | P1 | P2 | P3 | P4 |
| 期初产成品盘点（请填余额） | | | | | | | | | | | | | | | | |
| 更新短期贷款/还本付息/申请短期贷款（高利贷） | | | | | | | | | | | | | | | | |
| 更新应付款/归还应付款 | | | | | | | | | | | | | | | | |
| 原料入库/更新原料订单 | | | | | | | | | | | | | | | | |
| 下原料订单 | | | | | | | | | | | | | | | | |
| 更新生产/完工入库 | | | | | | | | | | | | | | | | |
| 投资新生产线/变卖生产线/生产线转产 | | | | | | | | | | | | | | | | |
| 向其他企业购买原料/出售原料 | | | | | | | | | | | | | | | | |
| 开始下一批生产 | | | | | | | | | | | | | | | | |
| 更新应收款/应收款收现 | | | | | | | | | | | | | | | | |
| 出售厂房 | | | | | | | | | | | | | | | | |
| 向其他企业购买成品/出售成品 | | | | | | | | | | | | | | | | |
| 按订单交货 | | | | | | | | | | | | | | | | |
| 产品研发投资 | | | | | | | | | | | | | | | | |
| 支付行政管理费 | | | | | | | | | | | | | | | | |
| 其他现金收支情况登记 | | | | | | | | | | | | | | | | |
| 支付租金/购买厂房 | | | | | | | | | | | | | | | | |
| 支付利息/更新长期贷款/申请长期贷款 | | | | | | | | | | | | | | | | |
| 支付设备维护费 | | | | | | | | | | | | | | | | |
| 计提折旧 | | | | | | | | | | | | | （　） | | | |
| 新市场开拓/ISO认证投资 | | | | | | | | | | | | | | | | |
| 产成品入库合计 | | | | | | | | | | | | | | | | |
| 产成品出库合计 | | | | | | | | | | | | | | | | |
| 期末产成品对账（请填余额） | | | | | | | | | | | | | | | | |
| 结账 | | | | | | | | | | | | | | | | |

## 第 三 年

| 企业经营流程<br>请按顺序执行下列各项操作 | 每执行完一项操作，营销总监（或助理）在相应方格中填写产成品增减和销售情况 | | | | | | | | | | | | | | | |
|---|---|---|---|---|---|---|---|---|---|---|---|---|---|---|---|---|
| 新年度规划会议 | | | | | | | | | | | | | | | | |
| 参加订货会/登记销售订单 | | | | | | | | | | | | | | | | |
| 制订新年度计划 | | | | | | | | | | | | | | | | |
| 支付应交税费 | | | | | | | | | | | | | | | | |
| | 第一季度 | | | | 第二季度 | | | | 第三季度 | | | | 第四季度 | | | |
| 产成品库存台账 | P1 | P2 | P3 | P4 | P1 | P2 | P3 | P4 | P1 | P2 | P3 | P4 | P1 | P2 | P3 | P4 |
| 期初产成品盘点（请填余额） | | | | | | | | | | | | | | | | |
| 更新短期贷款/还本付息/申请短期贷款（高利贷） | | | | | | | | | | | | | | | | |
| 更新应付款/归还应付款 | | | | | | | | | | | | | | | | |
| 原料入库/更新原料订单 | | | | | | | | | | | | | | | | |
| 下原料订单 | | | | | | | | | | | | | | | | |
| 更新生产/完工入库 | | | | | | | | | | | | | | | | |
| 投资新生产线/变卖生产线/生产线转产 | | | | | | | | | | | | | | | | |
| 向其他企业购买原料/出售原料 | | | | | | | | | | | | | | | | |
| 开始下一批生产 | | | | | | | | | | | | | | | | |
| 更新应收款/应收款收现 | | | | | | | | | | | | | | | | |
| 出售厂房 | | | | | | | | | | | | | | | | |
| 向其他企业购买成品/出售成品 | | | | | | | | | | | | | | | | |
| 按订单交货 | | | | | | | | | | | | | | | | |
| 产品研发投资 | | | | | | | | | | | | | | | | |
| 支付行政管理费 | | | | | | | | | | | | | | | | |
| 其他现金收支情况登记 | | | | | | | | | | | | | | | | |
| 支付租金/购买厂房 | | | | | | | | | | | | | | | | |
| 支付利息/更新长期贷款/申请长期贷款 | | | | | | | | | | | | | | | | |
| 支付设备维护费 | | | | | | | | | | | | | | | | |
| 计提折旧 | | | | | | | | | | | | | （ ） | | | |
| 新市场开拓/ISO认证投资 | | | | | | | | | | | | | | | | |
| 产成品入库合计 | | | | | | | | | | | | | | | | |
| 产成品出库合计 | | | | | | | | | | | | | | | | |
| 期末产成品对账（请填余额） | | | | | | | | | | | | | | | | |
| 结账 | | | | | | | | | | | | | | | | |

## 第 四 年

| 企业经营流程<br>请按顺序执行下列各项操作 | 每执行完一项操作，营销总监（或助理）在相应方格中填写产成品增减和销售情况 | | | | | | | | | | | | | | | |
|---|---|---|---|---|---|---|---|---|---|---|---|---|---|---|---|---|
| 新年度规划会议 | | | | | | | | | | | | | | | | |
| 参加订货会/登记销售订单 | | | | | | | | | | | | | | | | |
| 制订新年度计划 | | | | | | | | | | | | | | | | |
| 支付应交税费 | | | | | | | | | | | | | | | | |
| | 第一季度 | | | | 第二季度 | | | | 第三季度 | | | | 第四季度 | | | |
| 产成品库存台账 | P1 | P2 | P3 | P4 | P1 | P2 | P3 | P4 | P1 | P2 | P3 | P4 | P1 | P2 | P3 | P4 |
| 期初产成品盘点（请填余额） | | | | | | | | | | | | | | | | |
| 更新短期贷款/还本付息/申请短期贷款（高利贷） | | | | | | | | | | | | | | | | |
| 更新应付款/归还应付款 | | | | | | | | | | | | | | | | |
| 原料入库/更新原料订单 | | | | | | | | | | | | | | | | |
| 下原料订单 | | | | | | | | | | | | | | | | |
| 更新生产/完工入库 | | | | | | | | | | | | | | | | |
| 投资新生产线/变卖生产线/生产线转产 | | | | | | | | | | | | | | | | |
| 向其他企业购买原料/出售原料 | | | | | | | | | | | | | | | | |
| 开始下一批生产 | | | | | | | | | | | | | | | | |
| 更新应收款/应收款收现 | | | | | | | | | | | | | | | | |
| 出售厂房 | | | | | | | | | | | | | | | | |
| 向其他企业购买成品/出售成品 | | | | | | | | | | | | | | | | |
| 按订单交货 | | | | | | | | | | | | | | | | |
| 产品研发投资 | | | | | | | | | | | | | | | | |
| 支付行政管理费 | | | | | | | | | | | | | | | | |
| 其他现金收支情况登记 | | | | | | | | | | | | | | | | |
| 支付租金/购买厂房 | | | | | | | | | | | | | | | | |
| 支付利息/更新长期贷款/申请长期贷款 | | | | | | | | | | | | | | | | |
| 支付设备维护费 | | | | | | | | | | | | | | | | |
| 计提折旧 | | | | | | | | | | | | | （ ） | | | |
| 新市场开拓/ISO认证投资 | | | | | | | | | | | | | | | | |
| 产成品入库合计 | | | | | | | | | | | | | | | | |
| 产成品出库合计 | | | | | | | | | | | | | | | | |
| 期末产成品对账（请填余额） | | | | | | | | | | | | | | | | |
| 结账 | | | | | | | | | | | | | | | | |

## 第 五 年

| 企业经营流程<br>请按顺序执行下列各项操作 | 每执行完一项操作，营销总监（或助理）在相应方格中填写产成品增减和销售情况 | | | | | | | | | | | | | | | |
|---|---|---|---|---|---|---|---|---|---|---|---|---|---|---|---|---|
| 新年度规划会议 | | | | | | | | | | | | | | | | |
| 参加订货会/登记销售订单 | | | | | | | | | | | | | | | | |
| 制订新年度计划 | | | | | | | | | | | | | | | | |
| 支付应交税费 | | | | | | | | | | | | | | | | |
| | 第一季度 | | | | 第二季度 | | | | 第三季度 | | | | 第四季度 | | | |
| 产成品库存台账 | P1 | P2 | P3 | P4 | P1 | P2 | P3 | P4 | P1 | P2 | P3 | P4 | P1 | P2 | P3 | P4 |
| 期初产成品盘点（请填余额） | | | | | | | | | | | | | | | | |
| 更新短期贷款/还本付息/申请短期贷款（高利贷） | | | | | | | | | | | | | | | | |
| 更新应付款/归还应付款 | | | | | | | | | | | | | | | | |
| 原料入库/更新原料订单 | | | | | | | | | | | | | | | | |
| 下原料订单 | | | | | | | | | | | | | | | | |
| 更新生产/完工入库 | | | | | | | | | | | | | | | | |
| 投资新生产线/变卖生产线/生产线转产 | | | | | | | | | | | | | | | | |
| 向其他企业购买原料/出售原料 | | | | | | | | | | | | | | | | |
| 开始下一批生产 | | | | | | | | | | | | | | | | |
| 更新应收款/应收款收现 | | | | | | | | | | | | | | | | |
| 出售厂房 | | | | | | | | | | | | | | | | |
| 向其他企业购买成品/出售成品 | | | | | | | | | | | | | | | | |
| 按订单交货 | | | | | | | | | | | | | | | | |
| 产品研发投资 | | | | | | | | | | | | | | | | |
| 支付行政管理费 | | | | | | | | | | | | | | | | |
| 其他现金收支情况登记 | | | | | | | | | | | | | | | | |
| 支付租金/购买厂房 | | | | | | | | | | | | | | | | |
| 支付利息/更新长期贷款/申请长期贷款 | | | | | | | | | | | | | | | | |
| 支付设备维护费 | | | | | | | | | | | | | | | | |
| 计提折旧 | | | | | | | | | | | | | （ ） | | | |
| 新市场开拓/ISO认证投资 | | | | | | | | | | | | | | | | |
| 产成品入库合计 | | | | | | | | | | | | | | | | |
| 产成品出库合计 | | | | | | | | | | | | | | | | |
| 期末产成品对账（请填余额） | | | | | | | | | | | | | | | | |
| 结账 | | | | | | | | | | | | | | | | |

## 第　六　年

| 企业经营流程<br>请按顺序执行下列各项操作 | 每执行完一项操作，营销总监（或助理）在相应方格中填写产成品增减和销售情况 | | | | | | | | | | | | | | | |
|---|---|---|---|---|---|---|---|---|---|---|---|---|---|---|---|---|
| 新年度规划会议 | | | | | | | | | | | | | | | | |
| 参加订货会/登记销售订单 | | | | | | | | | | | | | | | | |
| 制订新年度计划 | | | | | | | | | | | | | | | | |
| 支付应交税费 | | | | | | | | | | | | | | | | |
| | 第一季度 | | | | 第二季度 | | | | 第三季度 | | | | 第四季度 | | | |
| 产成品库存台账 | P1 | P2 | P3 | P4 | P1 | P2 | P3 | P4 | P1 | P2 | P3 | P4 | P1 | P2 | P3 | P4 |
| 期初产成品盘点（请填余额） | | | | | | | | | | | | | | | | |
| 更新短期贷款/还本付息/申请短期贷款（高利贷） | | | | | | | | | | | | | | | | |
| 更新应付款/归还应付款 | | | | | | | | | | | | | | | | |
| 原料入库/更新原料订单 | | | | | | | | | | | | | | | | |
| 下原料订单 | | | | | | | | | | | | | | | | |
| 更新生产/完工入库 | | | | | | | | | | | | | | | | |
| 投资新生产线/变卖生产线/生产线转产 | | | | | | | | | | | | | | | | |
| 向其他企业购买原料/出售原料 | | | | | | | | | | | | | | | | |
| 开始下一批生产 | | | | | | | | | | | | | | | | |
| 更新应收款/应收款收现 | | | | | | | | | | | | | | | | |
| 出售厂房 | | | | | | | | | | | | | | | | |
| 向其他企业购买成品/出售成品 | | | | | | | | | | | | | | | | |
| 按订单交货 | | | | | | | | | | | | | | | | |
| 产品研发投资 | | | | | | | | | | | | | | | | |
| 支付行政管理费 | | | | | | | | | | | | | | | | |
| 其他现金收支情况登记 | | | | | | | | | | | | | | | | |
| 支付租金/购买厂房 | | | | | | | | | | | | | | | | |
| 支付利息/更新长期贷款/申请长期贷款 | | | | | | | | | | | | | | | | |
| 支付设备维护费 | | | | | | | | | | | | | | | | |
| 计提折旧 | | | | | | | | | | | | | （　） | | | |
| 新市场开拓/ISO认证投资 | | | | | | | | | | | | | | | | |
| 产成品入库合计 | | | | | | | | | | | | | | | | |
| 产成品出库合计 | | | | | | | | | | | | | | | | |
| 期末产成品对账（请填余额） | | | | | | | | | | | | | | | | |
| 结账 | | | | | | | | | | | | | | | | |

## (　　　　)公司广告报价单

| 第一年本地市场 | | | | 第二年本地市场 | | | | 第三年本地市场 | | | | 第四年本地市场 | | | | 第五年本地市场 | | | | 第六年本地市场 | | | |
|---|---|---|---|---|---|---|---|---|---|---|---|---|---|---|---|---|---|---|---|---|---|---|---|
| 产品 | 广告 | 9K | 14K | 产品 | 广告 | 9K | 14K | 产品 | 广告 | 9K | 14K | 产品 | 广告 | 9K | 14K | 产品 | 广告 | 9K | 14K | 产品 | 广告 | 9K | 14K |
| P1 | | | | P1 | | | | P1 | | | | P1 | | | | P1 | | | | P1 | | | |
| P2 | | | | P2 | | | | P2 | | | | P2 | | | | P2 | | | | P2 | | | |
| P3 | | | | P3 | | | | P3 | | | | P3 | | | | P3 | | | | P3 | | | |
| P4 | | | | P4 | | | | P4 | | | | P4 | | | | P4 | | | | P4 | | | |

| 第一年区域市场 | | | | 第二年区域市场 | | | | 第三年区域市场 | | | | 第四年区域市场 | | | | 第五年区域市场 | | | | 第六年区域市场 | | | |
|---|---|---|---|---|---|---|---|---|---|---|---|---|---|---|---|---|---|---|---|---|---|---|---|
| 产品 | 广告 | 9K | 14K | 产品 | 广告 | 9K | 14K | 产品 | 广告 | 9K | 14K | 产品 | 广告 | 9K | 14K | 产品 | 广告 | 9K | 14K | 产品 | 广告 | 9K | 14K |
| P1 | | | | P1 | | | | P1 | | | | P1 | | | | P1 | | | | P1 | | | |
| P2 | | | | P2 | | | | P2 | | | | P2 | | | | P2 | | | | P2 | | | |
| P3 | | | | P3 | | | | P3 | | | | P3 | | | | P3 | | | | P3 | | | |
| P4 | | | | P4 | | | | P4 | | | | P4 | | | | P4 | | | | P4 | | | |

| 第一年国内市场 | | | | 第二年国内市场 | | | | 第三年国内市场 | | | | 第四年国内市场 | | | | 第五年国内市场 | | | | 第六年国内市场 | | | |
|---|---|---|---|---|---|---|---|---|---|---|---|---|---|---|---|---|---|---|---|---|---|---|---|
| 产品 | 广告 | 9K | 14K | 产品 | 广告 | 9K | 14K | 产品 | 广告 | 9K | 14K | 产品 | 广告 | 9K | 14K | 产品 | 广告 | 9K | 14K | 产品 | 广告 | 9K | 14K |
| P1 | | | | P1 | | | | P1 | | | | P1 | | | | P1 | | | | P1 | | | |
| P2 | | | | P2 | | | | P2 | | | | P2 | | | | P2 | | | | P2 | | | |
| P3 | | | | P3 | | | | P3 | | | | P3 | | | | P3 | | | | P3 | | | |
| P4 | | | | P4 | | | | P4 | | | | P4 | | | | P4 | | | | P4 | | | |

| 第一年亚洲市场 | | | | 第二年亚洲市场 | | | | 第三年亚洲市场 | | | | 第四年亚洲市场 | | | | 第五年亚洲市场 | | | | 第六年亚洲市场 | | | |
|---|---|---|---|---|---|---|---|---|---|---|---|---|---|---|---|---|---|---|---|---|---|---|---|
| 产品 | 广告 | 9K | 14K | 产品 | 广告 | 9K | 14K | 产品 | 广告 | 9K | 14K | 产品 | 广告 | 9K | 14K | 产品 | 广告 | 9K | 14K | 产品 | 广告 | 9K | 14K |
| P1 | | | | P1 | | | | P1 | | | | P1 | | | | P1 | | | | P1 | | | |
| P2 | | | | P2 | | | | P2 | | | | P2 | | | | P2 | | | | P2 | | | |
| P3 | | | | P3 | | | | P3 | | | | P3 | | | | P3 | | | | P3 | | | |
| P4 | | | | P4 | | | | P4 | | | | P4 | | | | P4 | | | | P4 | | | |

| 第一年国际市场 | | | | 第二年国际市场 | | | | 第三年国际市场 | | | | 第四年国际市场 | | | | 第五年国际市场 | | | | 第六年国际市场 | | | |
|---|---|---|---|---|---|---|---|---|---|---|---|---|---|---|---|---|---|---|---|---|---|---|---|
| 产品 | 广告 | 9K | 14K | 产品 | 广告 | 9K | 14K | 产品 | 广告 | 9K | 14K | 产品 | 广告 | 9K | 14K | 产品 | 广告 | 9K | 14K | 产品 | 广告 | 9K | 14K |
| P1 | | | | P1 | | | | P1 | | | | P1 | | | | P1 | | | | P1 | | | |
| P2 | | | | P2 | | | | P2 | | | | P2 | | | | P2 | | | | P2 | | | |
| P3 | | | | P3 | | | | P3 | | | | P3 | | | | P3 | | | | P3 | | | |
| P4 | | | | P4 | | | | P4 | | | | P4 | | | | P4 | | | | P4 | | | |

## 2.6　企业经营过程记录表（生产总监）

# 操　作　记　录

企业经营过程记录表

____________公司生产总监

## 起　始　年

| 企业经营流程<br>请按顺序执行下列各项操作 | 每执行完一项操作，生产总监（或助理）在相应方格中填写产成品增减和销售情况 | | | | | | | | | | | | | | | |
|---|---|---|---|---|---|---|---|---|---|---|---|---|---|---|---|---|
| 新年度规划会议 | | | | | | | | | | | | | | | | |
| 参加订货会/登记销售订单 | | | | | | | | | | | | | | | | |
| 制订新年度计划 | | | | | | | | | | | | | | | | |
| 支付应交税费 | | | | | | | | | | | | | | | | |
| | 第一季度 | | | | 第二季度 | | | | 第三季度 | | | | 第四季度 | | | |
| 在制品台账 | P1 | P2 | P3 | P4 | P1 | P2 | P3 | P4 | P1 | P2 | P3 | P4 | P1 | P2 | P3 | P4 |
| 期初在制品盘点（请填余额） | | | | | | | | | | | | | | | | |
| 更新短期贷款/还本付息/申请短期贷款（高利贷） | | | | | | | | | | | | | | | | |
| 更新应付款/归还应付款 | | | | | | | | | | | | | | | | |
| 原料入库/更新原料订单 | | | | | | | | | | | | | | | | |
| 下原料订单 | | | | | | | | | | | | | | | | |
| 更新生产/完工入库 | | | | | | | | | | | | | | | | |
| 投资新生产线/变卖生产线/生产线转产 | | | | | | | | | | | | | | | | |
| 向其他企业购买原料/出售原料 | | | | | | | | | | | | | | | | |
| 开始下一批生产 | | | | | | | | | | | | | | | | |
| 更新应收款/应收款收现 | | | | | | | | | | | | | | | | |
| 出售厂房 | | | | | | | | | | | | | | | | |
| 向其他企业购买成品/出售成品 | | | | | | | | | | | | | | | | |
| 按订单交货 | | | | | | | | | | | | | | | | |
| 产品研发投资 | | | | | | | | | | | | | | | | |
| 支付行政管理费 | | | | | | | | | | | | | | | | |
| 其他现金收支情况登记 | | | | | | | | | | | | | | | | |
| 支付租金/购买厂房 | | | | | | | | | | | | | | | | |
| 支付利息/更新长期贷款/申请长期贷款 | | | | | | | | | | | | | | | | |
| 支付设备维护费 | | | | | | | | | | | | | | | | |
| 计提折旧 | | | | | | | | | | | | | （　） | | | |
| 新市场开拓/ISO认证投资 | | | | | | | | | | | | | | | | |
| 在制品上线合计 | | | | | | | | | | | | | | | | |
| 在制品下线合计 | | | | | | | | | | | | | | | | |
| 期末在制品对账（请填余额） | | | | | | | | | | | | | | | | |
| 结账 | | | | | | | | | | | | | | | | |

## 第 一 年

| 企业经营流程<br>请按顺序执行下列各项操作 | 每执行完一项操作，生产总监（或助理）在相应方格中填写产成品增减和销售情况 | | | | | | | | | | | | | | | |
|---|---|---|---|---|---|---|---|---|---|---|---|---|---|---|---|---|
| 新年度规划会议 | | | | | | | | | | | | | | | | |
| 参加订货会/登记销售订单 | | | | | | | | | | | | | | | | |
| 制订新年度计划 | | | | | | | | | | | | | | | | |
| 支付应交税费 | | | | | | | | | | | | | | | | |
| | 第一季度 | | | | 第二季度 | | | | 第三季度 | | | | 第四季度 | | | |
| 在制品台账 | P1 | P2 | P3 | P4 | P1 | P2 | P3 | P4 | P1 | P2 | P3 | P4 | P1 | P2 | P3 | P4 |
| 期初在制品盘点（请填余额） | | | | | | | | | | | | | | | | |
| 更新短期贷款/还本付息/申请短期贷款（高利贷） | | | | | | | | | | | | | | | | |
| 更新应付款/归还应付款 | | | | | | | | | | | | | | | | |
| 原料入库/更新原料订单 | | | | | | | | | | | | | | | | |
| 下原料订单 | | | | | | | | | | | | | | | | |
| 更新生产/完工入库 | | | | | | | | | | | | | | | | |
| 投资新生产线/变卖生产线/生产线转产 | | | | | | | | | | | | | | | | |
| 向其他企业购买原料/出售原料 | | | | | | | | | | | | | | | | |
| 开始下一批生产 | | | | | | | | | | | | | | | | |
| 更新应收款/应收款收现 | | | | | | | | | | | | | | | | |
| 出售厂房 | | | | | | | | | | | | | | | | |
| 向其他企业购买成品/出售成品 | | | | | | | | | | | | | | | | |
| 按订单交货 | | | | | | | | | | | | | | | | |
| 产品研发投资 | | | | | | | | | | | | | | | | |
| 支付行政管理费 | | | | | | | | | | | | | | | | |
| 其他现金收支情况登记 | | | | | | | | | | | | | | | | |
| 支付租金/购买厂房 | | | | | | | | | | | | | | | | |
| 支付利息/更新长期贷款/申请长期贷款 | | | | | | | | | | | | | | | | |
| 支付设备维护费 | | | | | | | | | | | | | | | | |
| 计提折旧 | | | | | | | | | | | | | ( ) | | | |
| 新市场开拓/ISO认证投资 | | | | | | | | | | | | | | | | |
| 在制品上线合计 | | | | | | | | | | | | | | | | |
| 在制品下线合计 | | | | | | | | | | | | | | | | |
| 期末在制品对账（请填余额） | | | | | | | | | | | | | | | | |
| 结账 | | | | | | | | | | | | | | | | |

## 第 二 年

| 企业经营流程<br>请按顺序执行下列各项操作 | 每执行完一项操作，生产总监（或助理）在相应方格中填写产成品增减和销售情况 | | | | | | | | | | | | | | | |
|---|---|---|---|---|---|---|---|---|---|---|---|---|---|---|---|---|
| 新年度规划会议 | | | | | | | | | | | | | | | | |
| 参加订货会/登记销售订单 | | | | | | | | | | | | | | | | |
| 制订新年度计划 | | | | | | | | | | | | | | | | |
| 支付应交税费 | | | | | | | | | | | | | | | | |
| | 第一季度 | | | | 第二季度 | | | | 第三季度 | | | | 第四季度 | | | |
| 在制品台账 | P1 | P2 | P3 | P4 | P1 | P2 | P3 | P4 | P1 | P2 | P3 | P4 | P1 | P2 | P3 | P4 |
| 期初在制品盘点（请填余额） | | | | | | | | | | | | | | | | |
| 更新短期贷款/还本付息/申请短期贷款（高利贷） | | | | | | | | | | | | | | | | |
| 更新应付款/归还应付款 | | | | | | | | | | | | | | | | |
| 原料入库/更新原料订单 | | | | | | | | | | | | | | | | |
| 下原料订单 | | | | | | | | | | | | | | | | |
| 更新生产/完工入库 | | | | | | | | | | | | | | | | |
| 投资新生产线/变卖生产线/生产线转产 | | | | | | | | | | | | | | | | |
| 向其他企业购买原料/出售原料 | | | | | | | | | | | | | | | | |
| 开始下一批生产 | | | | | | | | | | | | | | | | |
| 更新应收款/应收款收现 | | | | | | | | | | | | | | | | |
| 出售厂房 | | | | | | | | | | | | | | | | |
| 向其他企业购买成品/出售成品 | | | | | | | | | | | | | | | | |
| 按订单交货 | | | | | | | | | | | | | | | | |
| 产品研发投资 | | | | | | | | | | | | | | | | |
| 支付行政管理费 | | | | | | | | | | | | | | | | |
| 其他现金收支情况登记 | | | | | | | | | | | | | | | | |
| 支付租金/购买厂房 | | | | | | | | | | | | | | | | |
| 支付利息/更新长期贷款/申请长期贷款 | | | | | | | | | | | | | | | | |
| 支付设备维护费 | | | | | | | | | | | | | | | | |
| 计提折旧 | | | | | | | | | | | | | （ ） | | | |
| 新市场开拓/ISO认证投资 | | | | | | | | | | | | | | | | |
| 在制品上线合计 | | | | | | | | | | | | | | | | |
| 在制品下线合计 | | | | | | | | | | | | | | | | |
| 期末在制品对账（请填余额） | | | | | | | | | | | | | | | | |
| 结账 | | | | | | | | | | | | | | | | |

## 第 三 年

| 企业经营流程<br>请按顺序执行下列各项操作 | 每执行完一项操作，生产总监（或助理）在相应方格中填写产成品增减和销售情况 | | | | | | | | | | | | | | | |
|---|---|---|---|---|---|---|---|---|---|---|---|---|---|---|---|---|
| 新年度规划会议 | | | | | | | | | | | | | | | | |
| 参加订货会/登记销售订单 | | | | | | | | | | | | | | | | |
| 制订新年度计划 | | | | | | | | | | | | | | | | |
| 支付应交税费 | | | | | | | | | | | | | | | | |
| | 第一季度 | | | | 第二季度 | | | | 第三季度 | | | | 第四季度 | | | |
| 在制品台账 | P1 | P2 | P3 | P4 | P1 | P2 | P3 | P4 | P1 | P2 | P3 | P4 | P1 | P2 | P3 | P4 |
| 期初在制品盘点（请填余额） | | | | | | | | | | | | | | | | |
| 更新短期贷款/还本付息/申请短期贷款（高利贷） | | | | | | | | | | | | | | | | |
| 更新应付款/归还应付款 | | | | | | | | | | | | | | | | |
| 原料入库/更新原料订单 | | | | | | | | | | | | | | | | |
| 下原料订单 | | | | | | | | | | | | | | | | |
| 更新生产/完工入库 | | | | | | | | | | | | | | | | |
| 投资新生产线/变卖生产线/生产线转产 | | | | | | | | | | | | | | | | |
| 向其他企业购买原料/出售原料 | | | | | | | | | | | | | | | | |
| 开始下一批生产 | | | | | | | | | | | | | | | | |
| 更新应收款/应收款收现 | | | | | | | | | | | | | | | | |
| 出售厂房 | | | | | | | | | | | | | | | | |
| 向其他企业购买成品/出售成品 | | | | | | | | | | | | | | | | |
| 按订单交货 | | | | | | | | | | | | | | | | |
| 产品研发投资 | | | | | | | | | | | | | | | | |
| 支付行政管理费 | | | | | | | | | | | | | | | | |
| 其他现金收支情况登记 | | | | | | | | | | | | | | | | |
| 支付租金/购买厂房 | | | | | | | | | | | | | | | | |
| 支付利息/更新长期贷款/申请长期贷款 | | | | | | | | | | | | | | | | |
| 支付设备维护费 | | | | | | | | | | | | | | | | |
| 计提折旧 | | | | | | | | | | | | | （ ） | | | |
| 新市场开拓/ISO认证投资 | | | | | | | | | | | | | | | | |
| 在制品上线合计 | | | | | | | | | | | | | | | | |
| 在制品下线合计 | | | | | | | | | | | | | | | | |
| 期末在制品对账（请填余额） | | | | | | | | | | | | | | | | |
| 结账 | | | | | | | | | | | | | | | | |

## 第　四　年

| 企业经营流程<br>请按顺序执行下列各项操作 | 每执行完一项操作，生产总监（或助理）在相应方格中填写产成品增减和销售情况 | | | | | | | | | | | | | | | |
|---|---|---|---|---|---|---|---|---|---|---|---|---|---|---|---|---|
| 新年度规划会议 | | | | | | | | | | | | | | | | |
| 参加订货会/登记销售订单 | | | | | | | | | | | | | | | | |
| 制订新年度计划 | | | | | | | | | | | | | | | | |
| 支付应交税费 | | | | | | | | | | | | | | | | |
| | 第一季度 | | | | 第二季度 | | | | 第三季度 | | | | 第四季度 | | | |
| 在制品台账 | P1 | P2 | P3 | P4 | P1 | P2 | P3 | P4 | P1 | P2 | P3 | P4 | P1 | P2 | P3 | P4 |
| 期初在制品盘点（请填余额） | | | | | | | | | | | | | | | | |
| 更新短期贷款/还本付息/申请短期贷款（高利贷） | | | | | | | | | | | | | | | | |
| 更新应付款/归还应付款 | | | | | | | | | | | | | | | | |
| 原料入库/更新原料订单 | | | | | | | | | | | | | | | | |
| 下原料订单 | | | | | | | | | | | | | | | | |
| 更新生产/完工入库 | | | | | | | | | | | | | | | | |
| 投资新生产线/变卖生产线/生产线转产 | | | | | | | | | | | | | | | | |
| 向其他企业购买原料/出售原料 | | | | | | | | | | | | | | | | |
| 开始下一批生产 | | | | | | | | | | | | | | | | |
| 更新应收款/应收款收现 | | | | | | | | | | | | | | | | |
| 出售厂房 | | | | | | | | | | | | | | | | |
| 向其他企业购买成品/出售成品 | | | | | | | | | | | | | | | | |
| 按订单交货 | | | | | | | | | | | | | | | | |
| 产品研发投资 | | | | | | | | | | | | | | | | |
| 支付行政管理费 | | | | | | | | | | | | | | | | |
| 其他现金收支情况登记 | | | | | | | | | | | | | | | | |
| 支付租金/购买厂房 | | | | | | | | | | | | | | | | |
| 支付利息/更新长期贷款/申请长期贷款 | | | | | | | | | | | | | | | | |
| 支付设备维护费 | | | | | | | | | | | | | | | | |
| 计提折旧 | | | | | | | | | | | | | （　） | | | |
| 新市场开拓/ISO认证投资 | | | | | | | | | | | | | | | | |
| 在制品上线合计 | | | | | | | | | | | | | | | | |
| 在制品下线合计 | | | | | | | | | | | | | | | | |
| 期末在制品对账（请填余额） | | | | | | | | | | | | | | | | |
| 结账 | | | | | | | | | | | | | | | | |

## 第 五 年

| 企业经营流程<br>请按顺序执行下列各项操作 | 每执行完一项操作，生产总监（或助理）在相应方格中填写产成品增减和销售情况 | | | | | | | | | | | | | | | |
|---|---|---|---|---|---|---|---|---|---|---|---|---|---|---|---|---|
| 新年度规划会议 | | | | | | | | | | | | | | | | |
| 参加订货会/登记销售订单 | | | | | | | | | | | | | | | | |
| 制订新年度计划 | | | | | | | | | | | | | | | | |
| 支付应交税费 | | | | | | | | | | | | | | | | |
| | 第一季度 | | | | 第二季度 | | | | 第三季度 | | | | 第四季度 | | | |
| 在制品台账 | P1 | P2 | P3 | P4 | P1 | P2 | P3 | P4 | P1 | P2 | P3 | P4 | P1 | P2 | P3 | P4 |
| 期初在制品盘点（请填余额） | | | | | | | | | | | | | | | | |
| 更新短期贷款/还本付息/申请短期贷款（高利贷） | | | | | | | | | | | | | | | | |
| 更新应付款/归还应付款 | | | | | | | | | | | | | | | | |
| 原料入库/更新原料订单 | | | | | | | | | | | | | | | | |
| 下原料订单 | | | | | | | | | | | | | | | | |
| 更新生产/完工入库 | | | | | | | | | | | | | | | | |
| 投资新生产线/变卖生产线/生产线转产 | | | | | | | | | | | | | | | | |
| 向其他企业购买原料/出售原料 | | | | | | | | | | | | | | | | |
| 开始下一批生产 | | | | | | | | | | | | | | | | |
| 更新应收款/应收款收现 | | | | | | | | | | | | | | | | |
| 出售厂房 | | | | | | | | | | | | | | | | |
| 向其他企业购买成品/出售成品 | | | | | | | | | | | | | | | | |
| 按订单交货 | | | | | | | | | | | | | | | | |
| 产品研发投资 | | | | | | | | | | | | | | | | |
| 支付行政管理费 | | | | | | | | | | | | | | | | |
| 其他现金收支情况登记 | | | | | | | | | | | | | | | | |
| 支付租金/购买厂房 | | | | | | | | | | | | | | | | |
| 支付利息/更新长期贷款/申请长期贷款 | | | | | | | | | | | | | | | | |
| 支付设备维护费 | | | | | | | | | | | | | | | | |
| 计提折旧 | | | | | | | | | | | | | （ ） | | | |
| 新市场开拓/ISO认证投资 | | | | | | | | | | | | | | | | |
| 在制品上线合计 | | | | | | | | | | | | | | | | |
| 在制品下线合计 | | | | | | | | | | | | | | | | |
| 期末在制品对账（请填余额） | | | | | | | | | | | | | | | | |
| 结账 | | | | | | | | | | | | | | | | |

## 第 六 年

| 企业经营流程<br>请按顺序执行下列各项操作 | 每执行完一项操作，生产总监（或助理）在相应方格中填写产成品增减和销售情况 | | | | | | | | | | | | | | | |
|---|---|---|---|---|---|---|---|---|---|---|---|---|---|---|---|---|
| 新年度规划会议 | | | | | | | | | | | | | | | | |
| 参加订货会/登记销售订单 | | | | | | | | | | | | | | | | |
| 制订新年度计划 | | | | | | | | | | | | | | | | |
| 支付应交税费 | | | | | | | | | | | | | | | | |
| | 第一季度 | | | | 第二季度 | | | | 第三季度 | | | | 第四季度 | | | |
| 在制品台账 | P1 | P2 | P3 | P4 | P1 | P2 | P3 | P4 | P1 | P2 | P3 | P4 | P1 | P2 | P3 | P4 |
| 期初在制品盘点（请填余额） | | | | | | | | | | | | | | | | |
| 更新短期贷款/还本付息/申请短期贷款（高利贷） | | | | | | | | | | | | | | | | |
| 更新应付款/归还应付款 | | | | | | | | | | | | | | | | |
| 原料入库/更新原料订单 | | | | | | | | | | | | | | | | |
| 下原料订单 | | | | | | | | | | | | | | | | |
| 更新生产/完工入库 | | | | | | | | | | | | | | | | |
| 投资新生产线/变卖生产线/生产线转产 | | | | | | | | | | | | | | | | |
| 向其他企业购买原料/出售原料 | | | | | | | | | | | | | | | | |
| 开始下一批生产 | | | | | | | | | | | | | | | | |
| 更新应收款/应收款收现 | | | | | | | | | | | | | | | | |
| 出售厂房 | | | | | | | | | | | | | | | | |
| 向其他企业购买成品/出售成品 | | | | | | | | | | | | | | | | |
| 按订单交货 | | | | | | | | | | | | | | | | |
| 产品研发投资 | | | | | | | | | | | | | | | | |
| 支付行政管理费 | | | | | | | | | | | | | | | | |
| 其他现金收支情况登记 | | | | | | | | | | | | | | | | |
| 支付租金/购买厂房 | | | | | | | | | | | | | | | | |
| 支付利息/更新长期贷款/申请长期贷款 | | | | | | | | | | | | | | | | |
| 支付设备维护费 | | | | | | | | | | | | | | | | |
| 计提折旧 | | | | | | | | | | | | | （ ） | | | |
| 新市场开拓/ISO认证投资 | | | | | | | | | | | | | | | | |
| 在制品上线合计 | | | | | | | | | | | | | | | | |
| 在制品下线合计 | | | | | | | | | | | | | | | | |
| 期末在制品对账（请填余额） | | | | | | | | | | | | | | | | |
| 结账 | | | | | | | | | | | | | | | | |

## 生产计划及采购计划编制（第一至三年）

| 生产线 | | 第一年 | | | | 第二年 | | | | 第三年 | | | |
|---|---|---|---|---|---|---|---|---|---|---|---|---|---|
| | | 第一季度 | 第二季度 | 第三季度 | 第四季度 | 第一季度 | 第二季度 | 第三季度 | 第四季度 | 第一季度 | 第二季度 | 第三季度 | 第四季度 |
| 1 | 产品 | | | | | | | | | | | | |
| | 材料 | | | | | | | | | | | | |
| 2 | 产品 | | | | | | | | | | | | |
| | 材料 | | | | | | | | | | | | |
| 3 | 产品 | | | | | | | | | | | | |
| | 材料 | | | | | | | | | | | | |
| 4 | 产品 | | | | | | | | | | | | |
| | 材料 | | | | | | | | | | | | |
| 5 | 产品 | | | | | | | | | | | | |
| | 材料 | | | | | | | | | | | | |
| 6 | 产品 | | | | | | | | | | | | |
| | 材料 | | | | | | | | | | | | |
| 7 | 产品 | | | | | | | | | | | | |
| | 材料 | | | | | | | | | | | | |
| 8 | 产品 | | | | | | | | | | | | |
| | 材料 | | | | | | | | | | | | |
| 合计 | 产品 | | | | | | | | | | | | |
| | 材料 | | | | | | | | | | | | |

## 生产计划及采购计划编制（第四至六年）

| 生产线 | | 第四年 | | | | 第五年 | | | | 第六年 | | | |
|---|---|---|---|---|---|---|---|---|---|---|---|---|---|
| | | 第一季度 | 第二季度 | 第三季度 | 第四季度 | 第一季度 | 第二季度 | 第三季度 | 第四季度 | 第一季度 | 第二季度 | 第三季度 | 第四季度 |
| 1 | 产品 | | | | | | | | | | | | |
| | 材料 | | | | | | | | | | | | |
| 2 | 产品 | | | | | | | | | | | | |
| | 材料 | | | | | | | | | | | | |
| 3 | 产品 | | | | | | | | | | | | |
| | 材料 | | | | | | | | | | | | |
| 4 | 产品 | | | | | | | | | | | | |
| | 材料 | | | | | | | | | | | | |
| 5 | 产品 | | | | | | | | | | | | |
| | 材料 | | | | | | | | | | | | |
| 6 | 产品 | | | | | | | | | | | | |
| | 材料 | | | | | | | | | | | | |
| 7 | 产品 | | | | | | | | | | | | |
| | 材料 | | | | | | | | | | | | |
| 8 | 产品 | | | | | | | | | | | | |
| | 材料 | | | | | | | | | | | | |
| 合计 | 产品 | | | | | | | | | | | | |
| | 材料 | | | | | | | | | | | | |

## 2.7 企业经营过程记录表（采购总监）

# 操 作 记 录

企业经营过程记录表

__________公司采购总监

## 起　始　年

| 企业经营流程<br>请按顺序执行下列各项操作 | 每执行完一项操作，采购总监（或助理）在相应方格中填写材料收支情况 | | | | | | | | | | | | | | | |
|---|---|---|---|---|---|---|---|---|---|---|---|---|---|---|---|---|
| 新年度规划会议 | | | | | | | | | | | | | | | | |
| 参加订货会/登记销售订单 | | | | | | | | | | | | | | | | |
| 制订新年度计划 | | | | | | | | | | | | | | | | |
| 支付应交税费 | | | | | | | | | | | | | | | | |
| | 第一季度 | | | | 第二季度 | | | | 第三季度 | | | | 第四季度 | | | |
| 原料库存台账 | R1 | R2 | R3 | R4 | R1 | R2 | R3 | R4 | R1 | R2 | R3 | R4 | R1 | R2 | R3 | R4 |
| 期初原料盘点（请填余额） | | | | | | | | | | | | | | | | |
| 更新短期贷款/还本付息/申请短期贷款（高利贷） | | | | | | | | | | | | | | | | |
| 更新应付款/归还应付款 | | | | | | | | | | | | | | | | |
| 原料入库/更新原料订单 | | | | | | | | | | | | | | | | |
| 下原料订单 | | | | | | | | | | | | | | | | |
| 更新生产/完工入库 | | | | | | | | | | | | | | | | |
| 投资新生产线/变卖生产线/生产线转产 | | | | | | | | | | | | | | | | |
| 向其他企业购买原料/出售原料 | | | | | | | | | | | | | | | | |
| 开始下一批生产 | | | | | | | | | | | | | | | | |
| 更新应收款/应收款收现 | | | | | | | | | | | | | | | | |
| 出售厂房 | | | | | | | | | | | | | | | | |
| 向其他企业购买成品/出售成品 | | | | | | | | | | | | | | | | |
| 按订单交货 | | | | | | | | | | | | | | | | |
| 产品研发投资 | | | | | | | | | | | | | | | | |
| 支付行政管理费 | | | | | | | | | | | | | | | | |
| 其他现金收支情况登记 | | | | | | | | | | | | | | | | |
| 支付租金/购买厂房 | | | | | | | | | | | | | | | | |
| 支付利息/更新长期贷款/申请长期贷款 | | | | | | | | | | | | | | | | |
| 支付设备维护费 | | | | | | | | | | | | | | | | |
| 计提折旧 | | | | | | | | | | | | | （　） | | | |
| 新市场开拓/ISO认证投资 | | | | | | | | | | | | | | | | |
| 原料入库合计 | | | | | | | | | | | | | | | | |
| 原料出库合计 | | | | | | | | | | | | | | | | |
| 期末原料对账（请填余额） | | | | | | | | | | | | | | | | |
| 结账 | | | | | | | | | | | | | | | | |

## 第 一 年

| 企业经营流程<br>请按顺序执行下列各项操作 | 每执行完一项操作，采购总监（或助理）在相应方格中填写材料收支情况 | | | | | | | | | | | | | | | |
|---|---|---|---|---|---|---|---|---|---|---|---|---|---|---|---|---|
| 新年度规划会议 | | | | | | | | | | | | | | | | |
| 参加订货会/登记销售订单 | | | | | | | | | | | | | | | | |
| 制订新年度计划 | | | | | | | | | | | | | | | | |
| 支付应交税费 | | | | | | | | | | | | | | | | |
| | 第一季度 | | | | 第二季度 | | | | 第三季度 | | | | 第四季度 | | | |
| 原料库存台账 | R1 | R2 | R3 | R4 | R1 | R2 | R3 | R4 | R1 | R2 | R3 | R4 | R1 | R2 | R3 | R4 |
| 期初原料盘点（请填余额） | | | | | | | | | | | | | | | | |
| 更新短期贷款/还本付息/申请短期贷款（高利贷） | | | | | | | | | | | | | | | | |
| 更新应付款/归还应付款 | | | | | | | | | | | | | | | | |
| 原料入库/更新原料订单 | | | | | | | | | | | | | | | | |
| 下原料订单 | | | | | | | | | | | | | | | | |
| 更新生产/完工入库 | | | | | | | | | | | | | | | | |
| 投资新生产线/变卖生产线/生产线转产 | | | | | | | | | | | | | | | | |
| 向其他企业购买原料/出售原料 | | | | | | | | | | | | | | | | |
| 开始下一批生产 | | | | | | | | | | | | | | | | |
| 更新应收款/应收款收现 | | | | | | | | | | | | | | | | |
| 出售厂房 | | | | | | | | | | | | | | | | |
| 向其他企业购买成品/出售成品 | | | | | | | | | | | | | | | | |
| 按订单交货 | | | | | | | | | | | | | | | | |
| 产品研发投资 | | | | | | | | | | | | | | | | |
| 支付行政管理费 | | | | | | | | | | | | | | | | |
| 其他现金收支情况登记 | | | | | | | | | | | | | | | | |
| 支付租金/购买厂房 | | | | | | | | | | | | | | | | |
| 支付利息/更新长期贷款/申请长期贷款 | | | | | | | | | | | | | | | | |
| 支付设备维护费 | | | | | | | | | | | | | | | | |
| 计提折旧 | | | | | | | | | | | | | | （ ） | | |
| 新市场开拓/ISO认证投资 | | | | | | | | | | | | | | | | |
| 原料入库合计 | | | | | | | | | | | | | | | | |
| 原料出库合计 | | | | | | | | | | | | | | | | |
| 期末原料对账（请填余额） | | | | | | | | | | | | | | | | |
| 结账 | | | | | | | | | | | | | | | | |

## 第 二 年

| 企业经营流程<br>请按顺序执行下列各项操作 | 每执行完一项操作，采购总监（或助理）在相应方格中填写材料收支情况 | | | | | | | | | | | | | | | |
|---|---|---|---|---|---|---|---|---|---|---|---|---|---|---|---|---|
| 新年度规划会议 | | | | | | | | | | | | | | | | |
| 参加订货会/登记销售订单 | | | | | | | | | | | | | | | | |
| 制订新年度计划 | | | | | | | | | | | | | | | | |
| 支付应交税费 | | | | | | | | | | | | | | | | |
| | 第一季度 | | | | 第二季度 | | | | 第三季度 | | | | 第四季度 | | | |
| 原料库存台账 | R1 | R2 | R3 | R4 | R1 | R2 | R3 | R4 | R1 | R2 | R3 | R4 | R1 | R2 | R3 | R4 |
| 期初原料盘点（请填余额） | | | | | | | | | | | | | | | | |
| 更新短期贷款/还本付息/申请短期贷款（高利贷） | | | | | | | | | | | | | | | | |
| 更新应付款/归还应付款 | | | | | | | | | | | | | | | | |
| 原料入库/更新原料订单 | | | | | | | | | | | | | | | | |
| 下原料订单 | | | | | | | | | | | | | | | | |
| 更新生产/完工入库 | | | | | | | | | | | | | | | | |
| 投资新生产线/变卖生产线/生产线转产 | | | | | | | | | | | | | | | | |
| 向其他企业购买原料/出售原料 | | | | | | | | | | | | | | | | |
| 开始下一批生产 | | | | | | | | | | | | | | | | |
| 更新应收款/应收款收现 | | | | | | | | | | | | | | | | |
| 出售厂房 | | | | | | | | | | | | | | | | |
| 向其他企业购买成品/出售成品 | | | | | | | | | | | | | | | | |
| 按订单交货 | | | | | | | | | | | | | | | | |
| 产品研发投资 | | | | | | | | | | | | | | | | |
| 支付行政管理费 | | | | | | | | | | | | | | | | |
| 其他现金收支情况登记 | | | | | | | | | | | | | | | | |
| 支付租金/购买厂房 | | | | | | | | | | | | | | | | |
| 支付利息/更新长期贷款/申请长期贷款 | | | | | | | | | | | | | | | | |
| 支付设备维护费 | | | | | | | | | | | | | | | | |
| 计提折旧 | | | | | | | | | | | | | （ ） | | | |
| 新市场开拓/ISO认证投资 | | | | | | | | | | | | | | | | |
| 原料入库合计 | | | | | | | | | | | | | | | | |
| 原料出库合计 | | | | | | | | | | | | | | | | |
| 期末原料对账（请填余额） | | | | | | | | | | | | | | | | |
| 结账 | | | | | | | | | | | | | | | | |

## 第 三 年

| 企业经营流程<br>请按顺序执行下列各项操作 | 每执行完一项操作，采购总监（或助理）在相应方格中填写材料收支情况 | | | | | | | | | | | | | | | |
|---|---|---|---|---|---|---|---|---|---|---|---|---|---|---|---|---|
| 新年度规划会议 | | | | | | | | | | | | | | | | |
| 参加订货会/登记销售订单 | | | | | | | | | | | | | | | | |
| 制订新年度计划 | | | | | | | | | | | | | | | | |
| 支付应交税费 | | | | | | | | | | | | | | | | |
| | 第一季度 | | | | 第二季度 | | | | 第三季度 | | | | 第四季度 | | | |
| 原料库存台账 | R1 | R2 | R3 | R4 | R1 | R2 | R3 | R4 | R1 | R2 | R3 | R4 | R1 | R2 | R3 | R4 |
| 期初原料盘点（请填余额） | | | | | | | | | | | | | | | | |
| 更新短期贷款/还本付息/申请短期贷款（高利贷） | | | | | | | | | | | | | | | | |
| 更新应付款/归还应付款 | | | | | | | | | | | | | | | | |
| 原料入库/更新原料订单 | | | | | | | | | | | | | | | | |
| 下原料订单 | | | | | | | | | | | | | | | | |
| 更新生产/完工入库 | | | | | | | | | | | | | | | | |
| 投资新生产线/变卖生产线/生产线转产 | | | | | | | | | | | | | | | | |
| 向其他企业购买原料/出售原料 | | | | | | | | | | | | | | | | |
| 开始下一批生产 | | | | | | | | | | | | | | | | |
| 更新应收款/应收款收现 | | | | | | | | | | | | | | | | |
| 出售厂房 | | | | | | | | | | | | | | | | |
| 向其他企业购买成品/出售成品 | | | | | | | | | | | | | | | | |
| 按订单交货 | | | | | | | | | | | | | | | | |
| 产品研发投资 | | | | | | | | | | | | | | | | |
| 支付行政管理费 | | | | | | | | | | | | | | | | |
| 其他现金收支情况登记 | | | | | | | | | | | | | | | | |
| 支付租金/购买厂房 | | | | | | | | | | | | | | | | |
| 支付利息/更新长期贷款/申请长期贷款 | | | | | | | | | | | | | | | | |
| 支付设备维护费 | | | | | | | | | | | | | | | | |
| 计提折旧 | | | | | | | | | | | | | （ ） | | | |
| 新市场开拓/ISO认证投资 | | | | | | | | | | | | | | | | |
| 原料入库合计 | | | | | | | | | | | | | | | | |
| 原料出库合计 | | | | | | | | | | | | | | | | |
| 期末原料对账（请填余额） | | | | | | | | | | | | | | | | |
| 结账 | | | | | | | | | | | | | | | | |

## 第 四 年

| 企业经营流程<br>请按顺序执行下列各项操作 | 每执行完一项操作，采购总监（或助理）在相应方格中填写材料收支情况 | | | | | | | | | | | | | | | |
|---|---|---|---|---|---|---|---|---|---|---|---|---|---|---|---|---|
| 新年度规划会议 | | | | | | | | | | | | | | | | |
| 参加订货会/登记销售订单 | | | | | | | | | | | | | | | | |
| 制订新年度计划 | | | | | | | | | | | | | | | | |
| 支付应交税费 | | | | | | | | | | | | | | | | |
| | 第一季度 | | | | 第二季度 | | | | 第三季度 | | | | 第四季度 | | | |
| 原料库存台账 | R1 | R2 | R3 | R4 | R1 | R2 | R3 | R4 | R1 | R2 | R3 | R4 | R1 | R2 | R3 | R4 |
| 期初原料盘点（请填余额） | | | | | | | | | | | | | | | | |
| 更新短期贷款/还本付息/申请短期贷款（高利贷） | | | | | | | | | | | | | | | | |
| 更新应付款/归还应付款 | | | | | | | | | | | | | | | | |
| 原料入库/更新原料订单 | | | | | | | | | | | | | | | | |
| 下原料订单 | | | | | | | | | | | | | | | | |
| 更新生产/完工入库 | | | | | | | | | | | | | | | | |
| 投资新生产线/变卖生产线/生产线转产 | | | | | | | | | | | | | | | | |
| 向其他企业购买原料/出售原料 | | | | | | | | | | | | | | | | |
| 开始下一批生产 | | | | | | | | | | | | | | | | |
| 更新应收款/应收款收现 | | | | | | | | | | | | | | | | |
| 出售厂房 | | | | | | | | | | | | | | | | |
| 向其他企业购买成品/出售成品 | | | | | | | | | | | | | | | | |
| 按订单交货 | | | | | | | | | | | | | | | | |
| 产品研发投资 | | | | | | | | | | | | | | | | |
| 支付行政管理费 | | | | | | | | | | | | | | | | |
| 其他现金收支情况登记 | | | | | | | | | | | | | | | | |
| 支付租金/购买厂房 | | | | | | | | | | | | | | | | |
| 支付利息/更新长期贷款/申请长期贷款 | | | | | | | | | | | | | | | | |
| 支付设备维护费 | | | | | | | | | | | | | | | | |
| 计提折旧 | | | | | | | | | | | | | （ ） | | | |
| 新市场开拓/ISO认证投资 | | | | | | | | | | | | | | | | |
| 原料入库合计 | | | | | | | | | | | | | | | | |
| 原料出库合计 | | | | | | | | | | | | | | | | |
| 期末原料对账（请填余额） | | | | | | | | | | | | | | | | |
| 结账 | | | | | | | | | | | | | | | | |

## 第 五 年

| 企业经营流程<br>请按顺序执行下列各项操作 | 每执行完一项操作，采购总监（或助理）在相应方格中填写材料收支情况 | | | | | | | | | | | | | | | |
|---|---|---|---|---|---|---|---|---|---|---|---|---|---|---|---|---|
| 新年度规划会议 | | | | | | | | | | | | | | | | |
| 参加订货会/登记销售订单 | | | | | | | | | | | | | | | | |
| 制订新年度计划 | | | | | | | | | | | | | | | | |
| 支付应交税费 | | | | | | | | | | | | | | | | |
| | 第一季度 | | | | 第二季度 | | | | 第三季度 | | | | 第四季度 | | | |
| 原料库存台账 | R1 | R2 | R3 | R4 | R1 | R2 | R3 | R4 | R1 | R2 | R3 | R4 | R1 | R2 | R3 | R4 |
| 期初原料盘点（请填余额） | | | | | | | | | | | | | | | | |
| 更新短期贷款/还本付息/申请短期贷款（高利贷） | | | | | | | | | | | | | | | | |
| 更新应付款/归还应付款 | | | | | | | | | | | | | | | | |
| 原料入库/更新原料订单 | | | | | | | | | | | | | | | | |
| 下原料订单 | | | | | | | | | | | | | | | | |
| 更新生产/完工入库 | | | | | | | | | | | | | | | | |
| 投资新生产线/变卖生产线/生产线转产 | | | | | | | | | | | | | | | | |
| 向其他企业购买原料/出售原料 | | | | | | | | | | | | | | | | |
| 开始下一批生产 | | | | | | | | | | | | | | | | |
| 更新应收款/应收款收现 | | | | | | | | | | | | | | | | |
| 出售厂房 | | | | | | | | | | | | | | | | |
| 向其他企业购买成品/出售成品 | | | | | | | | | | | | | | | | |
| 按订单交货 | | | | | | | | | | | | | | | | |
| 产品研发投资 | | | | | | | | | | | | | | | | |
| 支付行政管理费 | | | | | | | | | | | | | | | | |
| 其他现金收支情况登记 | | | | | | | | | | | | | | | | |
| 支付租金/购买厂房 | | | | | | | | | | | | | | | | |
| 支付利息/更新长期贷款/申请长期贷款 | | | | | | | | | | | | | | | | |
| 支付设备维护费 | | | | | | | | | | | | | | | | |
| 计提折旧 | | | | | | | | | | | | | （ ） | | | |
| 新市场开拓/ISO认证投资 | | | | | | | | | | | | | | | | |
| 原料入库合计 | | | | | | | | | | | | | | | | |
| 原料出库合计 | | | | | | | | | | | | | | | | |
| 期末原料对账（请填余额） | | | | | | | | | | | | | | | | |
| 结账 | | | | | | | | | | | | | | | | |

## 第 六 年

| 企业经营流程<br>请按顺序执行下列各项操作 | 每执行完一项操作，采购总监（或助理）在相应方格中填写材料收支情况 | | | | | | | | | | | | | | | |
|---|---|---|---|---|---|---|---|---|---|---|---|---|---|---|---|---|
| 新年度规划会议 | | | | | | | | | | | | | | | | |
| 参加订货会/登记销售订单 | | | | | | | | | | | | | | | | |
| 制订新年度计划 | | | | | | | | | | | | | | | | |
| 支付应交税费 | | | | | | | | | | | | | | | | |
| | 第一季度 | | | | 第二季度 | | | | 第三季度 | | | | 第四季度 | | | |
| 原料库存台账 | R1 | R2 | R3 | R4 | R1 | R2 | R3 | R4 | R1 | R2 | R3 | R4 | R1 | R2 | R3 | R4 |
| 期初原料盘点（请填余额） | | | | | | | | | | | | | | | | |
| 更新短期贷款/还本付息/申请短期贷款（高利贷） | | | | | | | | | | | | | | | | |
| 更新应付款/归还应付款 | | | | | | | | | | | | | | | | |
| 原料入库/更新原料订单 | | | | | | | | | | | | | | | | |
| 下原料订单 | | | | | | | | | | | | | | | | |
| 更新生产/完工入库 | | | | | | | | | | | | | | | | |
| 投资新生产线/变卖生产线/生产线转产 | | | | | | | | | | | | | | | | |
| 向其他企业购买原料/出售原料 | | | | | | | | | | | | | | | | |
| 开始下一批生产 | | | | | | | | | | | | | | | | |
| 更新应收款/应收款收现 | | | | | | | | | | | | | | | | |
| 出售厂房 | | | | | | | | | | | | | | | | |
| 向其他企业购买成品/出售成品 | | | | | | | | | | | | | | | | |
| 按订单交货 | | | | | | | | | | | | | | | | |
| 产品研发投资 | | | | | | | | | | | | | | | | |
| 支付行政管理费 | | | | | | | | | | | | | | | | |
| 其他现金收支情况登记 | | | | | | | | | | | | | | | | |
| 支付租金/购买厂房 | | | | | | | | | | | | | | | | |
| 支付利息/更新长期贷款/申请长期贷款 | | | | | | | | | | | | | | | | |
| 支付设备维护费 | | | | | | | | | | | | | | | | |
| 计提折旧 | | | | | | | | | | | | | （ ） | | | |
| 新市场开拓/ISO认证投资 | | | | | | | | | | | | | | | | |
| 原料入库合计 | | | | | | | | | | | | | | | | |
| 原料出库合计 | | | | | | | | | | | | | | | | |
| 期末原料对账（请填余额） | | | | | | | | | | | | | | | | |
| 结账 | | | | | | | | | | | | | | | | |

（　　）公司采购登记表

| 第一年 | 第一季度 | | | | 第二季度 | | | | 第三季度 | | | | 第四季度 | | | |
|---|---|---|---|---|---|---|---|---|---|---|---|---|---|---|---|---|
| 原料 | R1 | R2 | R3 | R4 | R1 | R2 | R3 | R4 | R1 | R2 | R3 | R4 | R1 | R2 | R3 | R4 |
| 订购数量 | | | | | | | | | | | | | | | | |
| 采购入库 | | | | | | | | | | | | | | | | |
| 第二年 | 第一季度 | | | | 第二季度 | | | | 第三季度 | | | | 第四季度 | | | |
| 原料 | R1 | R2 | R3 | R4 | R1 | R2 | R3 | R4 | R1 | R2 | R3 | R4 | R1 | R2 | R3 | R4 |
| 订购数量 | | | | | | | | | | | | | | | | |
| 采购入库 | | | | | | | | | | | | | | | | |
| 第三年 | 第一季度 | | | | 第二季度 | | | | 第三季度 | | | | 第四季度 | | | |
| 原料 | R1 | R2 | R3 | R4 | R1 | R2 | R3 | R4 | R1 | R2 | R3 | R4 | R1 | R2 | R3 | R4 |
| 订购数量 | | | | | | | | | | | | | | | | |
| 采购入库 | | | | | | | | | | | | | | | | |
| 第四年 | 第一季度 | | | | 第二季度 | | | | 第三季度 | | | | 第四季度 | | | |
| 原料 | R1 | R2 | R3 | R4 | R1 | R2 | R3 | R4 | R1 | R2 | R3 | R4 | R1 | R2 | R3 | R4 |
| 订购数量 | | | | | | | | | | | | | | | | |
| 采购入库 | | | | | | | | | | | | | | | | |
| 第五年 | 第一季度 | | | | 第二季度 | | | | 第三季度 | | | | 第四季度 | | | |
| 原料 | R1 | R2 | R3 | R4 | R1 | R2 | R3 | R4 | R1 | R2 | R3 | R4 | R1 | R2 | R3 | R4 |
| 订购数量 | | | | | | | | | | | | | | | | |
| 采购入库 | | | | | | | | | | | | | | | | |
| 第六年 | 第一季度 | | | | 第二季度 | | | | 第三季度 | | | | 第四季度 | | | |
| 原料 | R1 | R2 | R3 | R4 | R1 | R2 | R3 | R4 | R1 | R2 | R3 | R4 | R1 | R2 | R3 | R4 |
| 订购数量 | | | | | | | | | | | | | | | | |
| 采购入库 | | | | | | | | | | | | | | | | |

## 2.8　人力资源总监附加用表

# 操　作　记　录

人力资源总监附加用表

____________公司人力资源总监

（1）记录每个成员的出勤情况：

| 年份 | 首席执行官 | 首席运营官 | 财务总监 | 营销总监 | 生产总监 | 采购总监 | 人力资源总监 | … |
|---|---|---|---|---|---|---|---|---|
| 起始年 | | | | | | | | |
| 第一年 | | | | | | | | |
| 第二年 | | | | | | | | |
| 第三年 | | | | | | | | |
| 第四年 | | | | | | | | |
| 第五年 | | | | | | | | |
| 第六年 | | | | | | | | |

（2）记录每个成员在企业运行中出错的情况：

（3）记录团队成员获裁判组奖励的情况：

（4）记录团队成员受裁判组处罚的情况：

（5）其他：

(6) 对团队成员的参与度与贡献度提出综合排名建议：

(说明：此排名建议提交首席执行官做最终决定后交指导教师，首席执行官本人不参加此排名，其成绩由指导教师直接给出)

# 第三篇

## 总结篇

只有善于思考和
总结的人，才能获得
最大的收获与提高。

课程思政目标：基于社会主义核心价值观，运用马克思主义哲学思想，理论联系实际，反思企业经营沙盘模拟实训中的各种问题，加深对习近平新时代中国特色社会主义思想的理解和认识。

## 3.0 开篇语

竞赛的过程是热闹的，但真正的收获与提高是在竞赛后的总结和交流中。经过了3天模拟6年的经营后，及时、认真地总结、反思是必要的。赢要知道赢在哪，输也要知道输在哪。不知道赢在哪不是真正的赢，只能说是瞎猫碰上了死耗子。赢者也会有失误的地方，输者也会有精彩的地方。只有能够挖掘出成败背后的原因的人，才是真正的赢家。如果受训者能在模拟操作的基础上进行深刻的反思与总结，不仅知道赢在哪还知道为什么会赢，不仅知道输在哪还知道为什么会输，就会学到知识，获得提升，这样不管赢与输，都是赢家——真正的赢家。

竞赛从来都不是目的，通过竞赛最大限度地发挥自己的长处，才是最有价值的。从这个角度来说，只要你尽了最大的努力，不管你赢了还是输了，你都是赢家。3天的竞赛带给我们的是启迪，是思考，是发现自己。只有实践才能真正检验出我们学到了什么，才能真正超越自己。

竞赛结束后，你肯定有很多感想，知识和技能也装了一箩筐，虽然可能仅仅是知识点。你可能会有些许遗憾，因为总是匆忙行动而来不及运用刚学到的知识，或是想当然地认为应该怎么做，而忽略了本竞赛的市场规则和企业运营规则，从而导致经营出错或竞赛失利。你可能还有一个小小的愿望：假如可以重新来……

那么，就开动你的脑筋，拿起你的笔，记录下你的反思和总结吧！

本篇还增加了5篇阅读文章（均以电子版形式在网上免费提供），分别是《全面认识战略与战略决策》《跑马圈地，以快制胜的误区》《关于新兴寿险公司的战略选择》《融到巨资奈何反招危机》《新华VS友邦：重视战略管理的方法论》，供参训者总结提高时参考。

## 3.1 受训者日常记录

成长在于积累。笔记是积累的一种方式，这种方式最笨，也最有效。笔记记录了你的发现、你的感悟、你的成长。把这些内容收集起来，它们是你的财富，也是你永久的珍藏。

**第一年小结**

| |
|---|
| 1.学会什么? |
| |
| 2.企业经营中较顺利的环节是什么? |
| |
| 3.企业经营中遇到的困难是什么? |
| |
| 4.下一年将如何改进? |
| |

## 第二年小结

| 1.学会什么？ |
| --- |
| |
| 2.企业经营中较顺利的环节是什么？ |
| |
| 3.企业经营中遇到的困难是什么？ |
| |
| 4.下一年将如何改进？ |
| |

## 第三年小结

| 1.学会什么? |
| --- |
| |
| 2.企业经营中较顺利的环节是什么? |
| |
| 3.企业经营中遇到的困难是什么? |
| |
| 4.下一年将如何改进? |
| |

## 第四年小结

| 1. 学会什么？ |
| --- |
| |
| 2. 企业经营中较顺利的环节是什么？ |
| |
| 3. 企业经营中遇到的困难是什么？ |
| |
| 4. 下一年将如何改进？ |
| |

## 第五年小结

| 1.学会什么？ |
| --- |
| |
| 2.企业经营中较顺利的环节是什么？ |
| |
| 3.企业经营中遇到的困难是什么？ |
| |
| 4.下一年将如何改进？ |
| |

## 第六年小结

| 1.学会什么? |
| --- |
| |
| 2.企业经营中较顺利的环节是什么? |
| |
| 3.企业经营中遇到的困难是什么? |
| |
| 4.下一年将如何改进? |
| |

## 3.2 对经营规划的再思考

企业经营的本质是盈利，那么我们不妨从“如何盈利”入手，逐级对以下问题进行探讨：

（1）利润不足是因为成本过高还是销售不足？

（2）如果是成本过高，找出控制成本的有效方法。

（3）如果是销售不足，分析是什么原因造成的。

（4）如果企业所处行业已经没有利润空间，则应尽早进行行业调整。

（5）如果通过市场分析，感觉企业的细分市场不够大，则要么增加市场投入，要么重新定位。

（6）如果既不是行业的问题，也不是市场的问题，那么问题应该出在管理上，这就需要细化管理，从内部改进。

（不够可另附页）

## □ 知识链接1　企业经营分析——基于企业战略的视角

在ERP沙盘模拟经营过程中，6个初始状态设置完全一样的企业，经过几年的经营，会出现不同的状态，有的高歌猛进，有的步履维艰，有的甚至已经破产倒闭……为什么会产生如此不同的结果呢？下面我们从企业战略的视角来做一个简要分析。

企业战略描述了一个企业打算如何实现自己的目标和使命。为什么需要战略，根本原因是资源有限，如何让有限的资源产生最高的收益，就是企业战略要解决的问题。企业战略分析的实质在于通过对企业自身以及企业所在行业或企业拟进入行业的分析，明确企业的定位及应采取的竞争策略，以权衡收益与风险，了解和掌握企业的发展潜力，特别是在企业价值创造或盈利方面的潜力。企业战略分析的内容主要包括企业自身的优劣势分析、外部环境如行业的机会与威胁分析，以及竞争策略的选择等。

对于ERP沙盘模拟经营而言，企业的初始状态设置是一样的，但不同的企业对风险的认识和承受能力是不同的，因此所进入的市场和所研发的产品也有所不同。当然，如果你的资源足够多，则你可以开辟所有市场并且研发所有产品，但非常不幸的是，你的资源不够！如果你从一开始就研发所有产品，同时开辟所有市场，那么你一定会因为现金断流而破产倒闭。这就是我们所说的资源有限，这也是我们需要战略的根本原因。你需要做出选择！

企业竞争策略主要包括低成本、差异化和专业化3种。由于系统的限制，在ERP沙盘模拟经营过程中主要涉及低成本和差异化2种策略。选择何种策略，直接决定了企业产品的利润空间，进而决定了企业在营销、融资、市场开发等方面的投入力度。

在ERP沙盘模拟经营过程中，各企业将面临本地、区域、国内、亚洲、国际5个市场和P系列的4种产品（P1、P2、P3、P4）。在不同的市场和不同的阶段，P系列4种产品的价格和市场需求量是不同的。为此，企业在制定市场开发战略时，应结合产品开发策略和企业生产能力进行综合考虑。

例如，企业重点生产P4产品，如果区域、国内和亚洲市场对P4产品的需求量很大，而国际市场对P4产品的需求量很小，那么企业应该回避国际市场，重点占领区域、国内和亚洲市场。

在实训过程中，我们看到很多团队在经营之初同时申请ISO 9000及ISO 14000认证，后期却仍然以P系列低端产品为主要产品，从而造成了认证成本的浪费，影响了企业的利润。

因此，企业必须及早确定竞争战略，并能根据竞争对手的策略、市场环境的变化进行调整，在CEO的带领下将竞争策略渗透到企业的运营过程中。各团队在实训结束后，应该回顾对企业战略的把握情况，分析得失。

## □ 知识链接2　企业经营分析——基于企业营销的视角

谁拥有市场，谁就拥有了主动权；而市场的获得又与各企业的市场分析和广告营销计划相关，并且要与生产相适应。下面我们简要分析广告投入产出比和市场占有率2个指标。

1.广告投入产出比

广告投入产出比是评价广告投入效率的指标。其计算公式为：

广告投入产出比=订单销售额÷广告费投入

广告投入产出比越大，说明企业的广告投放效率越高。这个指标能够告诉经营者本企业与竞争对手之间在广告投入策略上的差距，以警示经营者要深入分析市场和竞争对手，进而寻求取胜的突破口。

2.市场占有率

市场占有率表明了企业在市场中的地位。其计算公式为：

市场占有率=企业在某一特定市场的销售额÷该市场需求总额×100%

市场占有率越高，说明企业产品的销售情况越好。在产能允许的情况下，企业应尽可能地提高市场占有率。在企业的产、供、销各环节中，销售具有特别重要的意义，只有实现了销售，才能回笼资金、实现利润，才能形成一个完整的资金循环过程。

在ERP沙盘模拟经营过程中，市场占有率高的企业可以在下一年度用较少的广告费实现高额销售收入，企业至少要在某一个市场中牢牢占据市场老大的地位，才有获胜的可能。

需要注意的是，以上2个指标应该结合在一起分析。如果一个企业只有广告投入产出比高，但市场占有率不高，并不是一个好现象。只有2个指标都高，才是好状态。

## □ 知识链接3　企业经营分析——基于企业营运的视角

企业对资产的利用能力和利用效率从根本上决定了企业的经营状况和经济效益。资产周转速度越快，表明资产利用效率越高；反之，则表明资产利用效率越低。

评价企业营运能力常用的指标有存货周转率、应收账款周转率、流动资产周转率、固定资产周转率、总资产周转率等。下面我们主要介绍其中3个指标。

1.存货周转率

企业以货币资金购入生产经营所需材料，形成原料存货；然后将原料投入生产过程中进行加工，形成在制品存货；加工结束后则形成产品存货。企业通过销售取得货币资金，表示存货的一个循环完成。当存货从一种形态较快转化为另一种形态时，说明存货的周转速度较快。存货周转率是衡量企业销售能力及存货管理水平的综合性指标。其计算公式为：

存货周转率=营业成本÷存货平均余额

存货平均余额=（期初存货+期末存货）÷2

公式中的“营业成本”可以从利润表中直接获得，期初与期末存货均可从资产负债表中由在制品、成品和原料3项相加所得。一般而言，存货周转率高，说明存货的占用水平低，流动性强，产品积压少，存货转化为现金和应收账款的速度快；存货周转率低，说明企业经营不善，产品滞销。当然，过高的存货周转率也可能说明企业的经营管理出现了问题，如存货水平不足，导致缺货或原料供应不足；采购批量较小，导致生产线闲置等。

### 2. 应收账款周转率

应收账款周转率是评价应收账款流动性的一个重要财务指标，是一定时期内企业赊销收入净额和应收账款平均余额的比率。其计算公式为：

应收账款周转率=赊销收入净额÷应收账款平均余额

应收账款平均余额=（期初应收账款余额+期末应收账款余额）÷2

公式中的“赊销收入净额”即利润表中的营业收入，期初应收账款余额及期末应收账款余额可从资产负债表中的应收账款项获得。该比率说明了年度内应收账款转化为现金的平均次数，反映了应收账款的变现速度和企业的收账效率。

在争取订单的过程中，应收账款的账期也是一个重要的考量标准。在销售额相同的情况下，应当选择账期短的订单。营销总监应及时与财务总监沟通，进行取舍，避免账期过长带来额外的筹资成本，甚至使企业陷入财务困境。

### 3. 固定资产周转率

固定资产周转率也称固定资产利用率，用以反映企业固定资产的周转效率。其计算公式如下：

固定资产周转率=营业收入÷固定资产平均余额

固定资产平均余额=（期初固定资产余额+期末固定资产余额）÷2

公式中的“营业收入”可以从利润表中直接获得，期初固定资产余额和期末固定资产余额取自资产负债表中非流动资产合计项。该指标主要用于对厂房、生产线等固定资产的利用效率进行分析。

对固定资产的分析评价应当综合考虑各种因素：如果团队在期初变卖厂房进行融资，则固定资产平均余额自然会比较低；使用全自动生产线或柔性生产线较多的团队，其固定资产平均余额会高出平均水平。如果生产线昂贵，且没有取得预期的销售收入，则会导致固定资产周转率较低，说明企业的经营管理存在较大的问题

## 3.3 改进工作的思路

1）扩大销售

（1）提高产品和服务的质量，增加客户满意度。

（2）提供附加服务。

（3）市场渗透。

（4）开拓新市场。

（5）研发新产品、新技术。

（6）加强企业品牌宣传，改善企业及产品形象。

（7）集中资源，重点投放。

（8）并行工程。

（9）改造生产设备，提高产能。

（10）提高设备利用率。

……

2）降低成本

（1）消除生产过程中的一切浪费。

（2）考虑替代料。

（3）考虑委外加工。

（4）节约资源。

（5）寻求合作。

（6）规模化、标准化。

……

## 3.4　受训者总结

受训者总结提纲：

（1）简要描述所在企业的经营状况。

（2）分析所在企业成败的关键及原因。

（3）总结所担任角色的得与失。

（4）对所在企业下一步的发展提出意见和建议。

（不够可另附页）

## 3.5 经营竞赛交流

学习别人的长处，弥补自己的短处。各组派代表进行总结交流，不一定都是首席执行官，也可以是财务总监、营销总监、生产总监等不同角色；同时，允许其他人发言，作为补充。

（不够可另附页）

## 3.6　指导教师点评与分析

记录：

（不够可另附页）

## 3.7 参加大赛人员心得分享

### 学到精彩，体会残酷

盛明辉

ERP沙盘大赛通过直观的企业经营沙盘来模拟企业运行状况，让队员在分析市场、制定战略、组织生产、整体营销和财务管理等一系列活动中体会企业经营运作的全过程，认识到企业资源的有限性，从而深刻理解ERP的管理思想，领悟科学的管理规律，提升管理能力，同时真切地体会市场竞争的精彩与残酷，提前感受未来的财富人生，从而在以后的竞争中比别人多一些筹码，多一份从容和自信。

这个世界唯一不变的就是变化

曾经，许多ERP沙盘初学者都在苦苦思索一个问题：到底有没有一种战略可以确保我们常胜不败呢？然而，无数次实践证明，没有哪一种战略可以保证我们在任何时间、任何地点战胜任何对手。就战略本身而言，没有好坏与强弱之分（请参考阅读文章:《全面认识战略与战略决策》）。我们用此战略获得了这次比赛的胜利，下次比赛面对不同的竞争对手、不同的市场环境，它就很有可能不再有效。因此，我们在比赛中制定战略时，一定要随着对手和环境的变化而变化。有关战略，适合的才是最好的。

小公司的战略就两个词：活下来，挣钱！

先求生存，再求发展，这是所有企业必须遵循的规律。企业在开始运行阶段虽然可以获得一定的利润，但并不是很高，生存能力也不是很强。因此，在制定发展战略时，一定要与企业的实际相结合，保持适当的发展速度；否则，大举投入，全面开花，就会使不高的权益急剧下降，财务状况严重恶化，从而使企业陷入困境，甚至破产。这就是关于企业发展的“度”的问题（请参考阅读文章:《跑马圈地，以快制胜的误区》）。

企业战略的核心和重点在于保证企业发展过程中人、财、物的平衡与统一。具体而言，我们在制定战略时，既要反对裹足不前，又要反对盲目冒进，一定要考虑企业的权益和现金流状况。

小企业要有大胸怀

在比赛过程中，切不可闭门造车、偏安一隅，要有竞争的意识。我们在做好自己项目的同时，还要密切关注对手的动态和信息，树立“全局一盘棋”的思想。信息，在当今社会中扮演着越来越重要的角色，只有知己知彼，才能百战不殆。在比赛过程中，要注意广泛收集对手的信息，从全局的角度考虑企业的发展，以真正实现信息为我所有并为我所用。

团队合作的基础是真诚和信任

团队的合作也符合“木桶理论”，即团队最终成绩如何并不取决于团队中的实力最强者，而是取决于团队中的实力最弱者。因此，团队一定要将最合适的人放在最合适的岗位上，从而把团队成员的效用发挥到极致。团队成员之间要彼此信任、相互理解，每个成员都要承担相应的责任，不但要为自己的错误承担责任，而且要做好准备为同伴的失误埋单。在顺境中，每个人都能发挥领导力；只有在逆境中，才能检验出一个人是否真正具有领导力。总经理作为团队领导者，必须具备良好的心理素质和协调能力。每个成员只有心怀宽容、全力以赴，才能真正组成一个和谐的、有战斗力的团队。

### 商场如战场，但商场不是战场

在战场上，只有你死，才能我活；而在商场上，你活着，我才可以活得更好。赛场就像一个没有硝烟的战场，但我们必须认识到赛场绝不是生死的战场。在商业实战中，打败对手从来都不是一种战略。在竞赛过程中，企业之间的关系不是你死我活，但许多企业却选择了同归于尽，而不是互惠互利。竞赛是一场游戏，更是一种艺术，在竞赛中最重要的是向竞争者学习，这样才会进步。

我们一定要怀着一种正确的心态来对待比赛。用一种竞争的心态投入这种游戏的过程，用一种游戏的心态来看待竞争的结果。竞赛从来都不是目的，在竞赛中获益和成长才是精髓所在。

（盛明辉是获得第四届“用友杯”全国大学生沙盘模拟经营大赛辽宁赛区一等奖团队的总经理，题目为编者所加）

## 3.8 第五届“用友杯”全国大学生创业设计暨沙盘模拟经营大赛全国总决赛冠军案例[1]

第一年长期贷款为0，短期贷款每季度20M滚动；年初购买大厂房，上3条柔性生产线；研发P2、P3产品，第一年末P2产品研发完毕，P3产品研发4期；开发5个市场，即本地、区域、国内、亚洲、国际；ISO 9000认证第一期。

第二年初长期贷款50M，短期贷款每季度20M滚动；第一季度在大厂房上手工生产线2条，第二季度上全自动生产线1条，生产P2产品；将剩下2期P3产品研发完毕；继续开发国内、亚洲、国际市场；ISO 9000认证第二期。

第三年初长期贷款30M，短期贷款每季度20M滚动；租小厂房，第一季度上手工生产线2条；继续开发亚洲和国际市场；ISO 14000认证第一期。

第四年初长期贷款40M，短期贷款每季度20M滚动；继续租小厂房，第二季度在小厂房内新上1条全自动生产线，生产P3产品；第二季度开始研发P4产品，第四年共研发3期；继续开发国际市场； ISO 14000认证第二期。

第五年初长期贷款30M，短期贷款每季度20M滚动；第二季度在继续租用的小厂房内新上手工生产线1条；继续研发P4产品3期。

第六年初长期贷款50M，短期贷款每季度20M滚动；第一季度购买小厂房，第四季度出售第一年建成的3条柔性生产线和第二年建成的2条手工生产线。

企业战略规划表见表3-1。

表3-1　企业战略规划表

| 项目 | 第一年 | | | | 第二年 | | | |
|---|---|---|---|---|---|---|---|---|
| | 第一季度 | 第二季度 | 第三季度 | 第四季度 | 第一季度 | 第二季度 | 第三季度 | 第四季度 |
| 广告费 | 0 | | | | 17M | | | |
| 财务费用 | 0 | | | | 4M | | | |
| 长期贷款 | 0 | | | | 50M（5年） | | | |
| 短期贷款 | 20M | 20M | 20M | 20M | 20M | 20M | 20M | 20M |
| 厂房 | 40M（买大） | | | | | | | |
| 生产线 | 3×5M（柔性） | 3×5M | 3×5M | 3×5M | 2×5M（手工） | 1×5M（全自动P2） | 1×5M | 1×5M |
| 产品研发 | P2 P3 | P2 P3 | P2 P3 | P2 P3 | P3 | P3 | | |
| 市场开拓 | 本地 区域 国内 亚洲 国际 | | | | 国内 亚洲 国际 | | | |
| ISO认证 | ISO 9000（第一期） | | | | ISO 9000（第二期） | | | |
| 权益 | 46M | | | | 54M | | | |

① 该案例由辽宁工程技术大学技术与经济学院陈越、许可老师提供。

续表

| 项目 | 第三年 | | | | 第四年 | | | |
|---|---|---|---|---|---|---|---|---|
| | 第一季度 | 第二季度 | 第三季度 | 第四季度 | 第一季度 | 第二季度 | 第三季度 | 第四季度 |
| 广告费 | 23M | | | | 27M | | | |
| 财务费用 | 9M | | | | 12M | | | |
| 长期贷款 | 30M（5年） | | | | 40M（5年） | | | |
| 短期贷款 | 20M | 20M | 20M | 20M | 20M | 20M | 20M | 20M |
| 厂房 | 3M（租小） | | | | 3M（租小） | | | |
| 生产线 | 2×5M（手工） | | | | | 1×5M（全自动P3） | 1×5M | 1×5M |
| 产品研发 | | | | | | P4 | P4 | P4 |
| 市场开拓 | 亚洲 国际 | | | | 国际 | | | |
| ISO认证 | ISO 14000（第一期） | | | | ISO 14000（第二期） | | | |
| 权益 | 67M | | | | 74M | | | |

| 项　目 | 第五年 | | | | 第六年 | | | |
|---|---|---|---|---|---|---|---|---|
| | 第一季度 | 第二季度 | 第三季度 | 第四季度 | 第一季度 | 第二季度 | 第三季度 | 第四季度 |
| 广告费 | 31M | | | | 48M | | | |
| 财务费用 | 15M | | | | 19M | | | |
| 长期贷款 | 30M（5年） | | | | 50M（5年） | | | |
| 短期贷款 | 20M | 20M | 20M | 20M | 20M | 20M | 20M | 20M |
| 厂房 | 3M（租小） | | | | 30M（买小） | | | |
| 生产线 | | 1×5M（手工） | | | | | | 出售第一年建成的3条柔性生产线和第二年建成的2条手工生产线 |
| 产品研发 | P4 | P4 | P4 | | | | | |
| 市场开拓 | | | | | | | | |
| ISO认证 | | | | | | | | |
| 权益 | 102M | | | | 166M | | | |

# 参考文献与推荐阅读书目


［1］刘平．数智沙盘模拟实训［M］．北京：清华大学出版社，2023.

［2］李播，刘超．数智企业经营管理沙盘理论与实践［M］．北京：清华大学出版社，2023.

［3］陈智崧，王峰．ERP沙盘推演指导教程（新手工+商战+约创）［M］．2版．北京：清华大学出版社，2022.

［4］刘平．大学生就业与创业指导［M］．2版．北京：清华大学出版社，2021.

［5］刘平．企业战略管理：规划理论、流程、方法与实践［M］．3版．北京：清华大学出版社，2020.

［6］金环，刘平．企业经营沙盘模拟实训手册［M］．4版．北京：清华大学出版社，2022.

［7］刘平．金蝶企业经营沙盘模拟实训手册［M］．4版．大连：东北财经大学出版社，2022.

［8］刘平．企业经营管理综合实训［M］．3版．北京：清华大学出版社，2021.

［9］刘平．约创云平台企业经营沙盘模拟实训手册［M］．大连：东北财经大学出版社，2021.

［10］刘平．保险战争［M］．北京：电子工业出版社，2009.

［11］刘平．创业攻略：成功创业之路［M］．北京：中国经济出版社，2008.

［12］刘平．贝塔斯曼：满身光环的失败者［J］．销售与市场，2008（8）．

［13］刘平．高成长企业的长赢基因［J］．经理人，2008（8）．

［14］凌志军．联想风云［M］．武汉：湖北人民出版社，2008.

［15］吴晓波．大败局Ⅱ［M］．杭州：浙江人民出版社，2007.

［16］刘平．以快制胜的误区［J］．管理与财富，2006（12）．

［17］刘平．快速成长型企业的危机基因［J］．中外管理，2006（6）．

［18］刘平．新华VS友邦：条条大路通罗马［J］．中外管理，2006（5）．

［19］刘平．新兴寿险公司的战略选择［J］．经理人，2006（4）．

［20］王方华．企业战略管理［M］．2版．上海：复旦大学出版社，2006.

［21］王新玲，杨宝刚，柯明．ERP沙盘模拟高级指导教程［M］．北京：清华大学出版社，2006.

［22］刘平．战略管理的辩证法——兼与金桥《战略管理十大悖论》一文商榷［J］．企业管理，2005（10）．

［23］施振荣．再造宏碁：开创、成长与挑战［M］．北京：中信出版社，2005.

［24］王新玲，柯明，耿锡润．ERP沙盘模拟学习指导书［M］．北京：电子工业出版社，2005.

［25］吴晓波．大败局［M］．杭州：浙江人民出版社，2001.

# 附　录

## 附录1　第十八届全国大学生创新创业沙盘模拟经营大赛（辽宁赛区）技术手册

（注：手册中仅为示例数据，帮助用户理解规则使用，参与沙盘实训时请查看具体规则）

### 案例背景

Hd公司成立于2022年，是一家刚刚融资成功的智能手机制造公司。该公司设计的智能手机以美观的样式、安全的性能指标，获得了多项国际大奖。公司运营部门通过各类网络平台对公司产品进行宣传，使得公司产品在用户中的呼声非常高。现在，Hd公司获得了一笔投资，并且公司高层将启用一批年轻人，这些年轻人将使用数字营销手段为公司建立新零售体系，助力公司实现快速发展。你们将分别担任公司的总经理、财务总监、人力资源总监、生产总监和营销总监，请综合运用所学知识，结合市场调研情况经营自己的公司。相信大家能够在未来4年里实现公司盈利，闯出属于自己的一片天地。

公司目前有30万元现金。资产负债表略。

1）市场调研

1年2季度和3季度产品需求量见表1。

表1　　1年2季度和3季度产品需求量

| 1年2季度 | | | | |
| --- | --- | --- | --- | --- |
| 市场 | 产品 | 特性 | 总量（部） | 平均价格（元/部） |
| 北方市场 | Nova666 | 高端商务 | 450 | 3 016 |
| 北方市场 | Nova666 | 青春旗舰 | 7 650 | 2 552 |
| 北方市场 | P888 | 高端商务 | 450 | 2 788 |
| 北方市场 | P888 | 时尚影像 | 3 150 | 3 290 |
| 北方市场 | P888 | 青春旗舰 | 1 750 | 3 312 |
| 1年3季度 | | | | |
| 市场 | 产品 | 特性 | 总量（部） | 平均价格（元/部） |
| 北方市场 | Nova666 | 青春旗舰 | 4 500 | 2 304 |
| 北方市场 | Nova666 | 时尚影像 | 4 500 | 2 300 |
| 北方市场 | P888 | 青春旗舰 | 4 500 | 2 752 |
| 北方市场 | P888 | 时尚影像 | 4 500 | 2 905 |

注：市场调研是市场详单的缩减版，系统规则中市场详单的数量较多，不同的规则下市场详单的数量不同，这里以其中一个规则为例。

2）市场信息

该地区目前有三大市场，即北方市场、南方市场和亚太市场。每个市场都相当于一个销售渠道，随着市场的不断扩大，开拓时间也会随之增加。为了确保能在规定的时间内选择订单，各队伍应当提前做好准备。

各市场间无关联，只有拥有某个市场的资质，才能在该市场中销售产品。

## 第1章　通用规则

1）比赛运营阶段及各阶段时间分配

比赛经营年数：4年（16个季度）。

每年分第一季度、第二季度、第三季度和第四季度4个阶段运行。每个季度运行时间为20分钟，每次选单时间为10分钟，共计400分钟。选单时间根据案例不同而有所不同。

详细时间分配见表2。

表2　详细时间分配

| 经营功能 | 运行启动 | 时间 |
|---|---|---|
| 1年1季度经营 | 手动启动 | 20分钟 |
| 1年2季度选单 | 手动启动 | 10分钟 |
| 1年2季度经营 | 手动启动 | 20分钟 |
| 1年3季度选单 | 手动启动 | 10分钟 |
| 1年3季度经营 | 手动启动 | 20分钟 |
| 1年4季度经营 | 手动启动 | 20分钟 |
| 2年1季度选单 | 手动启动 | 10分钟 |
| 2年1季度经营 | 手动启动 | 20分钟 |
| 2年2季度选单 | 手动启动 | 10分钟 |
| 2年2季度经营 | 手动启动 | 20分钟 |
| 2年3季度经营 | 手动启动 | 20分钟 |
| 2年4季度经营 | 手动启动 | 20分钟 |
| 3年1季度选单 | 手动启动 | 10分钟 |
| 3年1季度经营 | 手动启动 | 20分钟 |
| 3年2季度选单 | 手动启动 | 10分钟 |
| 3年2季度经营 | 手动启动 | 20分钟 |
| 3年3季度经营 | 手动启动 | 20分钟 |
| 3年4季度经营 | 手动启动 | 20分钟 |
| 4年1季度选单 | 手动启动 | 10分钟 |
| 4年1季度经营 | 手动启动 | 20分钟 |
| 4年2季度选单 | 手动启动 | 10分钟 |
| 4年2季度经营 | 手动启动 | 20分钟 |
| 4年3季度经营 | 手动启动 | 20分钟 |
| 4年4季度经营 | 手动启动 | 20分钟 |
| 成绩结算 | 手动启动 | 依据现场情况 |

注意：数智沙盘不再是只有年初可以选单了。

### 2）季度中运行规则

在经营过程中，各岗位应当按时完成当季操作任务，以确保企业能够顺利运行。每季度各岗位操作无先后顺序，各队伍可自由决定。

季度时段任务清单见表3。

表3 季度时段任务清单

| 岗位 | 任务1 | 任务2 | 任务3 | 任务4 | 任务5 | 任务6 |
|---|---|---|---|---|---|---|
| 财务总监 | [融]<br>融资管理 | [收]<br>应收账款管理 | [付]<br>应付账款管理 | [费]<br>费用管理 | [控]<br>预算控制 | [表]<br>报表管理 |
| 人力资源总监 | [选]<br>招聘管理 | [用]<br>岗位管理 | [育]<br>培训管理 | [留]<br>激励管理 | | |
| 生产总监 | [人]<br>工人管理 | [机]<br>设备管理 | [料]<br>库存管理 | [法]<br>设计管理 | [研]<br>研发管理 | |
| 营销总监 | [渠]<br>渠道管理 | [产]<br>产品管理 | [促]<br>促销管理 | [竞]<br>竞单管理 | [售]<br>交付管理 | |

### 3）成绩评定

经营结果最终得分如下：

$$Z=（所有者权益+\frac{数智化建设}{建设得分}\times 10-扣分）\times 商誉\times（1+本年碳中和率+上年碳中和率）$$

最终得分按降序排列。

### 4）企业知名度

企业知名度即公众对企业名称、商标、产品等方面认知和了解的程度。企业知名度分市场计算。在某一市场，企业知名度越高，队伍得分越高，分配订单时该队伍可优先选择。

促销广告投放量与企业知名度的比例关系为1∶1，广告投放量越多，企业知名度就越高。

### 5）商誉值

商誉值扣减情况如下：

（1）订单未按时交货，系统判断为违约，自动扣除违约金，商誉值减1。

（2）未按时支付工人工资，季度结束后系统自动扣除，商誉值减5。

（3）原料未按时收货，季度结束后系统自动收货，商誉值减1。

（4）未按时支付贷款利息和本金，季度结束后系统自动扣除，商誉值减1。

（5）未按时支付应付账款，季度结束后系统自动扣除，每笔账款商誉值减1。

（6）未按时支付管理费用，季度结束后系统自动扣除，商誉值减1。

（7）采用网络营销方式销售产品，在切换季度时，若库存量小于填写的产品数量，商誉值减1。

（8）设预算资金使用率为X，当X<80%或X>120%时，扣减10 000分值。

6）数据咨询

点击数据咨询按钮，可以购买其他企业的情报。支付一定的金额，就可以获取其他企业的详细信息。

（1）本规则中的情报费用，为单次购买单个企业情报的费用（不同规则下的情报费不同）。

（2）情报费用有效期为1季（如2年3季度购买某企业信息，则本季度任意时间均可查看该企业信息，但切换到2年4季度时，查看权限取消）。

（3）可查看权限包括：财务信息（资产负债表）、产品库存、原料库存、生产线明细、研发明细等。

## 第2章　营销总监相关技术规则

1）营销总监任务清单

营销总监任务清单见表4。

表4　营销总监任务清单

| 序号 | 任务 | 意义 |
|---|---|---|
| 1 | 渠 | 渠道管理 |
| 2 | 产 | 产品管理 |
| 3 | 促 | 促销管理 |
| 4 | 竞 | 竞单管理 |
| 5 | 售 | 交付管理 |

2）渠道管理相关规则

销售渠道包括3个：北方市场、南方市场和亚太市场。销售渠道规则见表5。

表5　销售渠道规则

| 渠道名称 | 开拓周期（季） | 需要资金（元） |
|---|---|---|
| 北方市场 | 1 | 10 000 |
| 南方市场 | 3 | 20 000 |
| 亚太市场 | 4 | 30 000 |

规则解释：

（1）从投入资金当季开始计时，经过“开拓周期”之后，完成市场开拓。

（2）开拓市场资金一次性扣除，无法中断或加速。

（3）研发完成后，系统自动授予市场资质（如1年2季度开拓南方市场，在2年1季度才可以在该市场销售产品）。

（4）只有获得某市场资质后，才能够在该市场销售产品。

3）产品管理相关规则

产品资质规则见表6。

表 6　　产品资质规则

| 产品名称 | 产品编码 | 消耗时间（季） | 消耗资金（元） |
| --- | --- | --- | --- |
| Nova666 | P1 | 1 | 10 000 |
| P888 | P2 | 2 | 20 000 |
| Mate999 | P3 | 4 | 50 000 |

规则解释：

（1）从投入资金当季开始计时，经过“消耗时间”之后，完成产品资质研发。

（2）研发资金一次性扣除，无法中断或加速。

（3）研发完成后，系统自动授予产品资质（如1年2季度研发P888产品，在1年4季度才可生产该产品）。

（4）只有获得产品资质后，才允许生产线开工生产。

（5）没有获得产品资质，依然可以选取订单（如1年2季度选单时，可选择P888产品的订单）。

（6）产品应当配合特性开产，具体如何搭配，参见市场调研内容。

ISO认证规则见表7。

表 7　　ISO认证规则

| ISO认证名称 | 认证周期（季） | 需要资金（元） |
| --- | --- | --- |
| ISO 9000 | 1 | 10 000 |
| ISO 14000 | 3 | 10 000 |
| ISO 20000 | 4 | 20 000 |

规则解释：

（1）从投入资金当季开始计时，经过“认证周期”之后，完成认证。

（2）认证资金一次性扣除，无法中断或加速。

（3）认证完成后，系统自动授予认证资质（如1年1季度认证ISO 9000，在1年2季度才可以使用该资质）。

（4）只有获得认证后，才允许选取有该认证的订单。

#### 4）促销管理相关规则

促销广告投放规则见表8。

表 8　　促销广告投放规则

| 市场名称 | 当前知名度 | 当前排名 | 操作 |
| --- | --- | --- | --- |
| 北方市场 | 0 | 1 | 投放 |
| 南方市场 | 0 | 1 | 投放 |
| 亚太市场 | 0 | 1 | 投放 |

规则解释：

（1）促销广告用于提升某一市场的企业知名度，企业知名度排名决定了该市场订单分配的先后顺序。

（2）促销广告可在竞单前任意时间投放，且仅用于一次竞单，竞单完成后，企业知名度归零。竞单时无法投放促销广告。

（3）促销广告分市场投放，每个市场投放的广告只影响本市场当季的企业知名度。

（4）促销广告可在竞单前多次投放，总额度累计叠加。

5）竞单管理相关规则

竞单规则见表9。

表9　　竞单规则

| 订单编号 | 市场 | 产品 | 特性需求 | 参考价（元/部） | 数量（部） | 交货期（季） | 账期（季） | ISO需求 | 申报数量（部） | 操作 |
|---|---|---|---|---|---|---|---|---|---|---|
| 1 | 北方市场 | Nova666 | 高端商务 | 3 016 | 450 | 4 | 1 | ISO 9000 | 0 | 申报 |

规则解释：

（1）订单申报。

①选手以队为单位进行订单申报，可同时进行所有市场、产品的订单申报，申报数量将被显示在申报详情栏中。

②所有岗位均可进行任何市场的订单申报，当多次对同一张订单进行申报时，系统只接受最新一次点击申报的产品数量。

③在“申报数量”处输入0，表示取消在该市场申报的订单。

（2）订单分配。

①申报分组。并非申报即入围，入围需要条件。入围有3个条件：一是有订单中要求的市场资质；二是有订单中要求的ISO认证；三是报价未超过参考价。

②标的分配。根据公式Y=企业知名度（等同于广告费用）+市场占有率（初始值为1）×商誉值×（参考价-报价）+1 000×特性值（即特性研发值），计算出各队伍得分。市场占有率表示上一次在该市场获取的订单数量占该市场所有订单数量的百分比，网络营销的销售量不算在内。得分最高的队伍，可以获得所申报的全部数量；按照排名顺次分配，直到订单数量不足；当所剩订单数量不足分配时，只分配剩余数量。如果有N个队伍得分相同，则分配顺位相同，当剩余数量A不满足申报数量时，抽取其中最小的申报数量M，每队分配M数量。

6）交付管理相关规则

（1）销售订单为各队伍在竞单过程中所获得的订单。

（2）订单状态：当年分配的所有订单，均可在营销总监［售］中查询，且显示交货状态。

（3）所有订单必须在订单规定的交货季度前（包括本季），按照订单规定的数量交货，订单不能拆分交货。

（4）交货季度后仍未完成交货的订单，会产生违约金，并且商誉值减1，原订单显示违约状态，不能执行交货操作。

（5）点击交货时，判断库存中符合条件的产品是否充足。若产品充足，则扣除相应数量的产品库存。交货完成日期即应收账款的起点日期。

（6）当订单为已交货状态时，订单成本显示在表格中。

## 第3章　生产总监操作相关规则

### 1）生产总监任务清单

生产总监任务清单见表10。

表10　生产总监任务清单

| 序号 | 任务 | 意义 |
|---|---|---|
| 1 | 人 | 工人管理 |
| 2 | 机 | 设备管理 |
| 3 | 料 | 库存管理 |
| 4 | 法 | 设计管理 |
| 5 | 研 | 研发管理 |

### 2）工人管理相关规则

生产线配比规则见表11。

表11　生产线配比规则

| 线型 | 安装日期 | 基础产量（部） | 状态 | 产品名称 | 班次 | 手工工人（人） | 高级技工（人） | 实际产量（部） | 操作 |
|---|---|---|---|---|---|---|---|---|---|
| 传统线 | 1年2季度 | 200 | 停产 | Nova666 | 8时制 | 2 | 1 | 240 | 保存 |

班次规则见表12。

表12　班次规则

| 班次名称 | 班次编码 | 产量加成（倍） | 效率损失（%） |
|---|---|---|---|
| 8时制 | BC1 | 1 | 2 |
| 12时制 | BC2 | 1.2 | 50 |

规则解释：

（1）工人管理分为2个板块，即“设备管理”和“在职工人”。

（2）在“设备管理”界面，需要填写“班次”“手工工人”“高级技工”，并点击“保存”按钮。

（3）可对停产状态的生产线进行人员配置。

（4）在“班次”列下，按班次规则选择班次名称。

（5）在“手工工人”和“高级技工”列下，按生产线配比规则配置工人。

（6）点击“保存”按钮，“实际产量”列显示具体数值，生产线配置完成。

（7）“班次”表示此条生产线上工人的工作时长，分为8时制和12时制。（注：采

用12时制，一方面工人产量加倍，另一方面工人生产效率加速降低）

（8）实际产量由基础产量、班次、工人效率计算得出。计算公式为：

实际产量=基础产量×（1+手工工人效率÷4+高级技工效率）×班次加成

其中，基础产量在生产线配比规则中读取，工人效率按照实际招聘的工人效率读取，班次加成在班次规则中读取。最终结果向下取整。

（9）在“在职工人”界面，列出已入职的工人，并填写“招聘需求填报”。填写完成后，该需求将转到人力资源总监界面。

3）设备管理相关规则

设备管理规则（1）见表13。

表13　　设备管理规则（1）

| 线型名称 | 购买价格（元） | 安装周期（季） | 生产周期（季） | 产量（部） | 转产周期（季） |
|---|---|---|---|---|---|
| 传统线 | 50 000 | 0 | 2 | 80 | 0 |
| 全自动线 | 100 000 | 1 | 1 | 100 | 1 |
| 全智能线 | 200 000 | 3 | 1 | 200 | 0 |

设备管理规则（2）见表14。

表14　　设备管理规则（2）

| 转产价格（元） | 残值（元） | 维修费用（元） | 手工工人（人） | 高级技工（人） |
|---|---|---|---|---|
| 5 000 | 5 000 | 500 | 2 | 1 |
| 5 000 | 15 000 | 1 500 | 1 | 1 |
| 0 | 30 000 | 5 000 | 0 | 0 |

规则解释：

（1）设备有3种线型，分别为传统线、全自动线、全智能线，新建生产线时均可自主选择。不同的规则下，生产线名称不同。

（2）生产线的购买价格为一次性费用，无法中断或加速。

（3）安装周期是生产线自购买到可以使用的时间（如1年1季度购买全自动线，安装周期为1季，1年2季度即可开始使用）。

（4）生产周期为生产一次产品需要的时间。

（5）产量为生产线的基础产量（实际产量的计算基数）。

（6）转产周期为转产一次需要的时间。转产条件如下：①只能在停产状态时启动转产操作；②资金账户必须有足够支付转产费用的资金。

（7）转产价格为转产一次需要花费的金额。

（8）残值为生产线折旧够年限时的价值（无论何时，直接出售生产线均可获得与残值相等的金额）。

（9）生产线建成满1年需要交维修费用，系统自动扣除（如1年2季度购买1条安装周期为0的生产线，则生产线建成时间为1年2季度，维修费用在2年1季度跳转，2年2季度扣除）。

（10）手工工人、高级技工为该生产线需要的工人数量。

#### 4）产品图纸相关规则

产品图纸反映了生产某一产品所需的原料种类和数量。组织生产时，需要按照产品图纸准备原料。产品图纸规则见表15。

表15　产品图纸规则

| 产品名称 | 产品编码 | 碳排放量 | 昆仑玻璃 | SDI电池 | IMX800镜头 | 9100S芯片 |
|---|---|---|---|---|---|---|
| Nova666 | P1 | 0 | 1 | 1 | 0 | 0 |
| P888 | P2 | 0 | 1 | 1 | 1 | 0 |
| Mate999 | P3 | 0 | 2 | 1 | 2 | 1 |

生产线生产应满足以下条件：

（1）有产品生产资质。

（2）有充足的原料。

（3）生产线处于停产状态。

（4）工人已配置好。

（5）BOM更新完成。

（6）现金充足。

满足生产条件后，点击“开产”按钮，开启生产周期。

（1）开始生产时，需要支付工人计件工资，计算公式如下：

计件工资=实际产量×（手工工人计件工资+高级技工计件工资）

（2）在制品成本计算公式如下：

在制品成本=原料成本+工人月薪×生产周期（月）+计件工资×件数

（3）生产线折旧采用平均年限法，折旧年限为4年。折旧额的计算公式如下：

折旧额=（购买价格-残值）÷4

折旧不会对现金流造成影响，生产线建成满1年开始计提折旧，系统自动扣除（如2年1季度购买全智能线，则2年3季度建成，3年4季度开始计提折旧）。

#### 5）库存管理相关规则

原料规则见表16。

表16　原料规则

| 原料名称 | 原料编码 | 基础价格（元） | 剩余数量（个） | 送货周期（季） | 账期（季） |
|---|---|---|---|---|---|
| 昆仑玻璃 | R1 | 500 | 500 000 | 1 | 0 |
| SDI电池 | R2 | 500 | 500 000 | 1 | 0 |
| IMX800镜头 | R3 | 500 | 500 000 | 2 | 0 |
| 9100S芯片 | R4 | 500 | 500 000 | 2 | 0 |

规则解释：

（1）原料为生产产品必备条件之一，在原料市场中，企业可向供应商购买原料。

（2）基础价格为购买原料需要支付的价格。

（3）剩余数量会根据各个企业的购买情况不断更新。

（4）根据实际使用原料的时间提前订购原料，订购原料时不需要支付费用，订货期+送货周期为可收货日期（如1年1季度订购昆仑玻璃50个，则1年2季度才可对昆仑玻璃进行收货和使用）。订购的原料无法撤销，收货当季可进行收货操作；若当季未完成收货操作，系统自动完成收货，并扣减企业商誉值。

（5）收货完成后，自动产生应付账款，账期即应付账款的期限，表示多长时间内需要付款（收货时不需要付款，但需要预算费用）。

### 6）资产处理规则

资产处理规则见表17。

表17 资产处理规则

| 资产名称 | 资产编码 | 处理价格（倍） |
|---|---|---|
| 产品 | 1 | 0.8 |
| 原料 | 2 | 0.8 |

规则解释：

当企业急需现金时，可选择出售产品或原料。产品或原料可按照成本价格的80%出售。

### 7）设计管理相关规则

产品设计规则见表18。

表18 产品设计规则

| 特性名称 | 特性编码 | 设计费用（元） | 升级单位成本（元） | 初始值 | 上限 |
|---|---|---|---|---|---|
| 青春旗舰 | T1 | 1 000 | 100 | 1 | 1 000 |
| 时尚影像 | T2 | 1 000 | 200 | 1 | 1 000 |
| 高端商务 | T3 | 2 000 | 300 | 1 | 1 000 |

规则解释：

（1）在产品原型中选择对应的产品编码（P1、P2、P3）+特性编码（T1、T2、T3），组成全新的产品，设计完成时需要支付设计费用。

（2）每次设计完成后，都会生成一个版号，版号按照设计次数，从1.0开始，1.1、1.2……照此类推。每次设计时都需要重新支付设计费用（无论是否设计过）。

### 8）研发管理相关规则

初始研发值为1，研发目标值不得小于当前值，输入目标值之后，计算出研发费用。研发费用计算公式如下：

研发费用=（目标值-当前值）×单位研发费用

点击“研发”按钮，立刻扣除研发费用。增加特性研发有助于获取订单。

## 第4章　人力总监相关技术规则

### 1）人力资源总监任务清单

人力资源总监任务清单见表19。

表19　人力总监任务清单

| 序号 | 任务 | 意义 |
|---|---|---|
| 1 | 选 | 招聘管理 |
| 2 | 用 | 岗位管理 |
| 3 | 育 | 培训管理 |
| 4 | 留 | 激励管理 |

### 2）招聘管理相关规则

招聘管理规则见表20。

表20　招聘管理规则

| 序号 | 任务 |
|---|---|
| 1 | 人力资源需求 |
| 2 | 人力资源市场 |

规则解释：

（1）在“招聘管理”界面，会显示“人力资源需求”和“人力资源市场”2项内容。

（2）“人力资源需求”即生产总监在［人］任务中填写的“招聘需求填报”。若生产总监没有填写，则人力资源总监可以自行招聘，与生产总监协商好即可。

（3）“人力资源市场”即人才市场，系统随机投入一批工人，人力资源总监应当依照等级、基础效率、期望月薪来选择性价比较高的工人，选取成功后，点击“发offer”即可。

（4）发offer时，应当填写工资。假设开出工资为X，期望工资为M，当X/M<70%时，则工人一定不会入职；当X/M的取值为70%～100%时，工人随机入职；当X/M≥100%时，工人一定入职。

（5）offer发放完成后，可点击“修改”按钮，用于修改工人工资，以最后一次录入的工资为准。

（6）发放offer后，当切换到下个季度时，企业可查看工人是否入职。

### 3）岗位管理相关规则

员工管理规则见表21。

表21　　员工管理规则

| 序号 | 姓名 | 等级 | 月薪（元） | 状态 | 操作 |
|---|---|---|---|---|---|
| 1 | 张三 | 手工工人 | 500 | 工作中 | 发薪/解聘 |
| 2 | 李四 | 高级技工 | 1 500 | 空闲 | 发薪/解聘 |
| 3 | 王五 | 手工工人 | 450 | 培训中 | 发薪/解聘 |

规则解释：

（1）“岗位管理”界面会显示企业所有的在职员工。

（2）“等级”“月薪”“状态”显示当季该员工的情况。“状态”分为3种：一是“工作中”，表示该员工目前正在生产中，不可进行解聘操作；二是“培训中”，表示该员工正在接受培训，无法进行其他操作；三是“空闲”，只有“空闲”状态的员工可被解聘。

（3）“发薪”即发放薪水。薪水的计算公式如下：

薪水=月薪×3

（4）企业可解聘任意员工，解聘时需要支付赔偿金。赔偿金的计算公式如下：

赔偿金=（N+1）×月薪

其中，N表示员工入职年限，向上取整。若解聘时，工人处于欠薪状态，同时需要支付欠薪。

（5）点击“统一发薪”按钮，可一键发放全部薪水。

（6）若员工某季度未被发放薪水，视为拖欠工资，下个季度系统会强制扣除，且被拖欠工资的员工效率减半；若员工被连续拖欠工资2个季度，则该员工直接离职，并且强行扣除企业等同于解聘的赔偿金，同时商誉值减5。

4）培训管理相关规则

培训管理规则见表22。

表22　　培训管理规则

| 培训名称 | 消耗现金（元） | 消耗时间（季） | 原岗位 | 培训后岗位 | 工资涨幅（%） |
|---|---|---|---|---|---|
| 升级培训 | 2 000 | 1 | 手工工人 | 高级技工 | 100 |

规则解释：

（1）培训管理是指对低等级工人进行培训，以提升工人的等级。消耗现金为培训1个工人需要支付的现金。

（2）消耗时间为自开始培训到培训完成所需要的时间。培训结束后，工人在生产线内可随意配置，培训期间无法进行配置操作（如1年2季度开始培训，则1年3季度时才可任意支配工人）。

（3）手工工人培训结束后为高级技工，高级技工无法再次培训。

（4）培训完成后，工人工资增长（例如表21中的王五，培训完成后其工资为900元（450×（1+100%）），但工作效率不变。

### 5）激励管理相关规则

激励管理规则见表23。

表23　激励管理规则

| 激励名称 | 编码 | 提升效率比例（%/万元） |
| --- | --- | --- |
| 激励 | JL1 | 20 |
| 涨薪 | JL2 | 100 |

规则解释：

（1）激励方式分为激励和涨薪2种，激励方式不同，提升效率比例不同，最终结果向下取整。

（2）在激励方式下，支付的资金为一次性费用。支付费用后，工人效率提升20%/万元（如投资10 000元，工人效率提升20%），但工人工资不变。

（3）涨薪会改变工人工资，自涨薪季度起，之后每月工资为涨薪金额+原本工资。涨薪后，工人效率提升100%/万元（如投资5 000元，工人效率提升50%）。

## 第5章　财务总监相关技术规则

### 1）财务总监任务清单

财务总监任务清单见表24。

表24　财务总监任务清单

| 序号 | 任务 | 意义 |
| --- | --- | --- |
| 1 | 融 | 融资管理 |
| 2 | 收 | 应收账款管理 |
| 3 | 付 | 应付账款管理 |
| 4 | 费 | 费用管理 |
| 5 | 控 | 预算控制 |
| 6 | 表 | 报表管理 |

### 2）融资管理相关规则

贷款规则见表25。

表25　贷款规则

| 序号 | 贷款名称 | 额度上限（倍） | 贷款时间（季） | 还款方式 | 利率（%） |
| --- | --- | --- | --- | --- | --- |
| 1 | 直接融资 | 3 | 1 | 1 | 4 |
| 2 | 短期银行融资 | 3 | 4 | 1 | 10 |
| 3 | 长期银行融资 | 3 | 8 | 2 | 2 |

规则解释：

（1）贷款额度计算公式如下：

贷款额度=上年权益×额度计算倍数

其中，上年权益从上年资产负债表中提取。

（2）贷款类型分为直接融资、短期银行融资、长期银行融资3种，企业可以自由组合，总贷款额度不得超过所有者权益的3倍。

（3）贷款申请时间为各年正常经营的任何时间，但不包括“年初”和“年末”。

（4）贷款时间即贷款期限，自贷款之季起，经过贷款时间后，必须还本付息（如2年1季度申请短期银行融资10 000元，贷款时间为4季，则需要在3年1季度支付10 000元本金和1 000元利息）。

（5）还款方式分为1和2。其中，1表示到期还本付息，贷款到期后，支付本金和利息；2表示每季度支付利息，到期还本付息，即每季度先支付相应的利息，到期时支付本金和当季度的利息。

（6）贷款以套餐方式提供，贷款规则中规定了每类贷款的具体参数。例如，选择短期银行融资套餐，额度为10 000元，点击“确定”按钮，即可完成贷款。贷款完成后，会在“融资现状”中显示，见表26。

表26 融资现状

| 套餐名称 | 起贷时间 | 还款时间 | 额度（元） | 利息（元） |
|---|---|---|---|---|
| 短期银行融资 | 1年3季度 | 2年3季度 | 10 000 | 1 000 |

（7）系统会提供本季到期贷款的相关账单，企业可在［费］中查询。产生的费用应当及时归还，否则系统会自动扣除该费用，并扣减商誉值。

3）应收账款管理相关规则

贴现规则见表27。

表27 贴现规则

| 名称 | 收款期（季） | 贴息（%） |
|---|---|---|
| 4季贴现 | 4 | 10 |
| 3季贴现 | 3 | 8 |
| 2季贴现 | 2 | 6 |
| 1季贴现 | 1 | 4 |

规则解释：

（1）应收账款是企业应收但未收到的款项，收到后会增加企业的现金流。

（2）收款期是从确认应收账款之日起到约定收款日的时间。

（3）贴现是指债权人在账期内，贴付一定利息提前取得资金的行为。不同账期的贴息不同。

（4）贴现后会直接增加扣除贴息外的现金，贴息由系统自动扣除。

4）应付账款管理相关规则

应付账款规则见表28。

表28　　应付账款规则

| 款项 | 贷方 | 金额（元） | 备注 | 付款日期 | 操作 |
| --- | --- | --- | --- | --- | --- |
| 订购原料 | 供应商 | 5 000 | 交易订单 | 1年3季度 | 付款 |

规则解释：

（1）应付账款为企业应当支付但未支付的账款。原料收货后，企业不会立刻付款，而是产生1季（以规则为主）的应付账款。

（2）应付账款可提前支付，但是提前支付会占用企业的现金流。

（3）应付账款逾期支付，系统自动扣除，并扣减商誉值。

5）费用管理相关规则

费用包括管理费、贷款本金、贷款利息、维修费、折旧、所得税费用、违约金、情报费等。

（1）管理费为固定费用，规则中列示的是月度管理费，实际支付时应当乘以3，需要手动支付。

（2）贷款本金和贷款利息需要手动支付。

（3）维修费由系统自动扣除，影响企业现金流。

（4）折旧由系统自动扣除，不影响企业现金流。

（5）所得税费用为企业盈利后需要支付的费用，由系统自动扣除。所得税税率为20%。当所有者权益超过初始权益时，按照20%的税率支付所得税费用；若前期企业亏损至初始权益以下，需要先弥补以前年度亏损，再计算所得税费用。

（6）若企业未按时交付订单，需按违约处理，并支付违约金（违约金=该订单收入总额×违约比例）。违约比例为20%。

（7）情报费为购买其他企业信息时所消耗的费用（不同规则的情报费不同）。

6）预算控制相关规则

预算控制规则见表29。

表29　　预算控制规则

| 部门 | 上季度预算（元） | 上季度使用（元） | 上季度使用率（%） | 本季度预算（元） |
| --- | --- | --- | --- | --- |
| 市场营销部 | 1 000 | 500 | 50% | 3 000 |
| 生产设计部 | 1 000 | 500 | 50% | 3 000 |
| 人力资源部 | 1 000 | 500 | 50% | 3 000 |

规则解释：

（1）预算控制涉及3个部门，分别为市场营销部、生产设计部、人力资源部。

（2）在对应部门的“本季度预算”中填写金额，3个部门同时填写，点击“确定”按钮，预算划拨成功，成功后无法更改。

（3）每季度的预算金额会在下季度的“上季度预算”中显示，“上季度使用”中显示上季度本部门的具体使用金额，“上季度使用率”显示上季度使用金额占上季度预算的比例，当上季度使用率小于80%或大于120%时，企业得分扣减10 000分。

（4）当预算额度用完时，各部门可依据使用情况向财务总监申请预算，财务总监依照实际情况决定是否通过。

### 7）报表管理相关规则

（1）财务报表包括资产负债表、利润表和现金流量表。

（2）资产负债表、利润表的填写要求同经营报表规则。

（3）现金流量表详细记录了该企业所有经费的流向。

## 第6章　数字化开发规则

### 1）数字化开发规则

数字化开发规则见表30。

表30　数字化开发规则

| 岗位编码 | 消耗资金（元） | 消耗时间（季） |
|---|---|---|
| 1 | 10 000 | 4 |
| 2 | 10 000 | 4 |
| 3 | 10 000 | 4 |
| 4 | 10 000 | 4 |

规则解释：

各岗位可开启数字化管理，点击“开启”按钮，即可完成开发。开发需要支付相应的资金；消耗时间也可理解为开发周期，在开发周期内无法使用该功能（如1年1季度开发，消耗时间为4季，2年1季度开始使用）。

### 2）营销总监数字化管理

（1）网络营销分为网络投放和新媒体广告2部分。

①网络投放。输入定价和投放数量（正整数）。其中，定价不能低于产品成本，且不能高于产品成本的3倍；投放数量不得超过现有库存量。

②新媒体广告。输入投放金额（正整数），该金额会转化为等量的热度。会员指数代表会员数量，会员指数的计算公式如下：

会员指数=热度×商誉×引流参数×0.0001

会员指数的最终结果向下取整。

引流参数规则见表31，零售市场规则见表32。

表31　引流参数规则

| 引流参数 | 引流名称 |
|---|---|
| 0.5 | 吸引会员 |

表 32　　零售市场规则

| 季度 | 目标产品 | 单价承受能力（元） | 特性 | 每季购买数量（部） |
|---|---|---|---|---|
| 6 | P888 | 4 000 | 时尚影像 | 1 000 |
| 6 | P888 | 4 100 | 高端商务 | 1 000 |
| 8 | P888 | 4 000 | 时尚影像 | 1 000 |
| 8 | P888 | 4 100 | 高端商务 | 1 000 |
| 10 | P888 | 4 200 | 时尚影像 | 1 000 |
| 10 | P888 | 4 300 | 高端商务 | 2 000 |
| 10 | Mate999 | 6 000 | 青春旗舰 | 2 000 |
| 10 | Mate999 | 6 100 | 时尚影像 | 1 000 |

规则解释：

①根据上架产品的种类，决定满足哪些市场需求。

②单价承受能力是用户在零售市场购买产品时可承受的最高价格。

③企业在申请订单时，输入的价格应具备2个条件：一是不应高于单价承受能力中所列的价格。二是价格应在取值范围内：设M=该产品图纸中原料价值之和，则取值范围为M～5M。

④根据会员指数得出零售指数，零售指数的计算公式如下：

零售指数=会员指数×（单价承受能力-定价）×0.01

⑤根据上架量得出竞争指数。若零售指数小于或等于上架量，则竞争指数=零售指数；若零售指数大于上架量，则竞争指数=上架量。

⑥根据竞争指数计算销量。若各队伍的竞争指数之和小于等于市场需求量，则销量=竞争指数；若各队伍的竞争指数之和大于市场需求量，则按照比例进行分配（向下取整），得出销量。

⑦季度跳转时，自动扣除等同于实际销量的相应产品，入库日期早的优先。

（2）营销大数据。在营销大数据下可查看本季度总销售额、上季度总销售额、本季度零售销售额、上季度零售销售额、销售结构、各企业销售额对比、资金来源统计、各季度销售成本、市场占有率等。企业亦可看到其他企业的经营情况，据此制定有效的经营战略。

3）生产总监数字化管理

（1）智能生产。智能生产如同一个自动化脚本，能够帮助企业实现自动生产。

①工厂一旦进入数智化时代，所有原料的送货周期为0，所有生产线的转产周期为0，且转产不需要支付转产费。

②在每条生产线上选择一种产品，开启智能生产，生产线自动更新为最新的BOM，

自动配置效率最高的工人，自动购买原料。智能生产不会持续进行，每个季度都需要操作一次。

③当出现以下情况时，无法开启智能生产：企业现金、预算不足；工人不足；市场上无法买到足够的原料；无产品图纸；无产品资质。

（2）生产大数据。在生产大数据下可查看上季度产能、生产线数量、工人数量、原料库存、产品结构、各企业生产线数量对比、各特性的特性值对比、各季度总产能、各季度出库及入库产品数量等。企业可依据生产大数据调整订单价格，合理安排产能。

4）人力资源总监数字化管理

（1）智能招聘。在智能招聘中，点击“智能筛选”按钮，可进行按需筛选。筛选原则如下：

①筛选出来的结果，效率大于等于需求值。

②工人数量最多展示8个，可点击“更多”按钮展示所有人员；展示人员按照性价比降序排列。

③智能招聘节省了人力资源总监招聘工人的时间，简化了人力资源总监的工作。

（2）人力大数据。在人力大数据下可查看总人数、本年工资累计支出、平均工龄、人均工资、岗位类别结构、各企业平均工资、人力资源现状、各季度人员增长情况、每季度计件工资和固定工资、人力资源费用结构等。企业可根据人才市场现状，调整及聘用工人，降低人工成本。

（3）人力资源RPA。在人力资源总监界面下的［留］页面，使用“一键激励”功能，可选择想要激励的工人种类和要达到的效率，点击“确定”按钮后，RPA机器人会自动算出费用，自动涨薪或激励。

5）财务总监数字化管理

（1）风险监控。风险监控下有9个财务指标，即资产负债率、速动比率、已获利息倍数、现金总资产比、存货周转率、应收账款周转率、净资产收益率、营业利润比重、主营业务利润率。各财务指标反映不同的财务状况，当指标外框变红时，表示该指标风险过高，应当马上降低风险；当指标外框变黄时，表示该指标存在轻微风险，应当注意；当指标外框变绿时，表示该指标一切正常。

（2）财务大数据。在财务大数据下可查看企业总收入、总成本、总利润、权益、费用结构、各企业净利润对比、资金来源统计、各季度预算使用情况、收入和资金需求、资产构成等。企业可据此分析本企业与其他企业的财务状况，方便制定经营战略。

（3）财务RPA。在财务总监界面下的［付］页面，使用“一键付款”功能，RPA机器人会自动支付全部账款。

经销商订单表见表33。

表 33　　经销商订单表

| 年份 | 季度 | 编号 | 市场 | 产品 | 特性 | 供应商参考价（元/部） | 数量（部） | 交货期（季） | 账期（季） | ISO 认证 |
|---|---|---|---|---|---|---|---|---|---|---|
| 1 | 2 | 1 | 北方市场 | Nova666 | 高端商务 | 3 016 | 450 | 4 | 1 | ISO 9000 |
| 1 | 2 | 2 | 北方市场 | Nova666 | 青春旗舰 | 2 472 | 900 | 4 | 2 | ISO 9000 |
| 1 | 2 | 3 | 北方市场 | Nova666 | 青春旗舰 | 2 688 | 1 800 | 3 | 1 | ISO 9000 |
| 1 | 2 | 4 | 北方市场 | Nova666 | 青春旗舰 | 1 944 | 450 | 4 | 2 | ISO 9000 |
| 1 | 2 | 5 | 北方市场 | Nova666 | 青春旗舰 | 2 574 | 4 500 | 4 | 2 | ISO 9000 |
| 1 | 2 | 6 | 北方市场 | P888 | 高端商务 | 2 788 | 450 | 4 | 1 | ISO 9000 |
| 1 | 2 | 7 | 北方市场 | P888 | 时尚影像 | 3 605 | 450 | 3 | 1 | ISO 9000 |
| 1 | 2 | 8 | 北方市场 | P888 | 时尚影像 | 3 080 | 1 800 | 4 | 2 | ISO 9000 |
| 1 | 2 | 9 | 北方市场 | P888 | 时尚影像 | 3 552 | 900 | 4 | 2 | ISO 9000 |
| 1 | 2 | 10 | 北方市场 | P888 | 青春旗舰 | 3 312 | 4 500 | 4 | 2 | ISO 9000 |
| 1 | 3 | 11 | 北方市场 | Nova666 | 青春旗舰 | 2 304 | 4 500 | 4 | 2 | ISO 9000 |
| 1 | 3 | 12 | 北方市场 | Nova666 | 时尚影像 | 2 300 | 4 500 | 4 | 2 | ISO 9000 |
| 1 | 3 | 13 | 北方市场 | P888 | 青春旗舰 | 2 752 | 4 500 | 4 | 2 | ISO 9000 |
| 1 | 3 | 14 | 北方市场 | P888 | 时尚影像 | 2 905 | 4 500 | 4 | 2 | ISO 9000 |
| 2 | 1 | 15 | 北方市场 | Nova666 | 高端商务 | 2 958 | 900 | 2 | 1 | ISO 9000 |
| 2 | 1 | 16 | 北方市场 | Nova666 | 时尚影像 | 2 444 | 1 350 | 4 | 2 | ISO 14000 |
| 2 | 1 | 17 | 北方市场 | Nova666 | 时尚影像 | 3 052 | 1 800 | 3 | 1 | ISO 9000 |
| 2 | 1 | 18 | 北方市场 | Nova666 | 青春旗舰 | 2 760 | 2 250 | 2 | 2 | ISO 14000 |
| 2 | 1 | 19 | 北方市场 | Nova666 | 青春旗舰 | 2 436 | 4 500 | 4 | 2 | ISO 9000 |
| 2 | 1 | 20 | 北方市场 | P888 | 高端商务 | 4 838 | 450 | 2 | 1 | ISO 9000 |
| 2 | 1 | 21 | 北方市场 | P888 | 时尚影像 | 3 800 | 450 | 4 | 2 | ISO 14000 |
| 2 | 1 | 22 | 北方市场 | P888 | 时尚影像 | 3 610 | 1 800 | 4 | 2 | ISO 14000 |
| 2 | 1 | 23 | 北方市场 | P888 | 时尚影像 | 3 936 | 900 | 4 | 2 | ISO 14000 |
| 2 | 1 | 24 | 北方市场 | P888 | 青春旗舰 | 3 321 | 4 500 | 3 | 1 | ISO 9000 |
| 2 | 1 | 25 | 南方市场 | Nova666 | 高端商务 | 2 759 | 900 | 2 | 1 | ISO 9000 |
| 2 | 1 | 26 | 南方市场 | Nova666 | 高端商务 | 2 520 | 1 800 | 3 | 2 | ISO 9000 |

续表

| 年份 | 季度 | 编号 | 市场 | 产品 | 特性 | 供应商参考价（元/部） | 数量（部） | 交货期（季） | 账期（季） | ISO认证 |
|---|---|---|---|---|---|---|---|---|---|---|
| 2 | 1 | 27 | 南方市场 | Nova666 | 时尚影像 | 2 970 | 1 350 | 2 | 1 | ISO 14000 |
| 2 | 1 | 28 | 南方市场 | Nova666 | 时尚影像 | 2 784 | 900 | 4 | 2 | ISO 14000 |
| 2 | 1 | 29 | 南方市场 | Nova666 | 时尚影像 | 2 886 | 4 500 | 4 | 2 | ISO 14000 |
| 2 | 1 | 30 | 南方市场 | P888 | 青春旗舰 | 4 494 | 900 | 3 | 1 | ISO 14000 |
| 2 | 1 | 31 | 南方市场 | P888 | 时尚影像 | 4 343 | 1 350 | 2 | 1 | ISO 14000 |
| 2 | 1 | 32 | 南方市场 | P888 | 高端商务 | 4 320 | 2 250 | 3 | 2 | ISO 9000 |
| 2 | 1 | 33 | 南方市场 | P888 | 高端商务 | 3 822 | 4 500 | 2 | 1 | ISO 9000 |
| 2 | 1 | 34 | 南方市场 | P888 | 时尚影像 | 3 444 | 2 250 | 4 | 2 | ISO 9000 |
| 2 | 1 | 35 | 南方市场 | P888 | 时尚影像 | 3 534 | 900 | 4 | 2 | ISO 14000 |
| 2 | 1 | 36 | 南方市场 | P888 | 青春旗舰 | 3 978 | 4 500 | 4 | 2 | ISO 14000 |
| 2 | 2 | 37 | 北方市场 | Nova666 | 青春旗舰 | 2 236 | 4 500 | 4 | 2 | ISO 14000 |
| 2 | 2 | 38 | 北方市场 | P888 | 时尚影像 | 4 524 | 4 500 | 4 | 2 | ISO 14000 |
| 2 | 2 | 39 | 南方市场 | Nova666 | 青春旗舰 | 3 332 | 4 500 | 4 | 2 | ISO 14000 |
| 2 | 2 | 40 | 南方市场 | P888 | 时尚影像 | 4 040 | 4 500 | 4 | 2 | ISO 14000 |
| 3 | 1 | 41 | 北方市场 | Nova666 | 高端商务 | 2 403 | 450 | 4 | 1 | ISO 9000 |
| 3 | 1 | 42 | 北方市场 | Nova666 | 青春旗舰 | 2 552 | 900 | 3 | 2 | ISO 14000 |
| 3 | 1 | 43 | 北方市场 | Nova666 | 青春旗舰 | 2 139 | 1 800 | 2 | 1 | ISO 20000 |
| 3 | 1 | 44 | 北方市场 | Nova666 | 青春旗舰 | 2 520 | 450 | 3 | 2 | ISO 14000 |
| 3 | 1 | 45 | 北方市场 | Nova666 | 青春旗舰 | 1 848 | 4 500 | 2 | 2 | ISO 14000 |
| 3 | 1 | 46 | 北方市场 | P888 | 高端商务 | 3 780 | 450 | 2 | 1 | ISO 20000 |
| 3 | 1 | 47 | 北方市场 | P888 | 时尚影像 | 2 958 | 1 800 | 4 | 2 | ISO 14000 |
| 3 | 1 | 48 | 北方市场 | P888 | 时尚影像 | 3 700 | 900 | 4 | 2 | ISO 14000 |
| 3 | 1 | 49 | 北方市场 | P888 | 青春旗舰 | 3 115 | 4 500 | 3 | 1 | ISO 20000 |
| 3 | 1 | 50 | 北方市场 | Mate999 | 青春旗舰 | 5 616 | 9 000 | 2 | 1 | ISO 20000 |
| 3 | 1 | 51 | 北方市场 | Mate999 | 时尚影像 | 6 372 | 9 000 | 4 | 2 | ISO 14000 |
| 3 | 1 | 52 | 北方市场 | Mate999 | 时尚影像 | 5 015 | 2 700 | 4 | 2 | ISO 14000 |

续表

| 年份 | 季度 | 编号 | 市场 | 产品 | 特性 | 供应商参考价（元/部） | 数量（部） | 交货期（季） | 账期（季） | ISO 认证 |
|---|---|---|---|---|---|---|---|---|---|---|
| 3 | 1 | 53 | 北方市场 | Mate999 | 高端商务 | 6 050 | 9 000 | 4 | 2 | ISO 14000 |
| 3 | 1 | 54 | 北方市场 | Mate999 | 高端商务 | 6 664 | 2 700 | 3 | 1 | ISO 20000 |
| 3 | 1 | 55 | 南方市场 | Nova666 | 高端商务 | 2 525 | 1 800 | 3 | 2 | ISO 20000 |
| 3 | 1 | 56 | 南方市场 | Nova666 | 时尚影像 | 2 596 | 1 350 | 2 | 1 | ISO 14000 |
| 3 | 1 | 57 | 南方市场 | Nova666 | 时尚影像 | 2 225 | 1 800 | 4 | 2 | ISO 14000 |
| 3 | 1 | 58 | 南方市场 | Nova666 | 时尚影像 | 2 226 | 9 000 | 4 | 2 | ISO 14000 |
| 3 | 1 | 59 | 南方市场 | P888 | 青春旗舰 | 3 384 | 1 800 | 3 | 1 | ISO 20000 |
| 3 | 1 | 60 | 南方市场 | P888 | 高端商务 | 3 724 | 4 500 | 3 | 2 | ISO 14000 |
| 3 | 1 | 61 | 南方市场 | P888 | 高端商务 | 3 800 | 9 000 | 2 | 1 | ISO 14000 |
| 3 | 1 | 62 | 南方市场 | P888 | 时尚影像 | 3 762 | 4 500 | 4 | 2 | ISO 14000 |
| 3 | 1 | 63 | 南方市场 | P888 | 时尚影像 | 3 036 | 1 800 | 4 | 2 | ISO 20000 |
| 3 | 1 | 64 | 南方市场 | P888 | 青春旗舰 | 3 531 | 9 000 | 4 | 2 | ISO 20000 |
| 3 | 1 | 65 | 南方市场 | Mate999 | 青春旗舰 | 4 698 | 4 500 | 2 | 2 | ISO 14000 |
| 3 | 1 | 66 | 南方市场 | Mate999 | 时尚影像 | 5 280 | 4 500 | 4 | 1 | ISO 14000 |
| 3 | 1 | 67 | 南方市场 | Mate999 | 高端商务 | 6 783 | 1 800 | 3 | 2 | ISO 20000 |
| 3 | 1 | 68 | 南方市场 | Mate999 | 高端商务 | 6 612 | 1 800 | 3 | 2 | ISO 20000 |
| 3 | 1 | 69 | 南方市场 | P888 | 青春旗舰 | 3 404 | 1 800 | 3 | 1 | ISO 20000 |
| 3 | 1 | 70 | 亚太市场 | P888 | 高端商务 | 3 680 | 4 500 | 3 | 2 | ISO 14000 |
| 3 | 1 | 71 | 亚太市场 | P888 | 高端商务 | 3 700 | 9 000 | 2 | 1 | ISO 14000 |
| 3 | 1 | 72 | 亚太市场 | P888 | 时尚影像 | 3 744 | 4 500 | 4 | 2 | ISO 14000 |
| 3 | 1 | 73 | 亚太市场 | P888 | 时尚影像 | 3 686 | 1 800 | 4 | 2 | ISO 20000 |
| 3 | 1 | 74 | 亚太市场 | P888 | 青春旗舰 | 2 890 | 9 000 | 4 | 2 | ISO 20000 |
| 3 | 1 | 75 | 亚太市场 | Mate999 | 青春旗舰 | 5 452 | 4 500 | 2 | 2 | ISO 14000 |
| 3 | 1 | 76 | 亚太市场 | Mate999 | 时尚影像 | 6 283 | 4 500 | 4 | 1 | ISO 14000 |
| 3 | 1 | 77 | 亚太市场 | Mate999 | 高端商务 | 5 580 | 1 800 | 3 | 2 | ISO 20000 |
| 3 | 1 | 78 | 亚太市场 | Mate999 | 高端商务 | 7 182 | 1 800 | 3 | 2 | ISO 20000 |

续表

| 年份 | 季度 | 编号 | 市场 | 产品 | 特性 | 供应商参考价（元/部） | 数量（部） | 交货期（季） | 账期（季） | ISO认证 |
|---|---|---|---|---|---|---|---|---|---|---|
| 3 | 1 | 79 | 亚太市场 | Nova666 | 高端商务 | 2 090 | 4 500 | 4 | 2 | ISO 20000 |
| 3 | 2 | 80 | 北方市场 | P888 | 高端商务 | 4 060 | 4 500 | 4 | 2 | ISO 20000 |
| 3 | 2 | 81 | 北方市场 | P888 | 高端商务 | 3 640 | 4 500 | 2 | 2 | ISO 14000 |
| 3 | 2 | 82 | 南方市场 | Mate999 | 高端商务 | 5 661 | 4 500 | 4 | 1 | ISO 14000 |
| 3 | 2 | 83 | 南方市场 | Nova666 | 高端商务 | 2 268 | 4 500 | 3 | 2 | ISO 20000 |
| 3 | 2 | 84 | 亚太市场 | Mate999 | 高端商务 | 5 772 | 4 500 | 3 | 2 | ISO 20000 |
| 4 | 1 | 85 | 北方市场 | Nova666 | 高端商务 | 2 800 | 9 000 | 4 | 2 | ISO 20000 |
| 4 | 1 | 86 | 北方市场 | P888 | 高端商务 | 4 290 | 9 000 | 2 | 2 | ISO 14000 |
| 4 | 1 | 87 | 北方市场 | Mate999 | 青春旗舰 | 5 952 | 4 500 | 4 | 1 | ISO 14000 |
| 4 | 1 | 88 | 北方市场 | Mate999 | 时尚影像 | 5 664 | 2 250 | 3 | 2 | ISO 20000 |
| 4 | 1 | 89 | 北方市场 | Mate999 | 高端商务 | 6 592 | 2 700 | 3 | 2 | ISO 20000 |
| 4 | 1 | 90 | 南方市场 | Nova666 | 高端商务 | 2 016 | 45 000 | 4 | 2 | ISO 20000 |
| 4 | 1 | 91 | 南方市场 | P888 | 高端商务 | 3 060 | 9 000 | 2 | 2 | ISO 14000 |
| 4 | 1 | 92 | 南方市场 | Mate999 | 青春旗舰 | 6 510 | 4 500 | 4 | 1 | ISO 14000 |
| 4 | 1 | 93 | 南方市场 | Mate999 | 时尚影像 | 5 368 | 2 250 | 3 | 2 | ISO 20000 |
| 4 | 1 | 94 | 南方市场 | Mate999 | 高端商务 | 6 592 | 2 700 | 3 | 2 | ISO 20000 |
| 4 | 1 | 95 | 亚太市场 | Mate999 | 青春旗舰 | 7 020 | 2 700 | 2 | 2 | ISO 14000 |
| 4 | 1 | 96 | 亚太市场 | Mate999 | 时尚影像 | 5 133 | 2 700 | 4 | 1 | ISO 14000 |
| 4 | 1 | 97 | 亚太市场 | Mate999 | 高端商务 | 6 666 | 2 700 | 3 | 2 | ISO 20000 |
| 4 | 1 | 98 | 亚太市场 | Mate999 | 高端商务 | 5 544 | 900 | 3 | 2 | ISO 20000 |
| 4 | 2 | 99 | 北方市场 | Nova666 | 高端商务 | 2 832 | 4 500 | 4 | 2 | ISO 20000 |
| 4 | 2 | 100 | 北方市场 | P888 | 高端商务 | 3 264 | 4 500 | 4 | 2 | ISO 20000 |
| 4 | 2 | 101 | 南方市场 | P888 | 高端商务 | 2 784 | 4 500 | 2 | 2 | ISO 14000 |
| 4 | 2 | 102 | 南方市场 | Mate999 | 高端商务 | 4 753 | 4 500 | 4 | 1 | ISO 14000 |
| 4 | 2 | 103 | 亚太市场 | Nova666 | 高端商务 | 2 616 | 45 000 | 3 | 2 | ISO 20000 |
| 4 | 2 | 104 | 亚太市场 | Mate999 | 高端商务 | 4 641 | 4 500 | 3 | 2 | ISO 20000 |

# 附录2 第十五届全国大学生创新创业沙盘模拟经营大赛（辽宁赛区）技术手册

## 竞赛背景资料

约创制造有限公司于2019年成立，是一家生产P系列产品的民营企业，经过一年的经营，企业发展平平。

最近，一家权威机构对该行业的发展前景进行了预测，认为P系列产品有较好的发展前景。为了使公司在未来几年能够跻身行业领先地位，公司股东大会决定聘用一批优秀的年轻人来管理公司，合同期限为6年。

现在你们5人将分别担任总经理、采购总监、生产总监、销售总监、财务总监。请你们运用所学知识，根据公司现状与市场预测去经营公司，相信你们在未来的6年中能够闯出属于自己的一片天地。

### 1）公司详情

公司详情见表1。

表1 公司详情

| 项目 | 公司目前状况 |
|---|---|
| 市场资质 | 本地市场：已开发完成<br>区域市场：已开发完成<br>国内市场：未开发<br>亚洲市场：未开发<br>国际市场：未开发 |
| 现金 | 600万元 |

### 2）市场价格和数量预测

市场价格和数量预测如图1所示。

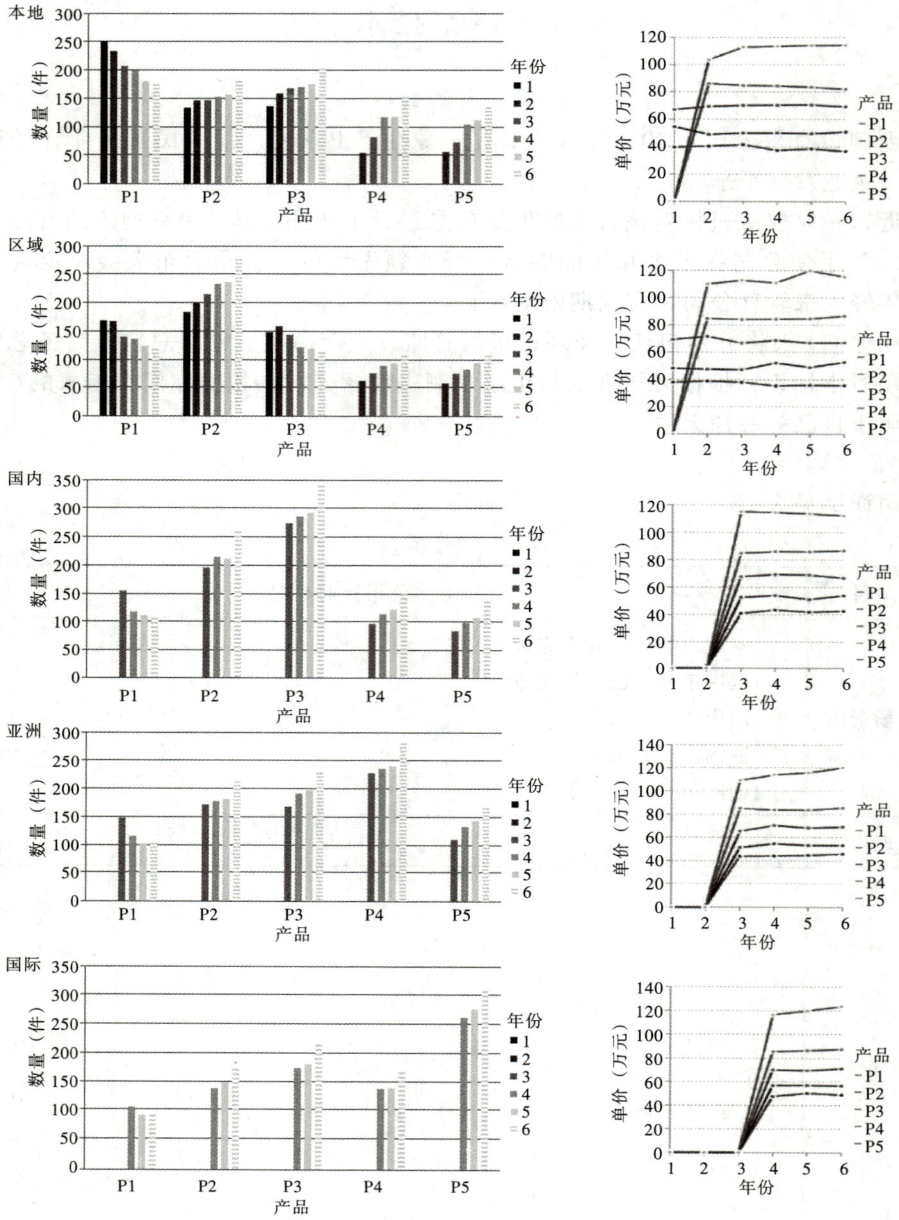


图1　市场价格和数量预测

## 第1章 通用规则

### 1.1 比赛相关说明（重要）

根据本场比赛的赛程及场地安排，请参赛人员认真阅读下列说明：

（1）比赛暂停：比赛过程中，如果网络、电脑等发生故障导致比赛无法进行，选手可举手提示，经裁判确认后，由技术裁判暂停本场比赛。比赛暂停时，所有参赛队的虚拟时间冻结在每队的当前日期，不能推进日期。

每阶段最后30秒内发生的故障，技术上不予暂停。

①因网络问题造成的故障，裁判有权暂停比赛，在排除故障后，继续本场比赛。

②因选手电脑问题造成的故障（如重启、卡死等），裁判有权暂停比赛，在等待1分钟后，无论选手是否排除电脑故障，均继续本场比赛。

③因选手电脑、网络不佳造成的卡顿，裁判不予暂停比赛。选手在每次操作后、系统反馈前，应避免产生不可取消的订单。若长时间没有反馈，可尝试刷新页面。

（2）电脑系统建议：电脑屏幕分辨率应在1 400×900以上，避免因分辨率过低而出现表单无法填写的情况。如果遇到该问题，请使用Ctrl+鼠标滚轮来调整浏览器内容。

（3）若电脑无法连接网线，选手应自行携带网线转接口。

（4）选手应自行安装录屏软件，并在比赛前开启。若录屏软件未安装或未开启，则出现争议时，参赛队必须无条件接受裁决结果。

（5）本次比赛不开放代工厂和拍卖功能。

（6）为了维护比赛公平竞争的环境，以下情况将被认定为恶意竞争行为：

①比赛期间，公司当年所获取的销售订单总量超过本公司当年最大产能的2倍，在本年中发生违约取消的订单，本年中有同区域参赛队投诉的（投诉时间仅限当年），经大赛裁判组仲裁后认定为恶意竞争行为。

②比赛期间，一次订购了某一季度的全部原料，或一次订购原料总数超过公司全年生产需求的1.5倍，不论是否进行收货操作，都可认定为恶意竞争行为。

被判定为恶意竞争行为后，该参赛队将被取消比赛资格并清退离场；赛后，大赛组委会将书面通报学校，投诉仅限当年有效。

### 1.2 比赛经营年数及每年运行时间

比赛经营年数：6年。

每年分年初、年中、年末3个阶段运行。

- 年初时段：20分钟。
- 年中时段：60分钟。
- 年末时段：10分钟。

每年各阶段经营功能的时间分配见表2。

表2 每年各阶段经营功能的时间分配

| 经营功能 | 运行启动 | 年初阶段 | 年中阶段 | 年末阶段 |
|---|---|---|---|---|
| 促销及计划 | 裁判手动 | 5分钟 | × | × |
| 第一次申报订单 | 自动 | 10分钟 | × | × |
| 第二次申报订单 | 自动 | 5分钟 | × | × |
| 第一季度 | 裁判手动 | × | 15分钟 | × |
| 第二季度 | 裁判手动 | × | 15分钟 | × |
| 第三季度 | 裁判手动 | × | 15分钟 | × |
| 第四季度 | 裁判手动 | × | 15分钟 | × |
| 商业情报收集+报表审核上报 | 裁判手动 | × | × | 10分钟 |

其中：×表示“经营功能”在本阶段禁止使用。每阶段的时间表示“经营功能”允许操作的时间，超过这个时间，该功能自动关闭。

### 1.3 年初时段运行操作规则

#### 1）年初时段任务清单

年初时段任务清单见表3。

表3 年初时段任务清单

| 任务清单 | 岗位 | 促销及计划（5分钟） | 第一次申报订单（10分钟） | 第二次申报订单（5分钟） |
|---|---|---|---|---|
| 投放促销广告 | 总经理 | √ | × | × |
| 市场资质（ISO）投资 | 总经理 | √ | √ | √ |
| 申请销售订单 | 全岗 | × | √ | √ |
| 贴现 | 财务总监 | √ | √ | √ |
| 预算费用申报 | 全岗 | √ | √ | √ |

#### 2）促销及计划操作规则

投放促销广告的目的是提升该市场中本公司的企业知名度排名，订单按照各公司的企业知名度排名进行分配。企业知名度排名靠前的公司，更容易获得申报的产品数量。(关于企业知名度的具体说明见1.7)

投放促销广告只能在表3规定的时间内进行。

促销广告分市场投放，每个市场投放的广告只影响本市场当年的企业知名度排名。

#### 3）第一次申报订单操作规则

（1）订单申报。

①在规定时间内，各公司同时进行订单申报，互不冲突。选单结束后，系统将根据各公司的企业知名度排名，确定各公司实际分到的订单。

②选手以队为单位进行订单申报，可同时进行所有市场、产品的订单申报，即选择一张订单，填写需要获取的产品数量，然后点击“申报”按钮提交申请，申请产品的数量将显示在订单表的“申报详情”栏中。

③所有岗位都可以进行任何市场的订单申报，实际申报数量以最后一次点击“申报”按钮为准。

（2）订单分配。

①每张订单按照申请公司的企业知名度排名依次进行分配。

②当申请某订单产品的数量小于该订单剩余产品数量时，按照申请的数量全额分配。

③当申请某订单产品的数量大于该订单剩余产品数量时，按照该订单剩余产品数量分配。

④当某订单剩余产品数量为0时，该订单分配完成，还没排到的公司将不能获得该订单产品。

（3）相同知名度排名时的订单分配。如果2家以上公司的企业知名度排名相同且申请了同一张订单，本着平等分配的原则，按照下述方法进行分配：

①最小申请量平均分配法：取申请该订单排名相同的公司总数S0，和相同排名各公司中最小申请数量P0，计算M0=P0×S0。如果M0小于订单剩余产品数量（即订单剩余产品数量足够让各公司都获得P0个产品），则排名相同的各公司将分配到P0数量的产品；如果M0大于订单剩余产品数量（即订单剩余产品数量不够按照P0平均分配），则执行按公司数平均分配法。

②按公司数平均分配法：取剩余公司数S0和订单剩余产品数量U0进行比较，当U0大于等于S0时，计算M1=U0÷S0取整，按照M1的取整值将订单产品分配给每个剩余公司；当U0小于S0时（即订单剩余产品数量不够剩余公司平均分到1个），本次分配结束，剩余产品将进入下个排名的分配。

#### 4）第二次申报订单操作规则

（1）第一次未分配完的订单在第二次申报时显示，已经分配完的订单不再出现在可选订单中。

（2）第二次申报订单的操作与第一次申报订单相同。第二次申报时间结束后，系统自动进行第二次分配。

### 1.4　年中时段运行操作规则

（1）年中运行的虚拟时间为1年（4个季度）。1年为12个月，每3个月为1季（每季为1个阶段），每月为30天。每个季度运行时间为现实时间15分钟。

（2）年中每个季度（阶段）中，各公司可进行日期自选。

①每月：各公司可自主在一个月内选择经营日期进行操作（如1月1日）。允许跳选日期操作，但只能向前跳选，禁止回退。

②每季度：在一个季度中，各公司可自行结束每月操作，进入下月的日期操作（如1月1日结束，进入2月1日操作）。但在每季度最后一个月，只能等待统一的季度结束时间，不能自主跳至下一个季度。

③季度结束：设定的季度运行时间结束后，系统将自动结束本季度，所有未完成的操作，都将自动跳转至本季度结束状态。

（3）跳过的日期中如果存在没有完成的操作，系统会自动根据选定的日期判断跳过的操作是否违约。例如，从3月1日跳到3月10日，中间的3月5日有原料到货的操作未执行，则跳到3月10日时，系统会自动判定3月5日应到货的采购订单为“收货违约”。

（4）总经理可选择操作日期。总经理选择操作日期后，其他操作岗位可点击日期旁的刷新按钮，刷新为当前日期。

（5）运行中操作页面上的时间进度条，表示本季度运行的剩余时间（系统时间）。

1.5 年末时段运行操作规则

1）年末时段任务

年末时段所有经营操作均被停止，以下内容必须在规定时间内完成：

（1）经营报表填制、上报。

（2）商业情报收集。

2）经营报表填制、上报

（1）经营报表由费用表、利润表和资产负债表组成，每年各公司应在年末规定的时间内完成经营报表的上报。

（2）经营报表的制作流程如下：填制岗位报表→提交岗位报表→生成经营报表→上报经营报表。

①岗位报表包括总经理报表、采购总监报表、销售总监报表、财务总监报表和生产总监报表，分别由总经理、采购总监、销售总监、财务总监和生产总监填报并提交完成。岗位报表可以多次提交，每次提交都会刷新上报的经营报表。

②合成的经营报表不能直接修改，必须先修改岗位报表。

③合成的经营报表由总经理或财务总监点击“提交”按钮完成上报，提交后不可修改。

④年末结束时，系统自动关闭本年所有报表的操作。

3）报表核查

待系统的“年末”到时后，各公司可以查询本年经营报表的系统值和本公司上报值的对比数据。

（1）对比数据显示格式为：系统值/本公司上报值。

（2）底色为绿色，表示系统值与上报值一致；底色为粉色，表示系统值与上报值不一致；底色为黄色，表示没有上报数据。

4）商业情报收集（关于商业情报收集的具体说明见1.9）

（1）进入年末时段，可以查询当年的经营结果排名。

（2）在年末时段，总经理可以通过“情报”功能查看其他公司的详情，了解其他公司的经营动向。

1.6 容忍期和强制取消/执行

模拟经营公司与外界的交易活动（或业务）必须在规定时间内完成（如产品销售

订单必须在交货日期前交货，原料订货必须在到货日期收货入库等），否则会降低企业的经营诚信度（关于经营诚信度的具体说明见1.7）。

（1）容忍期：在规定日期没有完成的业务操作，允许延迟一段时间继续执行，这个延迟的时段被称为容忍期。在容忍期内，除了应按照业务要求进行操作外，还必须做到：

①支付相应的违约金（在支付业务费用的同时支付违约金）；

②扣减经营诚信度分数。

（2）强制取消/执行：容忍期结束后，如果仍不能完成业务操作，则该业务将被强制处理，具体包括：

①取消订单（包括取消销售订单、采购订单等），并额外扣减经营诚信度分数；

②强制执行费用支付业务，如应还的贷款或利息等连同违约金将被强制从财务总监账户中扣除；如果财务总监账户资金不足，将扣减至负值。

特别说明：容忍期和强制取消/执行是2种不同的惩罚措施。在容忍期内，原操作仍然可以进行，但要支付违约金，同时扣减经营诚信度分数；强制取消/执行则不允许进行原操作，同时要支付违约金，扣减经营诚信度分数。

### 1.7　企业知名度和经营诚信度

#### 1）企业知名度

企业知名度即公众对企业名称、商标、产品等方面认知和了解的程度。企业知名度分市场计算，各公司在一个市场中的企业知名度排名，决定了该市场订单分配的先后顺序。

广告分为促销广告和战略广告2种。2种广告均分市场投放，用于提升各公司在该市场的企业知名度排名。

①促销广告只能在年初订单申请前进行投放，直接用于本年度企业知名度排名，本年年中运行开始后，促销广告不再影响企业知名度排名。

②战略广告在年中可随时投放，但是只在每季度末进行计算，下季度1号显示上季度最终企业知名度排名。也就是说，年初显示当前排名，第一季度显示年初排名，第二季度显示第一季度排名。战略广告对企业知名度有延续3年的影响。

#### 2）经营诚信度

经营诚信度（OID）是反映企业经营信用程度的指标，如果企业存在不符合规则的行为，则会扣减企业的经营诚信度分数。企业的每项业务操作或对经营诚信度产生增值效应，或对经营诚信度产生减值效应。OID值的计算公式为：

某市场的OID值=市场当前OID值+市场OID增值-市场OID减值

OID增值每年末自动计算一次；OID减值计算实时进行。

OID增值计算项见表4，OID减值计算项见表5，OID增减相关经营操作见表6。

表4　**OID增值计算项**

| 类别 | OID影响因素 | 影响范围 | 计算方式 |
| --- | --- | --- | --- |
| OID增值 | 交货无违约 | 单一市场 | 常量 |
| | 市场占有率 | 单一市场 | 计算值 |
| | 贷款无违约 | 全部市场 | 常量 |
| | 付款收货无违约 | 全部市场 | 常量 |

表5 OID减值计算项

| 类别 | OID影响因素 | | 影响范围 |
|---|---|---|---|
| OID减值 | 订单交付违约 | 容忍期内完成 | 单一市场 |
| | | 强制执行 | |
| | 还贷及利息违约 | 容忍期内完成 | 全部市场 |
| | | 强制执行 | |
| | 付款收货违约 | 容忍期内完成 | 全部市场 |
| | | 强制执行 | |
| | 年初现金为负 | 现金为负 | 全部市场 |
| | 支付费用违约 | 容忍期内完成 | 全部市场 |
| | | 强制执行 | |

注：当年初现金为负时，全部市场OID值减0.2。

表6 OID增减相关经营操作

| 序号 | 动作 | 岗位 | 本地OID | 区域OID | 国内OID | 亚洲OID | 国际OID | 有无容忍 | 是否扣减违约金 |
|---|---|---|---|---|---|---|---|---|---|
| 1 | 交货无违约 | 系统 | + | + | + | + | + | 无 | 否 |
| 2 | 市场份额 | 系统 | + | + | + | + | + | 无 | 否 |
| 3 | 贷款无违约 | 系统 | | | + | | | 无 | 否 |
| 4 | 付款收货无违约 | 系统 | | | + | | | 无 | 否 |
| 5 | 订单交付违约 | 销售总监 | – | – | – | – | – | 有 | 是 |
| 6 | 取消订单强制扣除违约金 | 销售总监 | – | – | – | – | – | 有 | 是 |
| 7 | 原料订单延迟收货违约 | 采购总监 | | | – | | | 有 | 是 |
| 8 | 取消原料订单并强制扣除违约金 | 采购总监 | | | – | | | 有 | 是 |
| 9 | 零售市场出售原料未能履约 | 采购总监 | | | – | | | 有 | 是 |
| 10 | 零售市场出售产品未能履约 | 销售总监 | | | – | | | 有 | 是 |
| 11 | 代工延迟收货违约 | 销售总监 | | | – | | | 有 | 是 |
| 12 | 取消代工订单并强制扣除违约金 | 销售总监 | | | – | | | 有 | 是 |
| 13 | 贷款延迟偿还违约 | 财务总监 | | | – | | | 有 | 是 |
| 14 | 强制扣除应还贷款及违约金 | 财务总监 | | | – | | | 有 | 是 |
| 15 | 贷款利息延迟支付违约 | 财务总监 | | | – | | | 有 | 是 |
| 16 | 强制扣除应还利息及违约金 | 财务总监 | | | – | | | 有 | 是 |
| 17 | 延迟支付维护费违约 | 财务总监 | | | – | | | 有 | 是 |
| 18 | 强制扣除维护费及违约金 | 财务总监 | | | – | | | 有 | 是 |
| 19 | 延迟支付厂房租金违约 | 总经理 | | | – | | | 有 | 是 |
| 20 | 强制扣除厂房租金及违约金 | 总经理 | | | – | | | 有 | 是 |

3）企业知名度与经营诚信度的关系

企业在某个市场中的知名度与该市场的广告和经营诚信度有关，具体计算公式为：

$$\text{某市场企业知名度的量化计算值}=\text{该市场当前的OID值}\times(\text{该市场当年的战略广告}\times\text{第一年有效权重}+\text{该市场上年的战略广告}\times\text{第二年有效权重}+\text{该市场前年的战略广告}\times\text{第三年有效权重})+\text{该市场当年的促销广告}$$

## 1.8　销售类型与订单分配

1）订货会

订货会在每年年初举行。

2）临时交易市场订单

临时交易是指在年中运行期内发生已分配的订单被取消的情况时，新设定“价格”和“交货期”后，在临时交易市场中进行的交易活动。

3）现货交易市场订单

各公司每年均可根据现货交易市场价格进行产品和原料的买进或卖出。

现货交易过程无须市场准入；现货交易直接用现金结算。

## 1.9　商业情报收集

在比赛过程中，其他公司的经营状况可通过以下2个途径进行收集：

（1）每年年初订单分配后，可以从订货会窗口中的“订单分配详情”功能处获取，可以通过产品、获取人、市场3个条件的任意组合进行筛选。

（2）每年年末，总经理操作获取其他公司的“公司详情”。现金为负的公司无法获取情报。

## 1.10　经营报表操作规则

1）费用表

费用表见表7。

表7　**费用表**

| 序号 | 项目 | 填报岗位 |
|---|---|---|
| 1 | 行政管理费 | 财务总监 |
| 2 | 广告费 | 总经理 |
| 3 | 设备维护费 | 财务总监 |
| 4 | 转产及技改费 | 财务总监 |
| 5 | 租金 | 总经理 |
| 6 | 市场准入投资 | 总经理 |
| 7 | 产品研发投资 | 总经理 |
| 8 | ISO认证投资 | 总经理 |
| 9 | 信息费 | 总经理 |
| 10 | 培训费 | 本次比赛不填写 |
| 11 | 基本工资 | 本次比赛不填写 |
| 12 | 费用合计 | =本表1项至11项之和 |

### 2）利润表

利润表见表8。

表8 利润表 单位：万元

| 序号 | 项目 | 数据来源 |
|---|---|---|
| 1 | 营业收入 | 产品销售收入合计项 |
| 2 | 营业成本 | 产品生产成本合计项 |
| 3 | 毛利 | =本表1项−2项 |
| 4 | 综合费用 | 费用表“费用合计”项 |
| 5 | 折旧前利润 | =本表3项−4项 |
| 6 | 折旧 | 财务总监报表 |
| 7 | 支付利息前利润 | =本表5项−6项 |
| 8 | 财务收入/支出 | 财务总监报表 |
| 9 | 其他收入/支出 | 财务总监报表、原料统计报表 |
| 10 | 利润总额 | =本表7项+/−8项+/−9项 |
| 11 | 所得税费用 | 财务总监报表 |
| 12 | 净利润 | =本表10项−11项 |

### 3）资产负债表

资产负债表见表9。

表9 资产负债表 单位：万元

| 序号 | 项目 | 期末余额（数据来源） | 上年年末余额 |
|---|---|---|---|
| 1 | 货币资金 | 财务总监报表 | |
| 2 | 应收账款 | 财务总监报表 | |
| 3 | 在制品 | 在制品统计报表 | |
| 4 | 成品 | 产品统计报表 | |
| 5 | 原料 | 原料统计报表 | |
| 6 | 流动资产合计 | =本栏1项至5项之和 | |
| 7 | 土地及厂房 | 总经理报表 | |
| 8 | 生产设施 | 生产设备统计报表 | |
| 9 | 在建工程 | 生产设备统计报表 | |
| 10 | 非流动资产合计 | =本栏7项至9项之和 | |
| 11 | 资产总计 | =本栏6项与10项之和 | |
| 12 | 短期借款 | 财务总监报表 | |
| 13 | 应付账款 | 财务总监报表 | |
| 14 | 应交税费 | =本年利润表11项 | |
| 15 | 长期借款 | 财务总监报表 | |
| 16 | 负债合计 | =本栏12项至15项之和 | |
| 17 | 实收资本 | 财务总监报表 | |
| 18 | 利润留存 | =本表上年年末余额18项与上年年末余额19项之和 | |
| 19 | 年度净利润 | =本年利润表12项 | |
| 20 | 所有者权益合计 | =本栏17项至19项之和 | |
| 21 | 负债和所有者权益总计 | =本栏16项与20项之和 | |

注：表中“上年年末余额”栏数据取自上年的资产负债表。表中“期末余额”栏数据取自本年“利润表”以及相关岗位本年的报表，数据采集说明详见“利润表”和相关岗位报表部分的说明。

### 1.11 比赛结果评分

评分方法见表10。

表10　　评分方法

| 分值项 | 分值 | 评分方法 | 审核方法 | 公布方法 |
|---|---|---|---|---|
| 经营结果得分 | 100分 | 以第六年系统“分数”排名确定评分 | 现场裁判审核 | 选手签字确认 |
| 报表减分 | 1分/年 | 每年结束后裁判核对各公司报表填写情况 | 现场裁判审核 | 选手签字确认 |

特别说明：

（1）报表审核只审核资产负债表。

（2）所谓全部正确，是指报表各项（所得税费用除外）与系统报表数据完全相同；考虑计算工具的误差，所得税费用与系统数据允许存在0.01的误差。

（3）系统“分数”的计算公式：

第六年的系统“分数”=第六年OID平均值×当年权益

其中：OID平均值是各市场OID值的平均数。

第六年分数排名评分标准见表11。

表11　　第六年分数排名评分标准

| 分数排名 | 得分 | 分数排名 | 得分 |
|---|---|---|---|
| 1 | 100分 | 13 | 64分 |
| 2 | 97分 | 14 | 61分 |
| 3 | 94分 | 15 | 58分 |
| 4 | 91分 | 16 | 55分 |
| 5 | 88分 | 17 | 52分 |
| 6 | 85分 | 18 | 49分 |
| 7 | 82分 | 19 | 46分 |
| 8 | 79分 | 20 | 43分 |
| 9 | 76分 | 21 | 40分 |
| 10 | 73分 | 22 | 37分 |
| 11 | 70分 | 23 | 34分 |
| 12 | 67分 | 24 | 31分 |

# 第2章　总经理相关技术规则

## 2.1　总经理任务清单

总经理任务清单见表12。

表12　总经理任务清单

| 序号 | 运行期 | 任务 |
|---|---|---|
| 1 | 年初 | 市场开拓投资 |
| 2 | 年初 | ISO 认证投资申请 |
| 3 | 年初 | 投放促销广告 |
| 4 | 年初 | 参加订货会，获取订单 |
| 5 | 年初、年中 | 预算经费申报 |
| 6 | 年中 | 控制推进日期 |
| 7 | 年中 | 战略广告投放 |
| 8 | 年中 | 购买/租用厂房 |
| 9 | 年中 | 厂房处理 |
| 10 | 年中 | 产品研发投资 |
| 11 | 年末 | 商业情报收集 |
| 12 | 年中、年末 | 填制总经理报表，报表上报 |

## 2.2　市场资质研发规则

市场资质研发规则见表13。

表13　市场资质研发规则

| 每次（年）投资额（万元） | 本地市场研发投资次数 | 区域市场研发投资次数 | 国内市场研发投资次数 | 亚洲市场研发投资次数 | 国际市场研发投资次数 | ISO 9000 认证投资次数 | ISO 14000 认证投资次数 |
|---|---|---|---|---|---|---|---|
| 10 | 已完成 | 已完成 | 2 | 3 | 4 | 2 | 3 |

操作时间：年初。

①每年年初进行投资，下年年初完成此次研发；最后一次投资后，下一年资质才能生效。

②每年每个市场研发投资/ISO认证投资只能进行一次。

## 2.3　产品生产资质研发规则

产品生产资质研发规则见表14。

表 14　　产品生产资质研发规则

| 序号 | 产品标识 | 投资期 | 每期投资额（万元） | 每的期天数（天） |
|---|---|---|---|---|
| 1 | P1 | 1 | 10 | 30 |
| 2 | P2 | 2 | 10 | 30 |
| 3 | P3 | 3 | 10 | 30 |
| 4 | P4 | 4 | 10 | 60 |
| 5 | P5 | 5 | 10 | 60 |

操作时间：年中。

①从每期投资额投入的日期开始计时，经过“每期天数”之后，完成一期研发。

②每期研发完成后，即上期研发到期日的第二天，才能开始下期投资研发。

③最后一次投资研发到期后，系统自动授予产品生产资质（注：最后一次研发结束日的第二天资质才能生效）。

④只有获得产品生产资质后，才允许生产线开工生产；产品生产资质不允许转卖。

## 2.4　厂房使用规则

厂房使用规则见表15。

表 15　　厂房使用规则

| 序号 | 厂房标识 | 生产线容量（条） | 购买价格（万元） | 每年租金（万元） | 出售账期（天） | 违约金比例 | 违约容忍期限（天） | OID减数1 | OID减数2 |
|---|---|---|---|---|---|---|---|---|---|
| 1 | A | 4 | 300 | 60 | 120 | 0.1 | 30 | 0.1 | 0.1 |
| 2 | B | 4 | 300 | 60 | 120 | 0.1 | 30 | 0.1 | 0.1 |
| 3 | C | 4 | 300 | 60 | 120 | 0.1 | 30 | 0.1 | 0.1 |
| 4 | D | 4 | 300 | 60 | 120 | 0.1 | 30 | 0.1 | 0.1 |

操作时间：年中。

①厂房购买：在总经理办公室可以进行厂房购买操作。

②厂房租用及退租：厂房租用以1年为期（租用开始日期至下一年到期日前），每年都需要支付租金。租金到期前30天可以进行续租支付，且到期日前（含当天）必须支付下一年租金，否则违约。违约容忍期内支付租金的，需要支付租金及违约金，并扣减所有市场OID值（OID减数1）；过了容忍期仍未支付租金的，系统将强制扣除租金及违约金，并扣减所有市场OID值（OID减数1及OID减数2）。厂房退租可通过出售厂房中的全部生产线，并点击“厂房退租”按钮进行操作。

③厂房租转买：租用厂房后，可以随时进行租转买操作，扣除购买费用，租金不予退还。

④厂房买转租：购买的厂房改为租用，需要先支付1年租金，成功后才能出售厂房。

### 2.5 广告和企业知名度规则

广告和企业知名度规则见表16。

表16 广告和企业知名度规则

| 广告类型 | 投放时间 | 市场 | 广告效应延迟时间 | 广告基数 | 第一年有效权重 | 第二年有效权重 | 第三年有效权重 |
|---|---|---|---|---|---|---|---|
| 促销广告 | 年初 | 分市场 | 当年有效 | 该市场的促销广告总和 | 1 | 0 | 0 |
| 战略广告 | 年中 | 分市场 | 3年 | 投入该市场有效战略广告的总和 | 0.6 | 0.3 | 0.1 |

### 2.6 控制推进日期的操作规则

操作时间：年中。

例如，当前时间为3月1日，可将日期推进到3月15日，但无法将日期从3月15日倒回3月1日。

### 2.7 总经理报表

总经理应在每年的经营中，按照表17填报总经理报表。

表17 总经理报表

| 项目 | “金额”项填报说明 | 目标表表项说明 |
|---|---|---|
| 广告费 | 当年战略广告和促销广告投放总额 | 费用表中的“广告费”（第2项） |
| 租金 | 当年支付的厂房租金 | 费用表中的“租金”（第5项） |
| 市场准入投资 | 当年市场准入投资总额 | 费用表中的“市场准入投资”（第6项） |
| 产品研发投资 | 当年产品研发投资总额 | 费用表中的“产品研发投资”（第7项） |
| ISO认证投资 | 当年ISO认证投资总额 | 费用表中的“ISO认证投资”（第8项） |
| 信息费 | 当年购买商业情报的总费用 | 费用表中的“信息费”（第9项） |
| 厂房价值 | 当前已购买的厂房总价值 | 资产负债表中的“土地及厂房”（第7项） |

注：总经理报表可以在年中和年末的任何时间填报，每次填报后点击“暂存”保存数据，或点击“提交”更新报表。

## 第3章 采购总监相关技术规则

### 3.1 采购总监任务清单

采购总监任务清单见表18。

表18 采购总监任务清单

| 序号 | 运行期 | 任务 |
|---|---|---|
| 1 | 年初 | 参加订货会，获取订单 |
| 2 | 年初、年中 | 预算经费申报 |
| 3 | 年中 | 原料市场预订原料 |
| 4 | 年中 | 原料仓库收货和付款 |
| 5 | 年中 | 现货交易市场出售原料 |
| 6 | 年中 | 现货交易市场购买原料 |
| 8 | 年中、年末 | 填制采购总监报表 |

### 3.2 原料采购规则

原料采购规则见表19。

表19 原料采购规则

| 序号 | 供应商标识 | 原料标识 | 单价（万元） | 当前数量（件） | 质保期（天） | 交货期（天） | 违约金比例 | 违约容忍期（天） | OID1 | OID2 | 处理提前期（天） |
|---|---|---|---|---|---|---|---|---|---|---|---|
| 1 | 系统供应商 | R1 | 10 | 2 000 | 80 | 30 | 0.1 | 20 | 0.1 | 0.1 | 20 |
| 2 | 系统供应商 | R2 | 10 | 2 000 | 80 | 30 | 0.1 | 20 | 0.1 | 0.1 | 20 |
| 3 | 系统供应商 | R3 | 10 | 2 000 | 80 | 60 | 0.1 | 20 | 0.1 | 0.1 | 20 |
| 4 | 系统供应商 | R4 | 10 | 2 000 | 80 | 60 | 0.1 | 20 | 0.1 | 0.1 | 20 |

#### 1）原料采购市场

（1）在原料市场中，公司可向系统购买原料。

（2）市场上原料的数量每季度各不相同，以系统当年各季度数据为准。

#### 2）原料预订及收货

（1）原料必须提前预订，预订不需要预付费用；原料订单自下达之日起，根据表19中的交货期确定收货日期。

（2）在收货日期当天可以进行“收货”操作；若当天未完成“收货”操作，则从第二日起进入“违约容忍期”（见表19），在违约容忍期内仍然可以进行“收货”操作，但需要交纳违约金（与货款一同支付），同时扣减所有市场的OID值（OID减数1）；若超过违约容忍期仍未完成“收货”，则系统将强制取消订单，同时从财务总监账户强制扣除违约金，同时扣减所有市场的OID值（OID减数1及OID减数2）。

（3）原料订单被取消后，被“取消”的原料当天返回现货交易市场，且该原料该年的出售单价改为“原料订货大厦”原料价格的2倍，同时该原料可继续被预订，年末刷新。

（4）点击“收货”按钮时，系统将从采购总监账户划转资金，支付原料采购费用，同时收货。若采购总监账户资金不足，则“收货”操作失败。

#### 3）原料的质保期

（1）原料的“质保期”（见表19）从到货日开始计算，在质保期内（含当天），原料可以上线生产。

（2）原料质保期过后的第一天，系统将强制清除失效原料。

#### 4）避免恶意占用资源

为避免原料采购中恶意占用资源行为的发生，每次下原料订单时，若订购原料价值超过公司总价，则无法订购原料，用公式表示如下：

若现金总量+当前应收款+当前贷款剩余额度+（在制品价值+产成品）×3<本次订购原料价值+未收货原料价值，则无法进行原料订货。

具体判断方法为：

①判断现金总量，若现金总量>本次订购原料价值+未收货原料价值，则不受限制；若现金总量<本次订购原料价值+未收货原料价值，则继续判断。

②判断现金总量+当前应收款，若现金总量+当前应收款>本次订购原料价值+未收货原料价值，则不受限制；若现金总量+当前应收款<本次订购原料价值+未收货原料价值，则继续判断。

③判断现金总量+当前应收款+当前贷款剩余额度，若现金总量+当前应收款+当前贷款剩余额度>本次订购原料价值+未收货原料价值，则不受限制；若现金总量+当前应收款+当前贷款剩余额度<本次订购原料价值+未收货原料价值，则继续判断。

④判断现金总量+当前应收款+当前贷款剩余额度+（在制品价值+产成品）×3，若现金总量+当前应收款+当前贷款剩余额度+（在制品价值+产成品）×3>本次订购原料价值+未收货原料价值，则不受限制；若现金总量+当前应收款+当前贷款剩余额度+（在制品价值+产成品）×3<本次订购原料价值+未收货原料价值，则提示资金存在风险，无法订购。

### 3.3 现货交易规则

现货交易规则见表20。

表20 现货交易规则

| 序号 | 商品标识 | 当前可售数量（件） | 市场出售单价（万元） | 市场收购单价（万元） | 出售质保期（天） | 交货期（天） | 年份 |
|---|---|---|---|---|---|---|---|
| 1 | R1 | 20 | 30 | 5 | 50 | 0 | 1 |
| 2 | R2 | 20 | 30 | 5 | 50 | 0 | 1 |
| 3 | R3 | 20 | 30 | 5 | 50 | 0 | 1 |
| 4 | R4 | 20 | 30 | 5 | 50 | 0 | 1 |

1）现货交易

（1）购买时，按照市场出售价从采购总监账户中划转资金；若采购总监账户资金不足，则终止交易。

（2）出售时，若原料的失效天数在“处理提前期”（见表19）之前，则按照市场收购价进行计算。系统自动按照先进先出原则和处理提前期原则，提取公司原料库存；若原料库存不足，则交易失败。

2）现货交易市场的原料数量及价格

现货交易市场的订单各年均以表20列出的数量为基准。若有公司购买成功，则减少相应数量；若有公司销售成功，则增加相应数量。

### 3.4 采购总监报表

原料统计报表见表21。

表21 原料统计报表

| 原料 | 库存原料数量（件） | 库存原料价值（万元） | 零售（含拍卖）收入（万元） | 零售（含拍卖）成本（万元） | 失效和违约价值（万元） |
|---|---|---|---|---|---|
| R1 | | | | | |
| R2 | | | | | |
| R3 | | | | | |
| R4 | | | | | |

特别提示：

（1）表21中的所有数据均按正数填入。

（2）表21中各数据项将用于合成三表，合成方式如下：

①表21中各原料“库存原料价值”合计后，并入“资产负债表”中“原料”项的“期末余额”。

②表21中各原料“零售（含拍卖）收入”－“零售（含拍卖）成本”合计后，并入“利润表”中“其他收入/支出”项的“本期金额”。

③表21中各原料“失效和违约价值”合计后，以负数并入“利润表”中“其他收入/支出”项的“本期金额”。

（3）填报报表时的数据来自各原料本年的以下数据：

①“库存原料数量”：当前的库存数量（在当前库存中查询）。

②“库存原料价值”：当前库存原料价值的总额（在当前库存中查询）。

③“零售（含拍卖）收入”：当年在现货交易市场卖出原料和在拍卖市场卖出原料的总收入（需要在零售时记录）。

④“零售（含拍卖）成本”：当年在现货交易市场卖出原料和在拍卖市场卖出原料时出库的总成本（需要在零售时记录）。

⑤“失效和违约价值”：当年被强制清除的过期原料价值（需要查询相关消息统计），以及收货违约产生的违约金和订单取消产生的违约金（查询当年的采购订单获得）。

# 第4章 生产总监操作相关规则

## 4.1 生产总监任务清单

生产总监任务清单见表22。

表22 生产总监任务清单

| 序号 | 运行期 | 任务 |
|---|---|---|
| 1 | 年初 | 参加订货会 |
| 2 | 年初、年中 | 预算经费申报 |
| 3 | 年中 | 新建生产线 |
| 4 | 年中 | 转产/技改生产线 |
| 5 | 年中 | 出售生产线 |
| 6 | 年中 | 全线推进（厂房内所有生产线的状态推进） |
| 7 | 年中 | 全线开产（厂房内所有生产线上线开产） |
| 8 | 年中、年末 | 填制生产总监报表 |

### 4.2 生产线规则

生产线参数见表23，计件工资参数见表24，工人数量见表25。

表23　　生产线参数　　金额单位：万元

| 序号 | 生产线标识 | 每期安装投资 | 安装期数 | 每期安装天数 | 生产期数 | 每期生产天数 | 残值 | 技改期数 | 每期技改天数 | 每期技改费用 | 技改提升比例 |
|---|---|---|---|---|---|---|---|---|---|---|---|
| 1 | 手工线 | 50 | 0 | 0 | 2 | 80 | 5 | 1 | 20 | 30 | 0.25 |
| 2 | 自动线 | 50 | 3 | 30 | 1 | 70 | 15 | 1 | 20 | 20 | 0.20 |
| 3 | 柔性线 | 50 | 4 | 45 | 1 | 60 | 20 | 1 | 20 | 20 | 0.20 |

| 序号 | 生产线标识 | 转产期数 | 每期转产天数 | 每期转产费用 | 提取折旧天数 | 设备维护费 | 操作工人总数 | 初级以上人数 | 中级以上人数 | 高级以上人数 | 技改次数上限 | 折旧年限 |
|---|---|---|---|---|---|---|---|---|---|---|---|---|
| 1 | 手工线 | 0 | 0 | 0 | 360 | 5 | 3 | 3 | | | 2 | 6 |
| 2 | 自动线 | 2 | 15 | 20 | 360 | 15 | 2 | | 1 | | 1 | 6 |
| 3 | 柔性线 | 0 | 0 | 0 | 360 | 20 | 2 | | | 1 | 1 | 6 |

表24　　计件工资参数

| 工种 | 初级工 | 中级工 | 高级工 |
|---|---|---|---|
| 计件工资（万元） | 4 | 5 | 6 |

表25　　工人数量

| 工种 | 初级工 | 中级工 | 高级工 |
|---|---|---|---|
| 数量（人） | 50 | 50 | 30 |

1）生产线安装

（1）生产线需要经过“安装期数”（见表23）才可完全建成，每期需要投入的时间为“每期安装天数”，每期需要投入的资金为“每期安装投资”。

生产线建成总价=安装期数×每期安装投资

生产线建成时间=安装期数×每期安装天数

（2）生产线安装完一期（到期当天或之后），需要通过“全线推进”结束本期。当生产线仍有下一安装期时，安装投资将从生产总监账户中划拨；若生产总监账户资金不足，则推进失败。

2）生产线生产

（1）生产线生产需要具备以下条件：

①拥有该产品的生产资质；

②有充足的原料；

③公司内有足够的操作工人；

④生产总监账户中的资金足够支付工人工资。

（2）满足以上条件后，点击“全线开产”按钮，开启生产周期。

产品生产时间=生产期数×每期生产天数

（3）产品生产完成（到期当天或之后），需要点击“全线推进”按钮，进入下一个生产期，或完成生产；否则产品将一直处于“加工中”状态。

（4）操作工：每种生产线都需要由相应的操作工人完成，其中有2个重要参数：

①操作工人总数：每类生产线必须的操作工人数。

②操作工人级别：每类生产线要求的操作工人的最低级别。

要求的最低级别的操作工人人数不够时，可以由高于本级别的操作工人代替，但相应的计件工资会提高（见表24）。

3）生产线技改及转产

（1）技改。对于安装完成的生产线，各公司可以通过技术改造减少每期生产天数。

一次技改减少生产天数=当前每期生产天数×技改提升比例

一次技改后的生产天数=原生产天数×（1-技改提升比例）

例如，原生产天数为66天，技改提升比例为0.25，则一次技改后的生产天数为66×（1-0.25）=49.5（天），四舍五入，结果为50天。

（2）转产。若生产线变换生产品种，则需要进行生产线转产。

转产条件如下：

①只能在“停产”状态时启动转产操作。

②生产总监账户必须有足够的资金支付转产费用。

4）生产线相关费用计算

（1）折旧：生产线建成后360天内不计提折旧，之后每年提取一次折旧，提取时间如下：建成第361天计提第一次折旧，第721天计提第二次折旧，照此类推。

提取的折旧额=（生产线原值-生产线残值）÷折旧年限

（2）设备维护费：建成的生产线按年交纳维护费，从建成当天开始计算，以后每年的这一天就是支付设备维护费的截止日。

（3）生产线残值与出售：

当生产线净值≥生产线残值时，需要计提折旧。

出售生产线时，只能按照生产线残值出售。

### 4.3　产品物料清单

产品物料清单见表26。

表26　　产品物料清单　　单位：件

| 序号 | 产品标识 | R1 | R2 | R3 | R4 | P1 | P2 | P3 | P4 |
|---|---|---|---|---|---|---|---|---|---|
| 1 | P1 | 1 | | | | | | | |
| 2 | P2 | | 1 | 1 | | | | | |
| 3 | P3 | 1 | | 1 | 1 | | | | |
| 4 | P4 | | 1 | 1 | 2 | | | | |
| 5 | P5 | | | 1 | | | 1 | | |

产品物料清单反映了生产某产品所用原料或产品的件数，又称产品的生产配方。组织生产时，需要按照此配方准备原料。

### 4.4 生产预配操作规则

生产预配分为手动预配和自动预配2种。

#### 1）手动预配

（1）将下次上线生产的原料从库房配送到指定的生产线。原料按照先进先出的原则，出库到生产线（原料库存减少）。

（2）将操作工人指派到指定的生产线。

（3）生产预配可以在年初及年中的任意时间进行操作，生产线在停产、生产、技改、转产时均可以进行生产预配。

#### 2）自动预配

点击“全线开产”按钮，自动预配，并开始生产。

（1）生产线预配原则：按编号顺序依次进行预配。

（2）材料预配原则：先进先出。

（3）工人预配原则：满足生产要求的情况下优先低级。

### 4.5 生产总监操作规则

生产总监可以对各厂房进行“全线开产”和“全线推进”2项操作。

（1）“全线开产”是使厂房内的所有生产线进行生产操作。

（2）“全线推进”是使厂房内的所有生产线进行推进操作，从而完成操作或开启下一期：

①投资建线中的“投资期”完成可以推进到下一投资期开始。最后一期投资到期后，只有推进才能完成建线。

②生产操作中的“加工期”完成可以推进到下一加工期开始。最后一期加工到期后，只有推进才能让产品完工下线。

③转产操作中的“转产期”完成可以推进到下一转产期开始。最后一期转产到期后，只有推进才能结束转产。

④技改操作中的“技改期”完成可以推进到下一技改期开始。最后一期技改到期后，只有推进才能结束技改。

（3）生产线的“冻结”和“解冻”：如果不想让生产线“全线开产”或“全线推进”，可以选择“冻结”操作；选择“解冻”操作，生产线恢复“全线开产”或“全线推进”。

### 4.6 生产总监报表

在制品统计报表见表27，生产设备统计报表见表28。

表27 在制品统计报表

| 在制品 | P1 | P2 | P3 | P4 | P5 |
|---|---|---|---|---|---|
| 数量（件） | | | | | |
| 在制品价值（万元） | | | | | |

注：“在制品价值”合计后并入“资产负债表”中“在制品”项目的期末余额。

表 28　　**生产设备统计报表**　　单位：万元

| 生产线 | 手工线 | 自动线 | 柔性线 |
|---|---|---|---|
| 总投资 | | | |
| 累计折旧 | | | |
| 在建已投资额 | | | |

注：各生产线的“总投资”合计数-“累计折旧”合计数并入“资产负债表”中“生产设施”项的期末余额。

各生产线的“在建已投资额”合计数并入“资产负债表”中“在建工程”项的期末余额。

填报时的数据采自生产线本年状态数据：

①在制品数量：当前所有生产线正在生产的产品数量（在当前生产线详细资料中查询）。

②在制品价值：当前所有生产线上的在制品总价值（包括：原料成本和计件工资），数据来源于当前生产线详情。

③生产线总投资：当前生产线的总价值，即生产线原值总和。

④生产线累计折旧：当前生产线的折旧合计。

⑤在建已投资额：当前在建的生产线已经投入的资金总和。

# 第 5 章　销售总监相关技术规则

## 5.1　销售总监任务清单

销售总监任务清单见表 29。

表 29　　**销售总监任务清单**

| 序号 | 运行期 | 任务 |
|---|---|---|
| 1 | 年初 | 参加订货会，获取订单 |
| 2 | 年初、年中 | 预算经费申报 |
| 3 | 年中 | 产品交货 |
| 4 | 年中 | 现货交易市场出售产品 |
| 5 | 年中 | 现货交易市场购买产品 |
| 6 | 年中 | 临时交易市场获取订单 |
| 7 | 年中、年末 | 填制销售总监报表 |

## 5.2　订单相关规则

每年年初，企业在订货会分市场集中获取订单。

### 1）订单状态

当年分配的所有订单，均可在“仓库订单”中查询。

销售订单状态说明见表 30。

表30 销售订单状态说明

| 状态 | 状态印章 | 状态说明 | 下一步操作 |
|---|---|---|---|
| 订单未交货 | 未完成 | 正常未交货订单 | 交货 |
| 订单正常交货 | 完成 | 正常交货 | 收应收款 |
| 订单在容忍期内未交货 | 违约未完成 | 可以交货（计算违约金） | 交货 |
| 订单在容忍期内交货 | 违约完成 | 在容忍期内完成交货 | 收应收款（扣除违约金） |
| 订单在容忍期后未交货 | 取消 | 取消订单 | 强制扣除违约金 |

2）订单交货与取消规则

订单交货规则见表31。

表31 订单交货规则

| 序号 | 市场 | 订单违约金比例 | 违约容忍期限（天） | OID减数1 | OID减数2 | 临时延期交货时间（天） | 临时单价放大倍数 |
|---|---|---|---|---|---|---|---|
| 1 | 本地 | 0.2 | 30 | 0.3 | 0.1 | 90 | 1 |
| 2 | 区域 | 0.2 | 30 | 0.3 | 0.1 | 90 | 1 |
| 3 | 国内 | 0.2 | 30 | 0.3 | 0.1 | 90 | 1 |
| 4 | 亚洲 | 0.2 | 30 | 0.3 | 0.1 | 90 | 1 |
| 5 | 国际 | 0.2 | 30 | 0.3 | 0.1 | 90 | 1 |

（1）所有订单都必须在规定的交货日期前（包括当日），按照订单规定的数量交货，订单不能拆分交货。

（2）交货日期后的第一天还未完成交货的订单会被标注为“违约未完成”，进入容忍期。在容忍期内仍然可以进行“交货”操作，但系统会计算违约金，并扣减OID值。

（3）容忍期结束日之后，仍未执行“交货”操作的订单会派放到临时交易市场，原订单被标注为“取消”，不能执行“交货”操作，同时强制扣除违约金，并扣减OID值。

5.3 临时交易订单规则

临时交易发生在年中运行期间，如年初订货会中已分配的订单因其他公司违约被取消，从而出现在订货会中，可在订货会的临时交易市场申请分配操作。

1）临时交易的触发条件

当某公司的订单进入容忍期时，系统会向所有公司的销售总监发布临时交易市场订单预告，预告信息包括：市场名、产品名、产品数量、预计上架日期等。

（1）当容忍期订单被取消时，取消当日进入临时交易市场。若该订单是第二次被取消，则不进入临时交易市场。

（2）如果预告的临时订单在容忍期内完成交货，则不再进入临时交易市场。

（3）订单交货期自原订单取消之日起，按系统设置天数后延；订单产品单价根据市场情况确定，可能与原订单不同。

（4）如果临时交易订单到交货日到期后的第一天，仍然有剩余产品数量没有被申请，则该订单将被取消，并且不再进入临时交易市场进行交易。

（5）临时交易市场未分配的订单不跨年，即本年结束后，取消临时交易市场中所有未分配的订单。

2）临时交易的接取条件

（1）临时交易分市场进行，需要有该市场资质。

（2）获取临时交易订单的资质要求与订货会的要求一样，此外还要求公司本年在该市场中没有违约交货记录，否则将不能获取本市场的临时交易订单。

（3）临时交易订单按照操作的系统时间先后进行分配，与企业运行日期和企业知名度排名无关。

①如果分配时订单产品剩余数量大于等于申请数量，则全数分配。

②如果分配时订单产品剩余数量小于申请数量，则按剩余数量分配。

③如果分配时订单产品剩余数量为0，则停止分配。

（4）临时交易订单可以被分割获得，即可以获取订单中的部分产品数量。也就是说，若订单剩余产品数量小于申请数量，则按剩余产品数量分配，申请公司只能取得申请的部分产品数量。

（5）在临时交易中，若多次申请同一张订单成功，则在没有交货的情况下，按照单号合并成一张订单，其中产品数量等于多张订单产品数量之和，已交货的订单除外。

（6）若已分配的临时交易订单交货期跨年，则可以保留到跨年交货，销售收入计入下年。

### 5.4　现货交易规则

现货交易规则见表32。

表32　现货交易规则

| 序号 | 商品标识 | 当前可销售数量（件） | 市场出售单价（万元） | 市场收购单价（万元） | 出售质保期（天） | 交货期（天） | 年份 |
|---|---|---|---|---|---|---|---|
| 1 | P1 | 20 | 60 | 20 | 0 | 0 | 1 |
| 2 | P2 | 20 | 80 | 30 | 0 | 0 | 1 |
| 3 | P3 | 20 | 100 | 40 | 0 | 0 | 1 |
| 4 | P4 | 20 | 120 | 50 | 0 | 0 | 1 |

（1）现货交易市场的订单各年均以表32列出的数量为基准。

（2）现货交易市场是现金现货交易，购买成功后，先从销售总监账户中划转资金，再从市场中转移产品；如果销售总监账户资金不足，则终止交易。

（3）现货交易市场采购产品的价格均为表32中的“市场出售单价”，公司出售产品的单价按照表32中的“市场收购单价”计算。

（4）公司出售给现货交易市场的产品成交后，增加当期现货交易市场产品的库存量。

### 5.5 销售总监报表

产品统计报表见表33。

表33 产品统计报表

| 项目 | 数量（件） | 订单收入（万元） | 违约罚款（万元） | 销售成本（万元） | 库存产品数量（件） | 库存产品价值（万元） |
|---|---|---|---|---|---|---|
| P1 | | | | | 当前库存产品数量 | 当前库存产品价值 |
| P2 | | | | | | |
| P3 | | | | | | |
| P4 | | | | | | |
| P5 | | | | | | |

填写规则如下：

（1）数量：填写当年已交货订单产品数量，可以从当年产品库存的单据中查询，具体包括：

①年初订货会订单交货出库产品数量；

②现货交易市场销售出库产品数量；

③临时交易市场已交货订单产品数量。

（2）订单收入：按照表34计算汇总。

表34 销售收入计算规则

| 销售操作 | 销售总额（数量×单价） | 违约金（销售总额×违约金比例） | 销售收入 |
|---|---|---|---|
| 订单按期交货 | 订单总额 | 0 | 订单总额 |
| 订单违约交货 | 订单总额 | 订单总额×违约金比例 | 订单总额×（1-违约金比例） |
| 订单违约取消 | 0 | 订单总额×违约金比例 | 0-违约金 |
| 现货零售 | 产品销售总价 | 0 | 产品销售总价 |

（3）违约罚款：通过查询当年已处理（包括完成和取消）订单的“罚金”项直接获取。

（4）销售成本：通过查询当年已处理订单中的“转出成本”项直接获取。

（5）库存产品数量：从库存状态中直接获取。

（6）库存产品价值：从库存状态中直接获取。

## 第6章 财务总监相关技术规则

### 6.1 财务总监任务清单

财务总监任务清单见表35。

表 35 财务总监任务清单

| 序号 | 运行期 | 任务 |
|---|---|---|
| 1 | 年初 | 参加订货会 |
| 2 | 全年 | 各岗位现金申请审核并拨款 |
| 3 | 全年 | 资金调配（反向拨款） |
| 4 | 年中 | 贷款申请 |
| 5 | 年中 | 每月支付费用（包括到期贷款和利息） |
| 6 | 年中 | 提取应收款 |
| 7 | 年中 | 应收款贴现 |
| 8 | 年中、年末 | 填制财务总监报表 |
| 9 | 年末 | 审核年度报表并上报 |
| 10 | 全年 | 查询经营详情 |

## 6.2 贷款类型及贷款方式

贷款规则见表36。套餐详情见表37。

表 36 贷款规则

| 序号 | 贷款类型 | 还款/利息违约容忍期（天） | 利息违约金比例 | 还款违约金比例 | 本金 OID 减数 1 | 本金 OID 减数 2 | 利息 OID 减数 1 | 利息 OID 减数 2 |
|---|---|---|---|---|---|---|---|---|
| 1 | 长贷 | 25/30 | 0.1 | 0.1 | 0.1 | 0.2 | 0.1 | 0.2 |
| 2 | 短贷 | 25/30 | 0.1 | 0.1 | 0.1 | 0.2 | 0.1 | 0.2 |

表 37 套餐详情

| 套餐名称 | 贷款期数 | 每期天数 | 贷款金额（万元/份） | 利率 |
|---|---|---|---|---|
| 2季短贷 | 2 | 90 | 10 | 0.05 |
| 3季短贷 | 3 | 90 | 10 | 0.05 |
| 4季短贷 | 4 | 90 | 10 | 0.05 |
| 2年长贷 | 2 | 360 | 20 | 0.1 |
| 3年长贷 | 3 | 360 | 20 | 0.1 |
| 4年长贷 | 4 | 360 | 20 | 0.1 |
| 5年长贷 | 5 | 360 | 20 | 0.1 |

（1）贷款申请时间：各年正常经营的任何日期（不包括年初和年末）。

（2）贷款类型：不同类型的贷款可以自由组合，但长、短贷额度之和不能超过上年权益的2倍。

①长期贷款：它是指企业向银行借入的期限在1年以上（不含1年）的各项借款。

企业可以在年中任何日期申请长期贷款，到期一次还本付息。

②短期贷款：它是指企业向银行借入的期限在1年以内（含1年）的各项借款。企业可以在年中任何日期申请短期贷款，到期一次还本付息。

（3）贷款以套餐方式提供，每份套餐的具体参数见表37，如2季短贷套餐，每份10万元，使用期为2季（90天/季），利率为5%等。

申请贷款时，输入申请改套餐的份数，如10份2季短贷，总贷款量为：10份×10万元=100万元。

（4）系统每月1日提供本月到期贷款和利息的账单，但不提供具体到期日的信息（具体到期日可以在“收支明细”中查询）。

正常还贷款和还利息可以在贷款到期日或者利息到期日之前（包括到期日当天）操作，否则将进入容忍期，同时产生违约金及扣减OID值。

如果当月应还贷款进入容忍期（即违约未还），则不能再进行贷款操作（不论是否还有额度）。

### 6.3 应收款和应收款贴现

贴现规则见表38。

表38 贴现规则

| 序号 | 贴现率 | 贴现期（天数） |
|---|---|---|
| 1 | 0.05 | 30 |
| 2 | 0.1 | 60 |
| 3 | 0.15 | 90 |
| 4 | 0.2 | 120 |

（1）应收款是企业应收但未收到的款项。

（2）应收款账期是从确认应收款之日到约定收款日的期间。

（3）贴现是指债权人在应收款账期内，贴付一定利息以提前取得资金的行为。不同应收款账期的贴现率不同。

### 6.4 应交税费

费用计算规则见表39。

表39 费用计算规则

| 序号 | 费用类型 | 算法 | 计算值（万元） | 费用比例 | 扣减资源 | 计算时间 | 是否手动支付 |
|---|---|---|---|---|---|---|---|
| 1 | 行政管理费 | 固定常数 | 5 | 1 | 现金 | 每月1日 | 是 |
| 2 | 设备维护费 | 生产线原值×费用比例 | 计算 | 0.1 | 现金 | 满360天 | 是 |
| 3 | 折旧 | （生产线原值−生产线残值）÷折旧年限 | 计算 | 1 | 生产线净值 | 满360天 | 系统自动扣减 |
| 4 | 所得税费用 | （当年权益−纳税基数）×费用比例 | 计算 | 0.2 | 现金 | 每年年末 | 系统自动扣减 |

（1）每月1日，系统按照表39中规定的计算方式，自动计算出本月应交的费用项，并分别列示在相应的表内；利息和贷款也被列在表中一并处理。

（2）费用支付有系统自动扣减和手动支付2种方式。

①系统自动扣减：在当月计算后，系统自动进行扣减操作，如所得税费用和折旧。

②手动支付：在本月的任何日期，手动选择费用项，点击“支付”按钮，则被选定的费用项全额支付。

（3）如果费用项有指定的到期支付日期，则需要在到期日之前（包括到期日当天）支付，否则按违约处理。

①本月内到期的费用可以选择提前支付。

②如果某种费用在支付截止日前未完成支付操作，则被视为违约费用，需要额外计算违约金（违约金=费用本金×违约金比例），此时显示的应支付费用为费用本金与违约金之和。

③本月费用没有在30日前（包括30日）支付，将合并到下月费用中，但上月未交费用为违约未交状态，需要按照设定的违约金比例计算违约金，违约金也将被合并到下月费用中。

④如果容忍期内仍然没有完成支付，系统将强制扣除违约金，并扣减所有市场的OID值（OID减数1及OID减数2）。

（4）本年12月份，将对本年所有费用进行强制清缴，即：

①12月份所有费用的容忍期到期日调整为12月29日。

②12月30日即对所有未交费用进行强制扣除处理，并扣减所有市场的OID值。

费用违约规则见表40。

表40　费用违约规则

| 序号 | 费用明细 | 是否扣减全部市场的OID值 | 违约金比例 | 违约容忍期限（天） | OID减数1 | OID减数2 |
|---|---|---|---|---|---|---|
| 1 | 行政管理费 | 否 | 0 | 30 | 0 | 0 |
| 2 | 所得税费用 | 否 | 0 | 30 | 0 | 0 |
| 4 | 折旧 | 否 | 0 | 30 | 0 | 0 |
| 5 | 设备维护费 | 否 | 0 | 30 | 0 | 0 |
| 6 | 基本工资 | 否 | 0 | 30 | 0 | 0 |
| 7 | 员工福利 | 否 | 0 | 30 | 0 | 0 |

### 6.5 财务总监报表

财务总监报表见表41。

表41 财务总监报表

| 资金项目 | 金额（万元） | 目标表表项说明 |
|---|---|---|
| 行政管理费 | | 费用表中的“行政管理费”（第1项） |
| 设备维护费 | | 费用表中的“设备维护费”（第3项） |
| 转产及技改费 | | 费用表中的“转产及技改费”（第4项） |
| 培训费 | 0 | 费用表中的“培训费”（第10项） |
| 基本工资 | 0 | 费用表中的“基本工资”（第11项） |
| 财务费用 | | 利润表中的“财务收入/支出”（第8项） |
| 本年折旧 | | 利润表中的“折旧”（第6项） |
| 其他支出合计 | | 利润表中的“其他收入/支出”（第9项） |
| 现金余额 | | 资产负债表中的“货币资金”（第1项） |
| 应收账款 | | 资产负债表中的“应收账款”（第2项） |
| 应付账款 | | 资产负债表中的“应付账款”（第13项） |
| 长期借款余额 | | 资产负债表中的“长期借款”（第15项） |
| 短期借款余额 | | 资产负债表中的“短期借款”（第12项） |
| 实收资本 | | 资产负债表中的“实收资本”（第17项） |
| 所得税费用 | | 利润表中的“所得税费用”（第11项） |

特别提示：表中所有数据均按正数填入。

（1）“行政管理费”“设备维护费”“转产及技改费”：均为全年支付的总和。

（2）“基本工资”“培训费”：人力资源部支出的操作工人的费用，每月1日在系统账单中列支，本次比赛金额填0。

（3）“折旧”：本年提取的生产线折旧合计。

（4）“其他支出合计”：包括设备维护费违约金、行政管理费违约金、代工收货违约金、租金违约金、处理财产损失（注：财产损失是出售生产线的资产损失，资产损失=生产线原值-累计折旧-残值）等。

（5）“所得税费用”：根据本年的权益合计计算是否需要交税。具体操作方法如下：

①若当年利润总额小于或等于0，则当年未盈利，不用交税。

②若当年利润总额大于0，则当年盈利，所得税费用计算公式如下：

所得税费用=应税金额×税率

应税金额=当年利润总额-以前年度亏损

注：以上规则最终解释权归裁判组所有。

# 附录3 第十二届全国大学生“新道杯”沙盘模拟经营大赛（本科组）全国总决赛竞赛规则

## 一、参赛队员分工

比赛采取团队竞赛方式，每个参赛队有5名参赛选手、1名指导老师。每个参赛队模拟一家生产制造型企业，并与其他参赛队模拟的同质企业在同一市场环境中展开竞争。参赛选手分别担任如下角色：总经理（CEO）、财务总监（CFO）、生产总监（CPO）、营销总监（CMO）、采购总监（CLO）。

## 二、运行方式及监督

本次大赛采用“新道新商战沙盘系统V5.0”（以下简称“系统”）与实物沙盘、手工记录相结合的方式运作企业，即所有决策及计划都在实物沙盘上进行，并进行手工台账记录，最后的确认在系统中进行，最终结果以系统为准。各队参加市场订货会，进行交易活动，包括贷款、原料入库、交货、应收款贴现及回收等，均在本地计算机上完成。

各参赛队应准备至少2台装有网卡的笔记本电脑（自带纸、笔、橡皮），同时接入局域网，作为运行平台，安装录屏软件。比赛过程中，学生端务必启动录屏软件，全程录制经营过程，建议每一年的经营录制为一个独立的文件。一旦发生问题，以录屏结果为证，裁决争议。如果擅自停止录屏过程，按系统的实际运行状态执行。（请注意：需要同时提供2台接入网络的电脑的录屏文件）

提请注意：2台电脑同时接入，任何一台操作均是有效的，但A电脑操作时，B电脑的状态并不会自动同步更新，所以请做好队内沟通，可执行F5刷新命令，随时查看实时状态。

比赛期间，带队老师不允许入场；所有参赛队员不得使用手机与外界联系，不允许拍照，电脑仅限于作为系统运行平台，可以自制辅助计算工具。若经发现采用通信工具与外界联系，则取消参赛资格。

比赛期间，计时以本赛区所用服务器上的时间为准，赛前选手可以按照服务器上的时间调整自己电脑上的时间。大赛设裁判组，负责大赛中所有事项的监督和争议裁决。

提请注意：自带电脑的操作系统和浏览器要保持干净、无病毒，请安装谷歌浏览器，同时需要安装Flash Player插件。请各队至少多备1台电脑，以防万一。

## 三、企业运营流程

企业运营流程建议按照运营流程表中列示的流程执行，比赛期间不能还原。

每年经营结束后，各参赛队需要在系统中填制综合费用表（如图1所示）、利润表和资产负债表。如果不填，则视同报表错误1次，并扣分（详见罚分规则），但不影响经营。此次比赛不需要提交纸质报表给裁判核对。

图1　综合费用表

提请注意：

（1）3张报表均需要填写，请注意报表切换，请使用同一台电脑提交。

（2）点击“保存”按钮可暂存已填写内容，请全部填写完毕后再提交，提交后无法再做修改。

（3）数值为0时，必须填写阿拉伯数字“0”；不填数字，系统也视同填报错误。

四、竞赛规则

1.融资

融资贷款规则见表1。

表1　融资贷款规则

| 贷款类型 | 贷款时间 | 贷款额度 | 年息 | 还款方式 |
|---|---|---|---|---|
| 长期贷款 | 每年年初 | 所有长期贷款和短期贷款之和不能超过上年权益的3倍 | 14% | 年初付息，到期还本；每次贷款数额为大于等于10W的整数 |
| 短期贷款 | 每季度初 | | 6% | 到期一次还本付息；每次贷款数额为大于等于10W的整数 |
| 资金贴现 | 任何时间 | 视应收款额 | 10%（1季，2季）<br>12.5%（3季，4季） | 贴现各账期分开核算，分开计息 |
| 库存拍卖 | 原料八折，成品按成本价 | | | |

规则说明：

（1）长期贷款和短期贷款的信用额度。长期贷款和短期贷款的总额度（包括已借但未到还款期的贷款）为上年权益的3倍，长期贷款、短期贷款的数额必须为大于等于10W的整数。例如，第一年所有者权益为358W，第一年已借4年期长期贷款506W（未申请短期贷款），则第二年可贷款总额度为：358W×3-506W=568W。

（2）贷款规则。

①长期贷款每年必须支付利息，到期归还本金。长期贷款最多可贷5年。

②结束年时，不要求归还没有到期的各类贷款。

③短期贷款年限为1年，如果某一季度有短期贷款需要归还，同时还拥有贷款额度，则必须先归还到期的短期贷款，才能申请新的短期贷款。

④所有贷款不允许提前还款。

⑤企业间不允许私自融资，只允许企业向银行贷款，银行不提供高利贷。

⑥贷款利息计算时四舍五入。例如，短期贷款210W，则利息为：210W×6%=12.6W，四舍五入，实际支付利息13W。

⑦长期贷款利息是用长期贷款总额乘以利率计算得出的。例如，第一年申请504W长期贷款，第二年申请204W长期贷款，则第三年需要支付的长期贷款利息为：（504W+204W）×14%=99.12W，四舍五入，实际支付利息为99W。

（3）贴现规则。应收款分季度计算贴息，在图2中，应收款1季贴现26W，2季贴现424W，则1季应收款贴息=26W×10%=2.6W≈3W，2季应收款贴息=424W×10%=42.4W≈43W，贴息总额=3W+43W=46W。

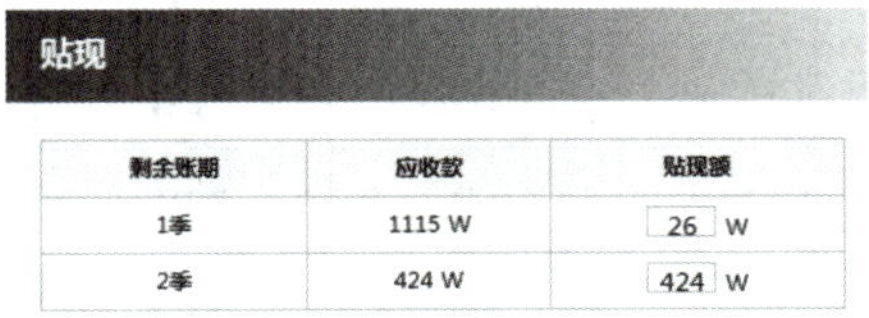
贴现

| 剩余账期 | 应收款 | 贴现额 |
|---|---|---|
| 1季 | 1115 W | 26 W |
| 2季 | 424 W | 424 W |

图2　贴现示例

（4）出售库存规则。

①原料八折出售。例如，出售1个原料R1获得：10W×0.8=8W。

②出售产成品按产品的成本价计算。例如，出售1个P2获得：1×29W=29W。

## 2.厂房

厂房购买、租赁与出售规则见表2。

表2　厂房购买、租赁与出售规则

| 厂房 | 买价 | 租金 | 售价 | 容量 |
|---|---|---|---|---|
| 大厂房 | 444W | 44W/年 | 444W | 5条 |
| 中厂房 | 333W | 33W/年 | 333W | 4条 |
| 小厂房 | 233W | 23W/年 | 233W | 3条 |

规则说明：

（1）租用或购买厂房可以在任何季度进行。如果决定租用厂房或者厂房转租，租金在开始租用的季度交付，即从现金处取等量钱币，放在租金费用处。1年租期到期时，如果决定续租，需要重复以上操作。

（2）厂房租入1年后可做租转买、退租等处理（例如，第一年第一季度租厂房，则以后每年的第一季度末“厂房处理”均可“租转买”）；如果到期没有选择“租转买”，则系统自动做续租处理，租金在当季结束时与“行政管理费”一并扣除。

（3）要新建或租赁生产线，必须购买或租用厂房，没有购买或租用厂房不能新建或租赁生产线。

（4）如果厂房中没有生产线，则可以选择厂房退租。

（5）厂房出售后可以得到4个账期的应收款，紧急情况下可以进行厂房贴现，直接得到现金。若厂房中有生产线，同时要扣租金。

（6）厂房使用可以任意组合，但总数不能超过4个，如租4个小厂房，或买4个大厂房，或租1个大厂房、买3个中厂房等。

3.生产线

（1）生产线购置、生产、转产与维护。

生产线购置、生产、转产与维护规则见表3。

表3 生产线购置、生产、转产与维护规则

| 生产线 | 购置费 | 安装周期 | 生产周期 | 总转产费 | 转产周期 | 维护费 | 残值 |
|---|---|---|---|---|---|---|---|
| 超级手工线 | 33W | 无 | 2Q | 0 | 无 | 8W/年 | 9W |
| 租赁线 | 0 | 无 | 1Q | 20W | 1Q | 66W/年 | -88W |
| 自动线 | 144W | 4Q | 1Q | 20W | 1Q | 19W/年 | 20W |
| 柔性线 | 201W | 3Q | 1Q | 0 | 无 | 21W/年 | 45W |

规则说明：

①在系统中新建生产线，需要先选择厂房，然后选择生产线的类型，尤其要确定生产产品的类型（产品标识必须摆上）；生产产品一经确定，本生产线所生产的产品便不能更换，如需更换，必须在建成后进行转产处理。

②每次操作可建1条生产线，同一季度可重复操作多次，直至生产线位置全部铺满。自动线和柔性线待最后一期投资到位后，必须到下一季度才算安装完成，允许投入使用。超级手工线和租赁线当季购入（或租入），当季即可使用。

③新建生产线一经确认，立刻进入第一期在建，当季便自动扣除现金。

④无论何时出售生产线，从生产线净值中取出相当于残值的部分计入现金，净值与残值之差计入损失。

⑤只有空的并且已经建成的生产线方可转产。

⑥当年建成的生产线、转产中的生产线都要交维护费；凡是已出售的生产线（包括退租的租赁线）和新购正在安装的生产线，都不交维护费。

⑦生产线不允许在不同厂房间移动。

⑧租赁线不需要购置费，无安装周期，不用计提折旧，维护费可以理解为租金；在出售时（可理解为退租），系统将扣减清理费用，计入损失；该类生产线不计小分。

（2）生产线折旧（平均年限法）。

生产线折旧规则见表4。

表4　生产线折旧规则

| 生产线 | 购置费 | 残值 | 建成第一年 | 建成第二年 | 建成第三年 | 建成第四年 | 建成第五年 |
|---|---|---|---|---|---|---|---|
| 超级手工线 | 33W | 9W | 0 | 6W | 6W | 6W | 6W |
| 自动线 | 144W | 20W | 0 | 31W | 31W | 31W | 31W |
| 柔性线 | 201W | 45W | 0 | 39W | 39W | 39W | 39W |

规则说明：当年建成的生产线当年不计提折旧；当净值等于残值时，生产线不再计提折旧，但可以继续使用。

## 4.产品研发

要想生产某种产品，首先要获得该产品的生产许可证，而要获得生产许可证，则必须经过产品研发。P1、P2、P3、P4、P5产品都需要研发后才能获得生产许可。研发时需要分期投入研发费用。产品研发规则见表5。

表5　产品研发规则

| 名称 | 研发费用 | 研发总额 | 研发周期 | 加工费 | 直接成本 | 产品组成 |
|---|---|---|---|---|---|---|
| P1 | 7W/季 | 21W | 3季 | 13W/个 | 21W/个 | R2 |
| P2 | 14W/季 | 28W | 2季 | 8W/个 | 29W/个 | R3+R4 |
| P3 | 10W/季 | 40W | 4季 | 12W/个 | 41W/个 | R1+R2+R4 |
| P4 | 13W/季 | 52W | 4季 | 8W/个 | 49W/个 | P1+R1+R3 |
| P5 | 13W/季 | 65W | 5季 | 14W/个 | 62W/个 | P2+R2+R4 |

规则说明：产品研发可以中断或终止，但不允许超前或集中进行。已投资的研发费不能收回；如果研发没有完成，系统不允许开工生产。

## 5.ISO认证

ISO认证规则见表6。

表6　ISO认证规则

| ISO类型 | 每年认证费用 | 年限 | 全部认证费用 |
|---|---|---|---|
| ISO 9000 | 66W | 1年 | 66W |
| ISO 14000 | 22W | 3年 | 66W |

规则说明：ISO 9000或ISO 14000认证不需要交维护费，中途停止使用也可继续拥有资格并在以后年份使用；ISO 9000或ISO 14000认证只有在第四季度才可以操作。

### 6.市场开拓

市场开拓规则见表7。

表7 市场开拓规则

| 市场 | 每年开拓费用 | 开拓年限 | 全部开拓费用 |
|---|---|---|---|
| 本地 | 11W | 1年 | 11W |
| 区域 | 11W | 1年 | 11W |
| 国内 | 11W | 2年 | 22W |
| 亚洲 | 9W | 3年 | 27W |
| 国际 | 11W | 4年 | 44W |

规则说明：市场开拓不需要交维护费，中途停止使用也可继续拥有资格并在以后年份使用；市场开拓只有在第四季度才可以操作；投资中断，已投入的资金依然有效。

### 7.原料

原料采购规则见表8。

表8 原料采购规则

| 名称 | 购买价格 | 提前期 |
|---|---|---|
| R1 | 10W/个 | 1季 |
| R2 | 8W/个 | 1季 |
| R3 | 10W/个 | 2季 |
| R4 | 11W/个 | 2季 |

规则说明：

（1）没有下订单的原料不能采购入库。

（2）所有预订的原料到期必须全额现金购买。

（3）紧急采购时，原料是直接成本的2倍。例如，紧急采购R1为20W/个，在利润表中，营业成本仍然按照标准成本记录，紧急采购多付出的成本计入损失。

### 8.选单规则

在一个回合中，投放8W广告费理论上将获得一次选单机会，此后每增加16W理论上多一次选单机会。例如，本地市场P1产品投入24W广告费，表示最多有2次选单机会，但是能否选到2次取决于市场需求及竞争态势。如果投小于8W的广告费，则无选单机会，但仍扣广告费，并且对计算市场广告总额有效。投放的广告费也可以不是8W的倍数，如11W、12W，且投12W比投11W或10W优先选单。

投广告费时，裁判只宣布最迟投放时间，最早投放时间不做限定，即在系统里当年经营结束后就可以马上投下一年的广告费。

选单时，首先按当年本市场本产品广告投放额的大小依次选单；如果两队在本市场本产品上的广告投放额相同，则看本市场广告投放总额；如果本市场广告投放总额也相同，则看上年本市场销售排名；如果仍无法确定，则先投广告者先选单。第一年无订单。

选单时，2个市场同时开单，各队需要同时关注2个市场的选单进展，其中一个市场先结束，则第三个市场立即开单，即任何时候都会有2个市场同开，除非到最后只剩下一个市场选单未结束。例如，某年有本地、区域、国内、亚洲4个市场有选单，则系统在本地、区域市场同时开单，各市场按P1、P2、P3、P4、P5产品顺序独立开单；若本地市场选单结束，则国内市场立即开单，此时区域、国内2个市场保持同开；接着若区域市场结束选单，则亚洲市场立即开单，即国内、亚洲2个市场保持同开。选单时，各队需要点击相应的市场按钮，某一市场选单结束，系统不会自动跳到其他市场。

本次比赛无市场老大。

提请注意：

①选单时，要在倒计时大于5秒时按下“确定”按钮，否则可能造成选单无效。

②在某细分市场（如本地P1）有多次选单机会，只要放弃一次，则视同放弃该细分市场所有的选单机会。

选单界面如图3所示。

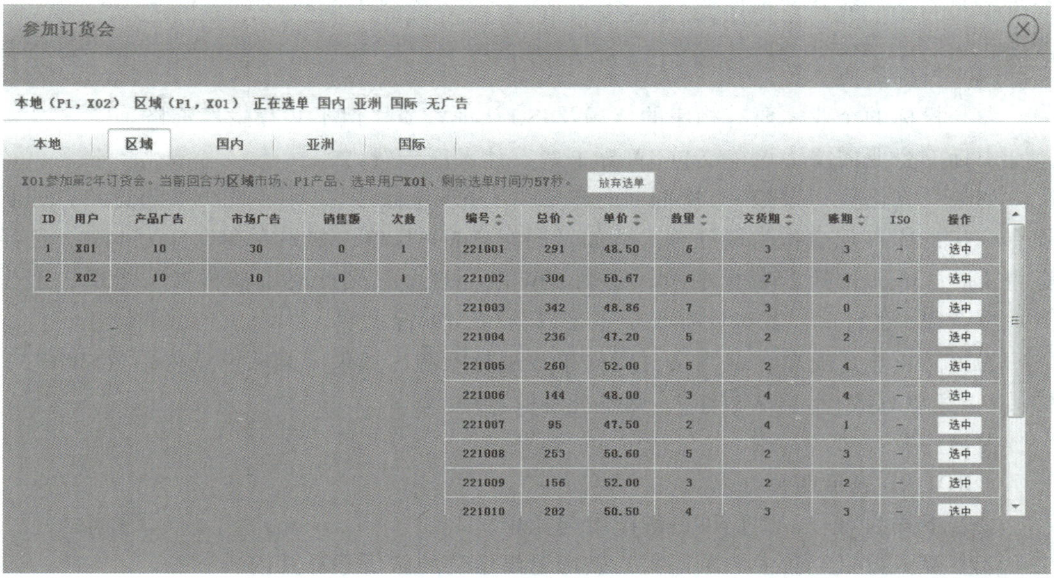

参加订货会
本地（P1，X02） 区域（P1，X01） 正在选单 国内 亚洲 国际 无广告
本地 区域 国内 亚洲 国际
X01参加第2年订货会。当前回合为区域市场、P1产品、选单用户X01、剩余选单时间为57秒。
放弃选单
ID 用户 产品广告 市场广告 销售额 次数
1 X01 10 30 0 1
2 X02 10 10 0 1
编号 总价 单价 数量 交货期 账期 ISO 操作
221001 291 48.50 6 3 3 - 选中
221002 304 50.67 6 2 4 - 选中
221003 342 48.86 7 3 0 - 选中
221004 236 47.20 5 2 2 - 选中
221005 260 52.00 5 2 4 - 选中
221006 144 48.00 3 4 4 - 选中
221007 95 47.50 2 4 1 - 选中
221008 253 50.60 5 2 3 - 选中
221009 156 52.00 3 2 2 - 选中
221010 202 50.50 4 3 3 - 选中


**图3 选单界面**

选择相应的订单，点击“选中”按钮，系统将提示“确认选择此订单？”，如图4所示。

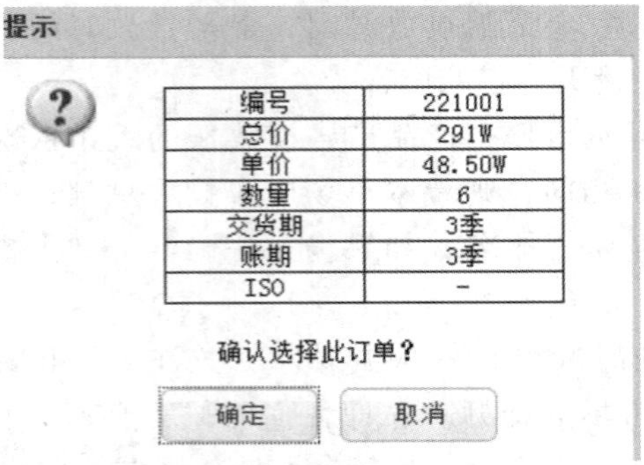

提示
编号 221001
总价 291W
单价 48.50W
数量 6
交货期 3季
账期 3季
ISO -
确认选择此订单?
确定
取消


图4　是否确认选单

点击“确定”按钮，系统会提示“选单成功!”，如图5所示。

图5　选单成功

9.竞单会

（在第三年和第五年订货会后，召开竞单会。系统一次性放3张订单，具体竞拍订单的信息将和市场预测图一起下发）参与竞标的订单标明了订单编号、市场、产品、数量、ISO认证要求等，而总价、交货期、账期3项为空。竞标订单的相关要求说明如下：

（1）投标资质。

参与投标的企业需要有相应的市场及ISO认证资质，但不必有生产资格。

中标的企业需要为该单支付8W标书费，计入广告费。

如果“（已竞得单数+本次同时竞单数）×5>现金余额”，则不能再参与竞单，即必须有一定的库存现金作为保证金。例如，同时竞3张订单，如果库存现金为44W，已经竞得3张订单，扣除24W标书费，还剩20W库存现金，则此时不能再参与竞单，因为万一再竞得3张订单，20W库存现金不足以支付24W标书费。

为了防止恶意竞单，裁判会对竞得单数进行限制，如果“某队已竞得单数>ROUND（3×该年竞单总数÷参赛队数）”，则不能继续竞单。

提请注意：

①ROUND表示四舍五入。

②若上式为等号，则仍可以继续参与竞单。

③参赛队数指经营中的队伍数，破产退出经营的队伍不算其内。

例如，某年竞单，共有40张订单，20队参与竞单，如果某队已经得到7张订单，因为7>ROUND（3×40÷20），则该队不能继续竞单；如果某队已经得到6张订单，则该队仍可以继续竞单。

（2）投标。参与投标的企业必须根据所投标的订单，在系统规定的时间内（90秒，以倒计时秒的形式显示）填写总价、交货期、账期3项内容，确认后由系统按照以下公式计算，以得分最高者中标：

得分=100+（5−交货期）×2+应收款账期−8×总价÷（该产品直接成本×数量）

如果计算分数相同，则先提交者中标。

提请注意：

①总价不能低于（可以等于）成本价，也不能高于（可以等于）成本价的3倍。

②必须为竞单留足时间，若在倒计时小于等于5秒时再提交，投标可能无效。

③竞得订单与选中订单一样，算市场销售额。

### 10. 订单违约

订单必须在规定时间或提前交货，应收款账期从交货季开始计算。应收款收回由系统自动完成，不需要各队填写收回金额。

### 11. 取整规则

（1）违约金扣除——四舍五入。

（2）库存拍卖所得现金——向下取整。

（3）贴现费用——向上取整。

（4）扣税——四舍五入。

（5）长、短期贷款利息——四舍五入。

### 12. 关于违约问题

所有订单都要求在本年度内完成（按订单上的产品数量和交货期交货）。如果订单没有完成，则视为违约订单，需要按下列条款加以处罚：

（1）分别按违约订单销售总额的22%（四舍五入）计算违约金，并在当年第四季度结束后扣除，违约金计入损失。例如，某组违约了2张订单，如图6所示。

| 订单编号 | 市场 | 产品 | 数量 | 总价 | 状态 | 得单年份 | 交货期 | 账期 | ISO | 交货期 |
|---|---|---|---|---|---|---|---|---|---|---|
| 180016 | 本地 | P2 | 2 | 146 W | 违约 | 第二年 | 3季 | 0季 | - | - |
| 180011 | 本地 | P1 | 1 | 60 W | 已交单 | 第二年 | 2季 | 1季 | - | 第二年第一季度 |
| 180006 | 本地 | P1 | 3 | 162 W | 违约 | 第二年 | 3季 | 2季 | - | - |

图6　违约订单示例

交纳的违约金分别为：

146W×22%=32.12W≈32W

162W×22%=35.64W≈36W

违约金合计为：

32W+36W=68W

（2）违约订单一律收回。

### 13. 重要参数

重要参数见表9。

表9 **重要参数**

| | | | |
|---|---|---|---|
| 违约金比例 | 22.0% | 贷款额倍数 | 3倍 |
| 产品折价率 | 100.0% | 原料折价率 | 80.0% |
| 长贷利率 | 14.0% | 短贷利率 | 6.0% |
| 1，2期贴现率 | 10.0% | 3，4期贴现率 | 12.5% |
| 初始现金 | 666W | 行政管理费 | 11W |
| 信息费 | 1W | 所得税税率 | 25.0% |
| 最大长贷年限 | 5年 | 最小得单广告额 | 8W |
| 原料紧急采购倍数 | 2倍 | 产品紧急采购倍数 | 3倍 |
| 选单时间 | 45秒 | 首位选单补时 | 20秒 |
| 市场同开数量 | 2个 | 市场老大 | 无 |
| 竞拍时间 | 90秒 | 竞拍同拍数 | 3张 |
| 最大厂房数量 | 4个 | | |

14.竞赛排名

6年经营结束后，系统将根据各队的总成绩进行排名。

总成绩=所有者权益×（1+企业综合发展潜力系数÷100）-罚分

企业综合发展潜力系数见表10。

表10 **企业综合发展潜力系数**

| 项目 | 综合发展潜力系数 |
|---|---|
| 自动线 | +10/条 |
| 柔性线 | +10/条 |
| 本地市场开发 | +7 |
| 区域市场开发 | +7 |
| 国内市场开发 | +8 |
| 亚洲市场开发 | +9 |
| 国际市场开发 | +10 |
| ISO 9 000认证 | +8 |
| ISO 14000认证 | +10 |
| P1产品开发 | +7 |
| P2产品开发 | +8 |
| P3产品开发 | +9 |
| P4产品开发 | +10 |
| P5产品开发 | +11 |
| 大厂房 | +10 |
| 中厂房 | +8 |
| 小厂房 | +7 |

提请注意：

（1）如果有若干队分数相同，则参照各队第六年经营结束后的最终权益，权益高者排名在前；如果权益仍相等，则参照第六年经营结束时间，先结束第六年经营的参赛队排名在前。

（2）生产线建成即加分（第六年末交纳维护费的生产线才算建成），无须生产出产品，也无须有在制品。租赁线无加分。

### 15.罚分规则

（1）运行超时扣分。运行超时有2种情况：一是不能在规定时间内完成广告投放（可提前投广告）；二是不能在规定时间内完成当年经营（以点击系统中“当年结束”按钮并确认为准）。

处罚：按50分/分钟（不满1分钟按1分钟计算）计算罚分，最多不能超过10分钟。如果到10分钟还不能完成相应的运行，则取消参赛资格。

注意：投放广告时间、完成经营时间及提交报表时间系统均会记录，作为扣分依据。

（2）报表错误扣分。必须按规定时间在系统中提交资产负债表、综合费用表、利润表。如果提交的报表与系统自动生成的报表对照有误，在总得分中扣罚250分/次，并以系统提供的报表为准来修订。

注意：系统对提交报表时间会做规定，延误交报表视为错误1次，即使后来在系统中填制正确也要扣分。运行超时引发的交报表延误视同报表错误并扣分（即如果某队超时4分钟，将被扣除50分/分钟×4分钟+250分=450分）。

（3）本次比赛需要摆放物理盘面，看盘期间（每年经营结束后，由裁判宣布看盘时间）需要如实回答看盘者的提问，不能拒绝看盘者看电脑屏幕并查看其中任何信息（看盘者不能操作他队电脑，只能要求查看信息）。摆盘情况在每年结束时，由裁判随机抽取队伍进行核对，发现错误后予以扣分。如果经裁判核实后发现摆盘错误，扣250分/次，但不接受各队举报！

（4）其他违规扣分。在运行过程中，下列情况属于违规：

①对裁判正确的判罚不服从。

②其他严重影响比赛正常进行的活动。

有以上行为者，视情节轻重，在第六年经营结束后扣除该队总得分的500～2 000分。

（5）所有罚分在第六年经营结束后计算总成绩时一起扣除。

### 16.破产处理

当参赛队权益为负或现金断流时，表示破产。

参赛队破产后，直接退出比赛。

### 17.关于摆盘

本次大赛过程中使用便笺纸摆盘，只需要摆出当年结束状态，中间过程不要求。本次摆盘只要求摆出生产线（含在制品）、在建工程、贷款、现金、应收款（包括金额与账期）、原料库存、在途材料、产成品库存、各类资格、厂房，不需要摆出各类费用。

提请注意：

（1）现金及应收款——在便笺纸条上手工填写金额，放在相应位置。

（2）贷款——在便笺纸条上手工填写金额，放在相应位置。

（3）原料及产成品库存——在便笺纸条上手工填写数量，放在对应的仓库里。

（4）生产线——将生产线放在相应的厂房处。

（5）在建工程——将投资金额放在生产线上（背面朝上），在生产线标识处放上所生产产品标识。

（6）生产线净值——在便笺纸条上手工填写金额，放在相应位置。

（7）在制品——将产品标识放置于生产线的相应生产周期处。

（8）各类资格——投资完成后摆上便笺纸，表明相应资格，未完成必须注明投入金额。

18.网络设置、服务器地址及登录注意事项

每队分配一个IP地址，根据所分配的队号设置。例如，队号为01组，则IP地址为192.168.0.101（如图7所示），照此类推。由于操作系统存在区别，因此IP地址的设置略有不同，请各队提前学会如何设置IP地址，比赛时不负责指导。

图7　IP地址

子网掩码、网关、DNS可不设。

服务器地址统一为：192.168.0.8。

五、其他说明

（1）本次比赛中，各队之间不允许进行任何交易，包括现金及应收款的流通、原料及产成品的买卖等。

（2）企业每年的运营时间为1个小时（不含选单时间，第一年运营时间为45分钟），如果发生特殊情况，经裁判组同意后可做适当调整。

（3）录屏软件由各队在比赛前安装完成，并提前学会如何使用。

（4）比赛期间，各队自带笔记本电脑，允许使用自制的计算工具，但每组的笔记本电脑均不允许连入外网，违规者直接取消比赛资格。

（5）每一年投放广告结束后，将给各队2～3分钟的时间观看各队的广告单；每一年经营结束后，裁判将公布各队的综合费用表、利润表、资产负债表。

（6）每一年经营结束后，将有15分钟看盘时间，看盘期间各队至少要留1名选手在组位，否则后果自负。看盘期间各队必须保证盘面真实有效。

（7）本规则解释权归大赛裁判组。

**第十二届全国大学生“新道杯”沙盘模拟经营大赛组委会**

2016年11月

# 附录4　第八届全国大学生“用友杯”沙盘模拟经营大赛全国总决赛经营规则

## 一、参赛队

每个参赛队有5名队员，分工如下：总经理、财务总监、营销总监、采购总监、生产总监。

提请注意：

（1）带队老师不允许入场。

（2）比赛期间，所有参赛队员不得使用手机与外界联系，电脑仅限于作为系统运行平台，可以自制一些工具，但不得连入外网，否则取消参赛资格。

（3）每个代表队只允许有1台电脑连接服务器。

（4）比赛时间以本赛区所用服务器时间为准。

（5）比赛模拟经营6年。

## 二、运行方式及监督

本次大赛采用“商战”电子沙盘（以下简称“系统”）运作企业。

各队应准备至少2台装有RJ45网卡的笔记本电脑（并自带接线板、纸、铅笔、橡皮、经营表格）。每台电脑只能打开一个浏览器接入比赛系统，请大家自觉遵守，如果恶意多开，裁判有权终止该队的比赛。

大赛设裁判组，负责大赛中所有事项的监督和争议的裁决。

提请注意：自带电脑的操作系统和浏览器要保持干净、无病毒，IE浏览器版本在6.0（含）以上，同时需要安装Flash Player插件。请各队至少多备1台电脑，以防万一。电脑使用前请测试选单、竞单是否可以正常进行。

## 三、企业运营流程

企业运营流程建议按照《竞赛手册》中“沙盘模拟经营比赛运营流程表”列示的流程严格执行。

本次比赛不需要在系统中填报表，也不需要上交纸质报表。

请各队自行准备各类表格，组委会不予提供。

## 四、竞赛规则

### 1.生产线

生产线购置、生产、转产与维护规则见表1。

表1　生产线购置、生产、转产与维护规则

| 生产线 | 购置费 | 安装周期 | 生产周期 | 总转产费 | 转产周期 | 维护费 | 残值 |
|---|---|---|---|---|---|---|---|
| 手工线 | 35W | 无 | 2Q | 0 | 无 | 5W/年 | 5W |
| 租赁线 | 0 | 无 | 1Q | 20W | 1Q | 60W/年 | -100W |
| 自动线 | 150W | 3Q | 1Q | 20W | 1Q | 20W/年 | 30W |
| 柔性线 | 200W | 4Q | 1Q | 0 | 无 | 20W/年 | 40W |

不论何时出售生产线，从生产线净值中取出相当于残值的部分计入现金，净值与残值之差计入损失；只有空的并且已经建成的生产线方可转产；当年建成的生产线、转产中的生产线都要交维护费；生产线不允许在不同厂房间移动。

租赁线不需要购置费，无安装周期，不计提折旧，维护费可以理解为租金；出售时（可理解为退租），系统将扣除100W/条的清理费用，计入损失；该类生产线不计小分。

手工线不计小分。

2.折旧（平均年限法）

生产线折旧规则见表2。

表2 生产线折旧规则

| 生产线 | 购置费 | 残值 | 建成第一年 | 建成第二年 | 建成第三年 | 建成第四年 | 建成第五年 |
|---|---|---|---|---|---|---|---|
| 手工线 | 35W | 5W | 0 | 10W | 10W | 10W | |
| 自动线 | 150W | 30W | 0 | 30W | 30W | 30W | 30W |
| 柔性线 | 200W | 40W | 0 | 40W | 40W | 40W | 40W |

当年建成的生产线当年不计提折旧；当净值等于残值时，生产线不再计提折旧，但可以继续使用。

3.融资

融资贷款规则见表3。

表3 融资贷款规则

| 贷款类型 | 贷款时间 | 贷款额度 | 年息 | 还款方式 |
|---|---|---|---|---|
| 长期贷款 | 每年年初 | 所有长期贷款与短期贷款之和不能超过上年权益的3倍 | 10% | 年初付息，到期还本；每次贷款数额为不小于10W的整数 |
| 短期贷款 | 每季度初 | | 5% | 到期一次还本付息；每次贷款数额为不小于10W的整数 |
| 资金贴现 | 任何时间 | 视应收款额 | 10%（1、2季）<br>12.5%（3、4季） | 变现时贴息，可对1、2季应收款联合贴现（3、4季同理） |
| 库存拍卖 | 原料八折，成品按成本价 | | | |

提请注意：长期贷款利息按所有年份长期贷款加总再乘以利率，最后四舍五入计算；短期贷款利息按每笔短期贷款分别计算。

4.厂房

厂房购买、租赁与出售规则见表4。

表 4　　厂房购买、租赁与出售规则

| 厂房 | 买价 | 租金 | 售价 | 容量 | 说明 |
|---|---|---|---|---|---|
| 大厂房 | 440W | 44W/年 | 440W | 4条 | 厂房出售可得到4个账期的应收款，紧急情况下可将厂房贴现（4季贴现），直接得到现金，如果厂房中有生产线，同时要扣租金 |
| 中厂房 | 300W | 30W/年 | 300W | 3条 | |
| 小厂房 | 180W | 18W/年 | 180W | 2条 | |

每季度均可租或买，租满1年的厂房在满年的季度（如果是第二季度租的，则以后各年第二季度为满年）需要在“厂房处理”中进行“租转买”或“退租”（当厂房中没有任何生产线时）等操作；如果未加处理，则原来租用的厂房在满年季末时自动续租。租用的厂房不计提折旧；生产线不允许在不同厂房间移动。

厂房使用可以任意组合，但总数不能超过4个，如租4个小厂房，或买4个大厂房，或租1个大厂房、买3个中厂房。

### 5.市场开拓

市场开拓规则见表5。

表 5　　市场开拓规则

| 市场 | 开发费 | 时间 | 说明 |
|---|---|---|---|
| 本地 | 10W/年 | 1年 | 开发费按开发时间在年末平均支付，不允许加速投资，但可以中断投资；市场开发完成后，领取相应的市场准入证 |
| 区域 | 10W/年 | 1年 | |
| 国内 | 10W/年 | 2年 | |
| 亚洲 | 10W/年 | 3年 | |
| 国际 | 10W/年 | 4年 | |

市场开拓无须交维护费；中途停止使用，也可继续拥有资格并可以在以后年份使用。市场开拓只有在第四季度可以操作。

### 6.ISO认证

ISO认证规则见表6。

表 6　　ISO认证规则

| ISO类型 | ISO 9000 | ISO 14000 | 说明 |
|---|---|---|---|
| 年限 | 2年 | 2年 | 认证费用按研发时间在年末平均支付，不允许加速投资，但可中断投资；ISO认证开发完成后，领取相应的资格证 |
| 费用 | 10W/年 | 15W/年 | |

ISO认证无须交维护费；中途停止使用，也可继续拥有资格并可以在以后年份使用。ISO认证只有在第四季度可以操作。

### 7.产品研发

产品研发规则见表7。

表7 **产品研发规则**

| 名称 | 研发费用 | 研发周期 | 加工费 | 直接成本 | 产品组成 |
|---|---|---|---|---|---|
| P1 | 10W/季 | 2季 | 10W/个 | 20W/个 | R1 |
| P2 | 10W/季 | 3季 | 10W/个 | 30W/个 | R2+R3 |
| P3 | 10W/季 | 4季 | 10W/个 | 40W/个 | R1+R3+R4 |
| P4 | 10W/季 | 5季 | 10W/个 | 50W/个 | R2+R3+P1<br>（注意：这里的P1为中间产品） |

8.原料

原料采购规则见表8。

表8 **原料采购规则**

| 名称 | 购买价格 | 提前期 |
|---|---|---|
| R1 | 10W/个 | 1季 |
| R2 | 10W/个 | 1季 |
| R3 | 10W/个 | 2季 |
| R4 | 10W/个 | 2季 |

9.紧急采购

紧急采购时，付款即到货，原料价格为直接成本的2倍，成品价格为直接成本的3倍。

紧急采购原料和产品时，直接扣除现金。提交报表时，成本仍然按照标准成本记录，紧急采购多付出的成本计入损失。

10.选单规则

投放5W广告费有一次选单机会，每增加10W多一次机会，如果投小于5W的广告费则无选单机会，但仍扣广告费，并且对计算市场广告费总额有效。投广告费时，裁判只宣布最迟投放时间，最早投放时间不做限定，即在系统里当年经营结束后就可以马上投下一年的广告费。

市场老大在该市场对所有产品有优先选单权；然后按本市场本产品广告投放额的多少依次选单。如果两队在本市场本产品上的广告投放额相同，则看本市场广告投放总额；如果本市场广告投放总额也相同，则看上年本市场销售排名；如果仍无法确定，则先投广告者先选单。第一年无订单。

选单时，2个市场同时开单，各队需要同时关注2个市场的选单进展，其中一个市场先结束，则第三个市场立即开单，即任何时候都会有2个市场同开，除非到最后只剩下一个市场选单未结束。例如，某年有本地、区域、国内、亚洲4个市场有选单，则系统在本地、区域市场同时开单，各市场按P1、P2、P3、P4产品顺序独立开单；若本地市场选单结束，则国内市场立即开单，此时区域、国内2个市场保持同开；接着若区域市场选单结束，则亚洲市场立即开单，即国内、亚洲2个市场保持同开。选单时，各队需要点击相应的市场按钮，某一市场选单结束，系统不会自动跳到其他市场。

提请注意：

①选单时，要在倒计时大于5秒时按下“确定”按钮，否则可能造成选单无效。

②在某细分市场（如本地P1）有多次选单机会，只要放弃一次，则视同放弃该细分市场所有的选单机会。

③本次比赛有市场老大。

④破产队可以参加选单。

⑤市场老大是指在该市场上年销售额最高且无违约的参赛队。若有多个参赛队满足条件，则市场老大随机或者没有。

11.竞拍会

系统一次性放3张订单，并显示所有订单信息，竞单年份随市场预测同时公布。参与竞拍的订单标明了订单编号、市场、产品、数量、ISO认证要求等，而总价、交货期、账期3项为空。竞拍订单的相关要求说明如下：

竞拍会的订单中，总价、交货期、账期都是根据各个队伍的情况填写的，系统默认的总价是成本价，交货期为1季，账期为4季，修改时需要手工操作。

（1）投标资质。参与投标的企业需要有相应的市场及ISO认证资质，但不必有生产资格。

中标的企业需要为该单支付5W标书费，在竞拍会结束后一次性扣除，计入广告费。

如果“（已竞得单数+本次同时竞单数）×5>现金余额”，则不能再参与竞单，即必须有一定的库存现金作为保证金。例如，同时竞3张订单，如果库存现金为28W，已经竞得3张订单，扣除15W标书费，还剩13W库存现金，则此时不能再参与竞单，因为万一再竞得3张订单，13W库存现金不足以支付15W标书费。

为了防止恶意竞单，裁判会对竞得单数进行限制，如果“某队已竞得单数>ROUND（3×该年竞单总数÷参赛队数）”，则不能继续竞单。

提请注意：

①ROUND表示四舍五入。

②若上式为等号，则仍可以继续参与竞单。

③参赛队数指经营中的队伍数，破产但继续经营的队伍算在其内，破产退出经营的队伍不算其内。

例如，某年竞单，共有40张订单，20队（含破产但继续经营的队伍）参与竞单，如果某队已经得到7张订单，因为7>ROUND（3×40÷20），则该队不能继续竞单；如果某队已经得到6张订单，则该队仍可以继续竞单。

（2）投标。参与投标的企业必须根据所投标的订单，在系统规定的时间内（90秒，以倒计时秒的形式显示）填写总价、交货期、账期3项内容，确认后由系统按照以下公式，以得分最高者中标：

得分=100+（5-交货期）×2+应收款账期-8×总价÷（该产品直接成本×数量）

如果计算分数相同，则先提交者中标。

提请注意：

①总价不能低于成本价，也不能高于成本价的3倍。

②必须为竞单留足时间，若在倒计时小于等于5秒时再提交，投标可能无效。

③竞得订单与选中订单一样，算市场销售额，对计算市场老大有效。

④竞单时不允许紧急采购，不允许市场间谍。

12.订单违约

订单必须在规定时间或提前交货，应收款账期从交货季开始计算。应收款收回由系统自动完成，不需要各队填写收回金额。

13.取整规则

（1）违约金扣除——四舍五入（每张订单分开算）。

（2）库存拍卖所得现金——四舍五入。

（3）贴现费用——向上取整。

（4）扣税——四舍五入。

（5）长、短期贷款利息——四舍五入。

14.特殊费用项目

库存折价拍卖、生产线变卖、紧急采购、订单违约操作涉及的相关费用计入其他损失；增减资操作涉及的相关费用计入股本或特别贷款（均不算所得税费用）。

提请注意：增资只适用于破产队。

15.重要参数

重要参数如图1所示。

| | | | |
|---|---|---|---|
| 违约金比例 | 20 % | 贷款额倍数 | 3 倍 |
| 产品折价率 | 100 % | 原料折价率 | 80 % |
| 长贷利率 | 10 % | 短贷利率 | 5 % |
| 1，2期贴现率 | 10 % | 3，4期贴现率 | 12.5 % |
| 初始现金 | 600 W | 行政管理费 | 10 W |
| 信息费 | 1 W | 所得税税率 | 25 % |
| 最大长贷年限 | 5 年 | 最小得单广告额 | 5 W |
| 原料紧急采购倍数 | 2 倍 | 产品紧急采购倍数 | 3 倍 |
| 选单时间 | 40 秒 | 首位选单补时 | 25 秒 |
| 市场同开数量 | 2 个 | 市场老大 | ◉有 ○无 |
| 竞拍时间 | 90 秒 | 竞拍同拍数 | 3 张 |

信息确认

图1 重要参数

提请注意：

①每市场每产品选单时第一个队的选单时间为65秒，自第二个队起，选单时间设为40秒。

②初始现金为600W。

③信息费每次交1W，可以查看另一队的信息，交费企业以Excel表格的形式获得被间谍企业的详细信息。

### 16.竞赛排名

完成预先规定的经营年限后，系统将根据各队的总成绩进行排名，分数高者为优胜。

总成绩=所有者权益×（1+企业综合发展潜力系数÷100）−罚分+市场老大得分

企业综合发展潜力系数见表9。

表9 企业综合发展潜力系数

| 项目 | 综合发展潜力系数 |
|---|---|
| 自动线 | +8/条 |
| 柔性线 | +10/条 |
| 本地市场开发 | +7 |
| 区域市场开发 | +7 |
| 国内市场开发 | +8 |
| 亚洲市场开发 | +9 |
| 国际市场开发 | +10 |
| ISO 9000认证 | +8 |
| ISO 14000认证 | +10 |
| P1产品开发 | +7 |
| P2产品开发 | +8 |
| P3产品开发 | +9 |
| P4产品开发 | +10 |

提请注意：

①如果有若干队分数相同，则最后一年在系统中先结束经营者排名靠前。

②生产线建成即加分，无须生产出产品，也无须有在制品。手工线、租赁线、厂房无加分。

③市场老大不计入综合发展潜力系数，单独算分，得一个第二、三、四、五年市场老大加50分，得一个第六年市场老大加100分。

### 17.罚分规则

（1）运行超时扣分。运行超时有2种情况：一是不能在规定时间内完成广告投放

（可提前投广告）；二是不能在规定时间内完成当年经营（以点击系统中“当年结束”按钮并确认为准）。

处罚：按20分/分钟（不满1分钟算1分钟）计算罚分，最多不能超过10分钟。如果到10分钟还不能完成相应的运行，则取消参赛资格。

（2）其他违规扣分。在运行过程中，下列情况属于违规：

①对裁判正确的判罚不服从。

②在比赛期间擅自到其他赛场走动。

③指导教师擅自进入比赛现场。

④其他严重影响比赛正常进行的活动。

有以上行为者，视情节轻重，扣除该队总得分的200～500分。

18.破产处理

当参赛队权益为负或现金断流时，企业破产。参赛队破产后，由裁判视情况适当增资后继续经营。破产队不能参加有效排名。为了确保破产队不过多影响比赛的正常进行，破产队每年的广告投放总额不能超过30W。

19.操作要点

生产线转产、下一批生产、出售生产线均在相应生产线上直接操作。

应收款收回由系统自动完成，不需要各队填写收回金额。

选单时，各队需要点击相应的市场按钮。一个市场选单结束，系统不会自动跳到其他市场。选单界面如图2所示。

图2 选单界面

20.系统整体操作界面

系统整体操作界面如图3所示。

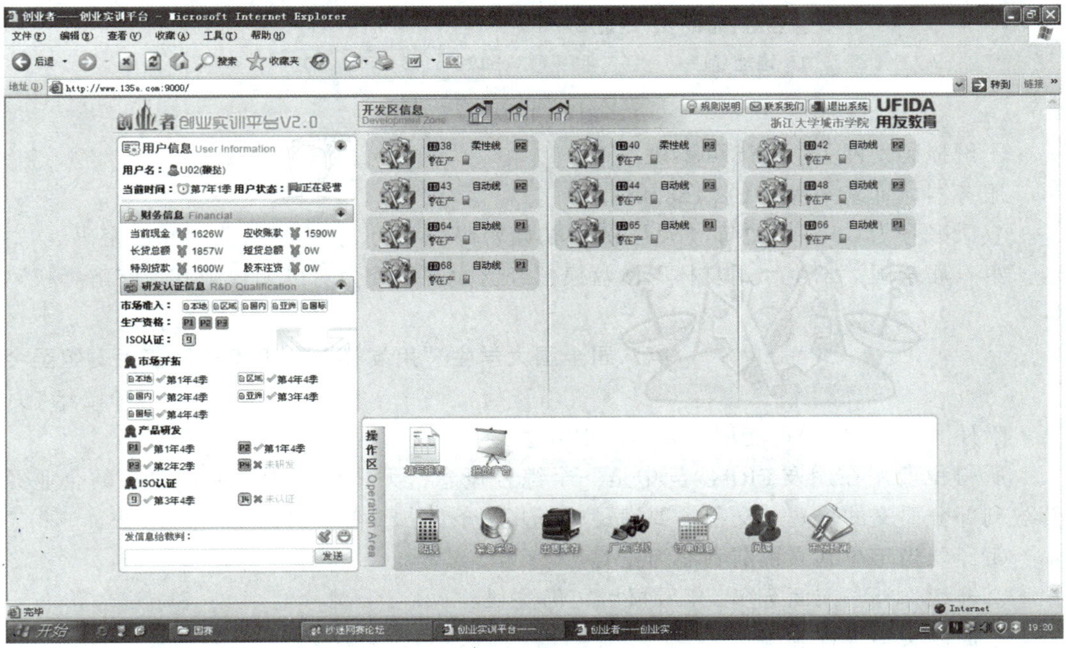


图3 系统整体操作界面

## 21.关于摆盘和巡盘

本次大赛使用卡片摆盘，只需要摆出当年结束状态，中间过程不要求。本次摆盘只要求摆出生产线（含在制品）、在建工程、现金、应收款（包括金额与账期）、原料库存、产成品库存、各种资格；不需要摆出厂房、各类费用、原料订单；年末由裁判统一发令，可观看对手的盘面和电脑屏幕，并可要求对手点开任何信息。巡盘期间至少留1人在本组。看盘者不允许操作对手电脑。巡盘过程中不允许拍照，否则取消比赛资格。

提请注意：

①现金及应收款——在空白卡片上手工填写金额，放在相应位置。

②原料及产成品库存——在标识上手工填写数量，放在相应的仓库里。

③在建工程——将投资金额放在生产线上（背面朝上），在生产线上手工标出生产的产品。

④生产线净值——在空白卡片上手工填写金额，放在相应的位置。

⑤在制品——将产品标识放在生产线的相应生产周期处。

⑥各类资格——投资完成后摆上相应资格卡片，中间投入金额不用摆。

⑦若卡片不够用，可自行参照用小纸片代替，所有填写用铅笔。

## 22.网络设置、服务器地址及登录注意事项

每队分配一个IP地址，根据所分配的队号设置。例如，队号为U01，则IP地址为192.168.0.101（如图4所示），照此类推。由于操作系统存在差别，因此IP地址的设置略有不同，请各队提前学会如何设置IP地址，比赛时不负责指导。

图4 IP地址

子网掩码、网关、DNS可不设。

服务器地址统一为：192.168.0.8。

登录账号为U01、U02等（大写U），初始密码统一为1，登录后务必修改密码。

第八届全国大学生“用友杯”沙盘模拟经营大赛组委会对以上规则有最终解释权。

**第八届全国大学生“用友杯”沙盘模拟经营大赛组委会**

2012年7月

附件1：关于所得税费用计算的详细方法

所得税费用在用友ERP沙盘中是一个综合概念，大概可以理解成你模拟的企业经营盈利部分要交的税费。交税需要满足以下几个条件：

①经营当年盈利（税前利润为正）。

②连续弥补了前面至多5年亏损后，仍盈利。

下面以实例进行说明。

所得税费用计算表（1）见表10。

表10 **所得税费用计算表（1）**

| 年份 | 第一年 | 第二年 | 第三年 | 第四年 | 第五年 | 第六年 |
|---|---|---|---|---|---|---|
| 利润总额 | -10W | 50W | -20W | -30W | 40W | 130W |
| 所得税费用 | 0 | 10W | 0 | 0 | 0 | 30W |
| 净利润 | -10W | 40W | -20W | -30W | 40W | 100W |

第一年亏损当然不交所得税，第二年盈利50W，补了第一年亏损后盈利40W，税率为25%，则所得税费用为10W。第三、四年亏损，不交所得税。第五年盈利，但不足以弥补第三、四年亏损，故不交所得税。此处要注意，第一年虽然亏损，但在第二年已经弥补，所以第五年不需要再次弥补第一年的亏损。第六年盈利，需要与未交所得税的第三、四、五年累计计算应税利润，即（-20W）+（-30W）+40W+130W=120W，所以所得税费用为30W。

总之，从当年开始，与前面连续无所得税年份（最多为5年）的利润总额累加，得到应税利润。若应税利润大于零，则需要交所得税。

此外，系统中只取整数，对小数应如何处理呢？下面用2个例子来说明，见表11和表12。

表11 **所得税费用计算表（2）**

| 年度 | 第一年 | 第二年 | 第三年 | 第四年 |
|---|---|---|---|---|
| 利润总额 | -160W | 50W | 111W | 5W |
| 所得税费用 | 0 | 0 | 0 | 2W |
| 年度净利润 | -160W | 50W | 111W | 3W |

表12　　所得税费用计算表（3）

| 年度 | 第一年 | 第二年 | 第三年 | 第四年 |
|---|---|---|---|---|
| 利润总额 | -160W | 50W | 115W | 5W |
| 所得税费用 | 0 | 0 | 1W | 1W |
| 年度净利润 | -160W | 50W | 114W | 4W |

由表11可知，截至第三年，利润总额累计为1W，即应税利润为1W，所得税费用为0.25W，四舍五入，当年不交所得税。由于第三年没有交税，因此当年的应税利润要累加到下年，第四年利润总额为5W，则应税利润为6W，四舍五入，所得税费用为2W。

由表12可知，截至第三年，利润总额累计为5W，即应税利润为5W，所得税费用为1.25W，四舍五入，所得税费用为1W。由于第三年交了税，因此当年的应税利润不需要累加到下年。第四年税前利润为5W，即应税利润为5W，所得税费用为1W。

从以上2个例子可以看出，即使有小数，也符合以下原则：从当年开始，与前面连续无所得税年份（最多为5年）的利润总额累加，得到应税利润。若应税利润大于零，则需要交所得税。

## 附件2：沙盘模拟经营比赛运营流程表

沙盘模拟经营比赛运营流程表见表13。

表13　　沙盘模拟经营比赛运营流程表

| 时间 | 运营流程 | 系统/手工操作 |
|---|---|---|
| 年初 | 新年度规划会议 | |
| | 广告投放 | 输入广告费确认 |
| | 参加订货会选单/登记订单 | 选单 |
| | 参加竞拍会/登记订单 | 竞单，扣除标书费 |
| | 支付应交税费 | 系统自动 |
| | 支付长期贷款利息 | 系统自动 |
| | 更新长期贷款/归还长期贷款 | 系统自动 |
| | 申请长期贷款 | 输入贷款额并确认 |
| 1 | 季初盘点 | |
| 2 | 更新短期贷款/短期贷款还本付息 | 系统自动 |
| 3 | 申请短期贷款 | 输入贷款额并确认 |
| 4 | 原料入库/更新原料订单 | 需要确认金额 |
| 5 | 下原料订单 | 输入并确认 |

续表

| 时间 | 运营流程 | 系统/手工操作 |
|---|---|---|
| 6 | 购买/租用厂房 | 选择并确认，自动扣现金 |
| 7 | 更新生产/完工入库 | 系统自动 |
| 8 | 新建/在建/转产/租赁/变卖生产线 | 选择并确认 |
| 9 | 紧急采购原料（随时） | 随时进行输入并确认 |
| 10 | 开始下一批生产 | 选择并确认 |
| 11 | 更新应收款/应收款收现 | 系统自动 |
| 12 | 紧急采购产成品（随时） | 随时进行输入并确认 |
| 13 | 按订单交货 | 选择交货订单确认 |
| 14 | 产品研发投资 | 选择并确认 |
| 15 | 厂房：出售（买转租）/退租/租转买 | 选择并确认，自动转应收款 |
| 16 | 新市场开拓/ISO认证投资 | 仅第四季度允许操作 |
| 17 | 支付行政管理费/更新厂房租金 | 系统自动 |
| 18 | 出售库存 | 输入并确认（随时） |
| 19 | 厂房贴现 | 随时 |
| 20 | 应收款贴现 | 输入并确认（随时） |
| 21 | 季末盘点 | |
| 年末 | 交纳违约订单罚款 | 系统自动 |
| | 支付设备维护费 | 系统自动 |
| | 计提折旧 | 系统自动 |
| | 新市场/ISO资格换证 | 系统自动 |
| | 结账 | 在系统中填制报表，手工摆盘 |

2012年大赛平台与规则点评：

看似2012年大赛规则与2011年及以前的大赛规则变化很大，实则不然。本次大赛第一次以“商战”电子沙盘取代“创业者”电子沙盘作为比赛平台，但本质并没有变化。最明显的感觉是资金计量单位由M（百万元）变为W（万元）后，数字变大了。其余规则变化与2011年及以前年度的规则变化大同小异。

# 附录5　第七届全国大学生“用友杯”沙盘模拟经营大赛辽宁赛区决赛规则

## 一、参赛队

每个参赛队有5名队员，分工如下：总经理、财务总监、营销总监、采购总监、生产总监。

提请注意：

（1）带队老师不允许入场。

（2）比赛期间，所有参赛队员不得使用手机与外界联系，电脑仅限于作为系统运行平台，可以自制一些工具，但不得连入外网，否则取消参赛资格。

（3）每个代表队只允许有1台电脑连接服务器。

（4）比赛时间以本赛区所用服务器时间为准。

## 二、运行方式及监督

本次大赛采用“创业者”电子沙盘（以下简称“系统”）与实物沙盘相结合的方式运作企业，所有运作必须在“创业者”模拟平台上记录，手工沙盘只作为辅助运作工具。

考虑到商业情报的获取，每年运行完成后，必须按照当年年末结束状态，将运行结果摆在手工沙盘上，供现场各队收集情报用。

各队应准备至少1台装有RJ45网卡的笔记本电脑作为运行平台，并安装录屏软件。在比赛过程中，学生端必须启动录屏软件，用于全程录制经营过程，建议每一年的经营录制为一个独立的文件。一旦发生问题，以录屏结果为证，裁决争议。如果擅自停止录屏过程，按系统的实际运行状态执行。录屏软件请自行去相关网站下载并提前学会使用，比赛期间组委会不负责提供。

大赛设裁判组，负责大赛中所有比赛事项的监督和争议的裁决。

提请注意：自带电脑的操作系统和IE浏览器要保持干净、无病毒，操作系统为Windows XP，IE浏览器版本在6.0（含）以上，同时需要安装Flash Player插件。

## 三、企业运营流程

企业运营流程必须按照《竞赛手册》中“经营记录表”列示的流程严格执行。总经理按照“经营记录表”中指示的顺序发布指令，每项任务完成后，总经理必须在任务后对应的方格中打“√”。

每年经营结束后，各参赛队需要提交综合费用明细表、利润表和资产负债表。

注：参赛队在6年经营中不允许申请还原操作！

（2010年大赛，参赛队在6年经营中允许申请1次还原操作）

## 四、竞赛规则

### 1.生产线

生产线购置、生产、转产与维护规则见表1。

表1　　生产线购置、生产、转产与维护规则

| 生产线 | 购置费 | 安装周期 | 生产周期 | 总转产费 | 转产周期 | 维护费 | 残值 |
|---|---|---|---|---|---|---|---|
| 手工线 | 5M | 无 | 3Q | 0 | 无 | 1M/年 | 1M |
| 自动线 | 15M | 3Q | 1Q | 2M | 1Q | 2M/年 | 3M |
| 柔性线 | 20M | 4Q | 1Q | 0M | 无 | 2M/年 | 4M |

不论何时出售生产线，从生产线净值中取出相当于残值的部分计入现金，净值与残值之差计入损失；只有空的并且已经建成的生产线方可转产；当年建成的生产线、转产中的生产线都要交维护费；已出售的生产线和新购正在安装的生产线不交维护费。

【规则对比】2009年规则

2009年大赛有半自动生产线，2010年就没有了。半自动生产线购置、生产、转产与维护规则（2009年）见表2。

表2　　半自动生产线购置、生产、转产与维护规则（2009年）

| 生产线 | 购置费 | 安装周期 | 生产周期 | 总转产费 | 转产周期 | 维护费 | 残值 |
|---|---|---|---|---|---|---|---|
| 半自动线 | 10M | 2Q | 2Q | 1M | 1Q | 1M/年 | 2M |

2. 折旧（平均年限法）

生产线折旧规则见表3。

表3　　生产线折旧规则

| 生产线 | 购置费 | 残值 | 建成第一年 | 建成第二年 | 建成第三年 | 建成第四年 | 建成第五年 |
|---|---|---|---|---|---|---|---|
| 手工线 | 5M | 1M | 0 | 1M | 1M | 1M | 1M |
| 自动线 | 15M | 3M | 0 | 3M | 3M | 3M | 3M |
| 柔性线 | 20M | 4M | 0 | 4M | 4M | 4M | 4M |

当年建成的生产线当年不计提折旧；当净值等于残值时，生产线不再计提折旧，但可以继续使用。

【规则对比】2009年规则

半自动生产线折旧规则（2009年）见表4。

表 4　　半自动生产线折旧规则（2009 年）

| 生产线 | 购置费 | 残值 | 建成第一年 | 建成第二年 | 建成第三年 | 建成第四年 | 建成第五年 |
|---|---|---|---|---|---|---|---|
| 半自动线 | 10M | 2M | 0 | 2M | 2M | 2M | 2M |

3.融资

融资贷款规则见表 5。

表 5　　融资贷款规则

| 贷款类型 | 贷款时间 | 贷款额度 | 年息 | 还款方式 |
|---|---|---|---|---|
| 长期贷款 | 每年年初 | 所有长期贷款与短期贷款之和不能超过上年权益的 3 倍 | 10% | 年初付息，到期还本；每次贷款数额为 10M 的整数倍 |
| 短期贷款 | 每季度初 | | 5% | 到期一次还本付息；每次贷款数额为 20M 的整数倍 |
| 资金贴现 | 任何时间 | 视应收款额 | 10%（1、2 季）<br>12.5%（3、4 季） | 变现时贴息，可对 1、2 季应收款联合贴现（3、4 季同理） |
| 库存拍卖 | 原料八折，成品按成本价 | | | |

规则说明：

（1）长期贷款每年必须归还利息，到期还本，本利双清后，如果还有额度，才允许重新申请贷款，即当有贷款需要归还，同时还拥有贷款额度时，必须先归还到期的贷款，然后才能申请新贷款，不能以新贷还旧贷（续贷），短期贷款也应按本规定执行。

（2）年度结束时，不要求归还没有到期的各类贷款。

（3）长期贷款最多可贷 5 年。

（4）所有贷款都不允许提前还款。

（5）企业间不允许私自融资，只允许企业向银行贷款，银行不提供高利贷。

4.厂房

厂房购买、租赁与出售规则见表 6。

表 6　　厂房购买、租赁与出售规则

| 厂房 | 买价 | 租金 | 售价 | 容量 | |
|---|---|---|---|---|---|
| 大厂房 | 40M | 5M/年 | 40M | 6 条 | 厂房出售可得到 4 个账期的应收款，紧急情况下可将厂房贴现（4 季贴现），直接得到现金，如果厂房中有生产线，同时要扣租金 |
| 小厂房 | 30M | 3M/年 | 30M | 4 条 | |

每季度均可租或买，租满 1 年的厂房在满年的季度（如果是第二季度租的，则以后各年第二季度为满年）需要在“厂房处置”中进行“租转买”或“退租”（当厂房中没有任何生产线时）等操作；如果未加处理，则原来租用的厂房在满年季末时自动续租。租用的厂房不计提折旧；生产线不允许在不同厂房间移动。

厂房贴现注意事项：

（1）如果厂房内没有生产线，则现金额等于卖出价进行4Q账期应收款贴现。

（2）如果厂房内有生产线，卖出价进行4Q账期应收款贴现后，再扣除厂房租金（例如，出售有生产线的大厂房，40M应收款转为现金30M、贴现费用5M、租金5M；出售有生产线的小厂房，30M应收款转为现金23M、贴现费用4M、租金3M）。

（3）系统自动全部贴现，不允许部分贴现。

5.市场开拓

市场开拓规则见表7。

表7 **市场开拓规则**

| 市场 | 开发费 | 时间 | |
|---|---|---|---|
| 本地 | 1M/年 | 1年 | 开发费按开发时间在年末平均支付，不允许加速投资；市场开发完成后，领取相应的市场准入证 |
| 区域 | 1M/年 | 1年 | |
| 国内 | 1M/年 | 2年 | |
| 亚洲 | 1M/年 | 3年 | |
| 国际 | 1M/年 | 4年 | |

市场开拓无须交维护费；中途停止使用，也可继续拥有资格并可以在以后年份使用。

6.ISO认证

ISO认证规则见表8。

表8 **ISO认证规则**

| ISO类型 | 9K ISO 9000 | 14K ISO 14000 | |
|---|---|---|---|
| 年限 | 2年 | 3年 | 认证费用按研发时间在年末平均支付，认证完成后可以领取相应的资格证；可以中断投资 |
| 费用 | 1M/年 | 1M/年 | |

ISO认证无须交维护费；中途停止使用，也可继续拥有资格并可以在以后年份使用。

【规则对比】2009年、2010年规则

在2009年、2010年大赛中，ISO 14000认证时间为2年，认证费用为2M/年；其余规则相同。

7.产品研发

产品研发规则见表9。

表9 **产品研发规则**

| 名称 | 研发费用 | 研发周期 | 加工费 | 直接成本 | 产品组成 |
|---|---|---|---|---|---|
| $P_1$ | 1M/季 | 3季 | 1M/个 | 3M/个 | $R_1$ |
| $P_2$ | 1M/季 | 5季 | 1M/个 | 5M/个 | $R_2$+$R_3$ |
| $P_3$ | 2M/季 | 4季 | 1M/个 | 8M/个 | $P_1$+$R_3$ |
| $P_4$ | 2M/季 | 5季 | 1M/个 | 10M/个 | $P_2$+$R_4$ |

产品研发可以中断或终止，但不允许超前或集中投入。已投入的研发费用不能收回。如果研发没有完成，则系统不允许开工生产。

生产P3必须用P1产品作为原料；生产P4必须用P2产品作为原料。

【规则对比】2010年规则

产品研发规则（2010年）见表10。

表10　产品研发规则（2010年）

| 名称 | 研发费用 | 研发周期 | 加工费 | 直接成本 | 产品组成 |
|---|---|---|---|---|---|
| $P_1$ | 1M/季 | 2季 | 1M/个 | 2M/个 | $R_1$ |
| $P_2$ | 1M/季 | 3季 | 1M/个 | 3M/个 | $R_2+R_3$ |
| $P_3$ | 1M/季 | 4季 | 1M/个 | 4M/个 | $R_1+R_3+R_4$ |
| $P_4$ | 1M/季 | 5季 | 1M/个 | 5M/个 | $R_2+R_3+2R_4$ |

【规则对比】2009年规则

产品研发规则（2009年）见表11。

表11　产品研发规则（2009年）

| 名称 | 研发费用 | 研发周期 | 加工费 | 直接成本 | 产品组成 |
|---|---|---|---|---|---|
| $P_1$ | 1M/季 | 2季 | 1M/个 | 2M/个 | $R_1$ |
| $P_2$ | 1M/季 | 4季 | 1M/个 | 3M/个 | $R_2+R_3$ |
| $P_3$ | 1M/季 | 6季 | 1M/个 | 4M/个 | $R_1+R_3+R_4$ |
| $P_4$ | 2M/季 | 6季 | 2M/个 | 5M/个 | $P_1+R_4$ |

8.原料

原料采购规则见表12。

表12　原料采购规则

| 名称 | 购买价格 | 提前期 |
|---|---|---|
| $R_1$ | 1M/个 | 1季 |
| $R_2$ | 1M/个 | 1季 |
| $R_3$ | 1M/个 | 2季 |
| $R_4$ | 1M/个 | 2季 |

规则说明：

（1）没有下订单的原料不能采购入库。

（2）所有下订单的原料到期必须采购入库。

（3）原料采购入库时必须支付现金。

（4）原料采购每季度只能操作一次。

9.紧急采购

紧急采购时，付款即到货，原料价格为直接成本的2倍，成品价格为直接成本的3倍。

紧急采购原料和产品时，直接扣除现金。提交报表时，成本仍然按照标准成本记录，紧急采购多付出的成本计入损失。

10.交货

交货必须按照以下原则进行：

（1）严格按照订单要求的数量交货。

（2）在订单规定的交货期之前交货，如果订单规定交货期为第三季度，则可以在当年第三季度以前（含第三季度）交货。

（3）需要交货时，应在系统上选择要交货的订单，然后点击“确认交货”按钮，如图1所示。

按订单交货

| 订单ID | 产品 | 数量 | 市场 | 总价 | 得单时间 | 交货期 | 账期 | 操作 |
|---|---|---|---|---|---|---|---|---|
| 1131631 | P1 | 1 | 本地 | 6M | 第三年第一季度 | 1季 | 3季 | 确认交货 |
| 11362624 | P1 | 6 | 本地 | 26M | 第三年第一季度 | 4季 | 2季 | 确认交货 |

图1　交货

（4）将出售产品所得应收款按订单上所写账期，放入盘面相应的位置，如果账期为0，则直接进入现金库。

（5）不能按照以上规则交货的订单，视为违约订单。违约订单将直接被取消，违约订单的违约金在当年第四季度结束时，按违约订单销售收入的20%向下取整计算，并从现金中自动扣除，计入损失。

11.更新应收款

当运行到“更新应收款”时，如果有应收款到期，则需要在系统中输入到期应收款数额。如果填入的数额大于实际应收款数额，则系统不予通过；如果填入的数额小于实际应收款数额，则系统会按照实际填写的数额收现（即现金增加），剩余到期未收现的部分，自动计入下一季度应收款。如果没有到期的应收款，也要确认更新，不做此操作，系统将无法进入下一步。

特别提示：本操作为一次性操作，即确认更新后，本季度不能再次操作，并且将关闭应收款更新之前的操作。

12.广告费

投入广告费有2个作用：一是获得选单机会；二是判断选单顺序。

假设投入1M广告费，可以获得一次选单机会（如果不投广告费就没有选单机会），一次选单机会允许取得1张订单。此后每增加一次选单机会，需要多投入2M广告费。因此，投入3M广告费表示有2次选单机会，投入5M广告费表示有3次选单机会，照此类推。无须对ISO单独投放广告，系统自动判定企业是否有ISO认证，确认企业能否选择有ISO认证要求的订单。

13.选单流程

（1）各企业将广告费按市场、产品填写在广告发布表中。

（2）依据广告费确定企业对订单的需求量。

（3）排定选单顺序，选单顺序的确定方法如下：

①按照各队在本市场上对某一产品投放的广告费的多少确定选单顺序。

②如果各队在本市场上对某一产品投放的广告费相同，则按照各队在本市场上投放的广告费总额（即P1、P2、P3和P4产品的广告费之和）确定选单顺序。

③如果各队在本市场上投放的广告费总额也一样，则按照上年各队在该市场上实现的销售额排名确定选单顺序。

④如果上年各队在该市场上实现的销售额也相同，则按照各队提交广告费的时间先后确定选单顺序。

（4）系统按上述规则自动排出选单顺序，自动分轮次进行选单。每轮选单时，企业只能选择1张订单。第一轮选单完成后，如果还有剩余订单，还有资格的企业可以按选单顺序进入下一轮选单。

特别提示：

系统中将某市场某产品的选单过程称为回合，每回合选单可能有若干轮，各队按照排定的顺序依次选单，但每轮只能选1张订单。当所有队都选完一次后，若再有订单，则开始进行第二轮选单，照此类推，直到所有订单被选完或所有队退出选单为止，本回合结束。

当轮到某一队伍选单时，系统以倒计时的形式给出本次选单的剩余时间，每次选单的时间上限为40秒，即在40秒内必须做出选择（选择订单或选择放弃），否则视为放弃选择订单。

无论是主动放弃还是因超时放弃，都将视为退出本市场本产品的选单，即在本回合中，不得再选订单。放弃一个产品的选单，不影响企业在本市场对其他产品的选单权。第一年无订单。

选单界面如图2所示。

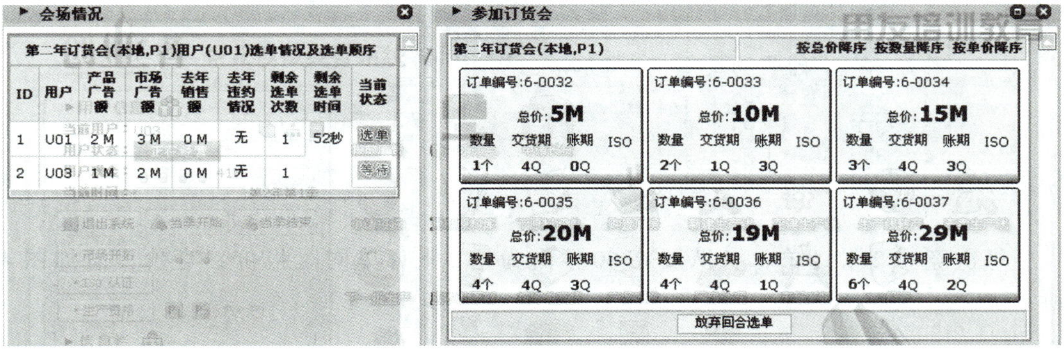


图2　选单界面

【规则对比】2009年、2010年规则

2009年、2010年大赛有市场老大，市场老大有优先选单权。2011年大赛首次取消了市场老大。

14.竞拍会

系统一次性放2张订单，并显示所有订单信息。

在第四年、第六年订货会后，召开竞拍会（具体竞拍订单信息将和市场预测图同时公布）。

参与竞拍的订单标明了订单编号、市场、产品、数量、ISO认证要求等，而总价、交货期、账期3项为空。竞拍订单的相关要求说明如下：

（1）投标资质。

①参与投标的企业需要有相应的市场及ISO认证资质。

②中标的企业需要为该单支付1M标书费，计入广告费，没有中标的企业无须交费。

③如果“已竞得单数+本次同时竞单数>现金余额”，则不能再参与竞单，即必须有一定的库存现金作为保证金。例如，同时竞2张订单，库存现金为3M，如果竞得了这2张订单，扣除了2M标书费，还剩余1M库存现金，则此时不能再参与竞单。

（2）投标。参与投标的企业必须根据所投标的订单，在系统规定的时间（60秒，以倒计时秒的形式显示）填写总价、交货期、账期3项内容，确认后由系统按照以下公式，以得分最高者中标：

得分=100+（5-交货期）×4+应收款账期-总价

如果计算分数相同，则先提交者中标。

提请注意：

①总价不能低于成本价，也不能高于成本价的3倍。

②必须为竞单留足时间，如果在倒计时小于等于10秒时再提交，投标可能无效。

竞拍界面如图3所示。

▶ 参加竞拍会

第四年竞拍会拍单列表（用户U01）

| ID | 订单编号 | 市场 | 产品 | 数量 | ISO | 状态 | 得单用户 | 总价 | 交货期 | 账期 |
|---|---|---|---|---|---|---|---|---|---|---|
| 1 | 3J01 | 本地 | P1 | 2 | | 设置竞价 | | | | |
| 2 | 3J02 | 本地 | P1 | 1 | | 设置竞价 | | | | |
| 3 | 3J03 | 本地 | P2 | 3 | | 等待 | | | | |
| 4 | 3J04 | 区域 | P2 | 1 | | 等待 | | | | |
| 5 | 3J05 | 区域 | P3 | 2 | | 等待 | | | | |
| 6 | 3J06 | 国内 | P2 | 3 | | 等待 | | | | |
| 7 | 3J07 | 国内 | P3 | 2 | 9K | 等待 | | | | |

图3 竞拍界面

每次竞拍2张订单，各队要在60秒内为这2张订单同时报价，竞价设置如图4所示。

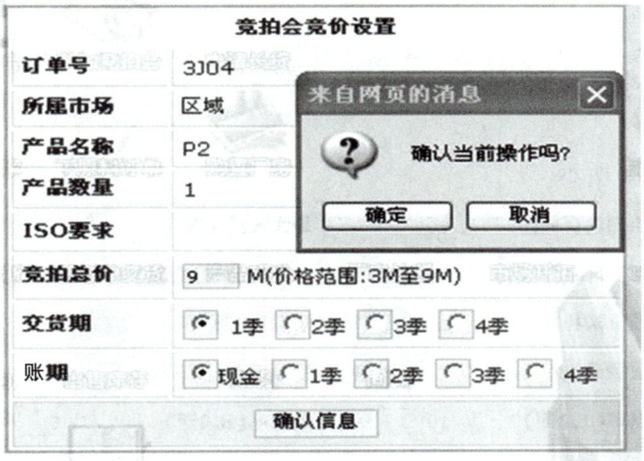


图4　竞价设置

竞拍时需要填写的内容包括：竞拍总价（在规定范围内）、交货期（1季、2季、3季、4季）、账期（现金、1季、2季、3季、4季），提交后系统会自动计算分数。如果两队得分相同，则先提交竞价的队伍获得该订单。竞拍会拍单列表如图5所示。

▶ 参加竞拍会

第四年竞拍会拍单列表（用户U01）

| ID | 订单编号 | 市场 | 产品 | 数量 | ISO | 状态 | 得单用户 | 总价 | 交货期 | 账期 |
|---|---|---|---|---|---|---|---|---|---|---|
| 1 | 4J01 | 本地 | P1 | 2 | | 完成 | U05 | 8 | 4 | 0 |
| ↑本用户订单出价 | | | | | | | | 12 | 4 | 0 |
| 2 | 4J02 | 本地 | P1 | 1 | | 完成 | | | | |
| 3 | 4J03 | 本地 | P2 | 3 | | 完成 | U01 | 27 | 4 | 0 |
| ↑本用户订单出价 | | | | | | | | 27 | 4 | 0 |

图5　竞拍会拍单列表

说明：

①第一张竞拍订单（2个P1）U05队中标。

②第二张竞拍订单（1个P1）没有队出价，所以流拍，这张订单将被视为所有队均放弃。

③第三张竞拍订单（3个P2）U01队中标。

④每队都只能看到自己的出价以及最后中标队的报价，其余未中标队的价格看不到。

### 15.订单违约

订单必须在规定时间内交货或提前交货，应收款账期从交货季开始计算。

### 16.取整规则

违约金扣除——向下取整。

库存拍卖所得现金——向下取整。

贴现费用——向上取整。

扣税——向下取整。

17.特殊费用项目

库存折价拍卖、生产线变卖、紧急采购、订单违约、增减资（增资计损失为负）操作涉及的相关费用计入其他损失。

18.重要参数

重要参数如图6所示。

| | | | | | |
|---|---|---|---|---|---|
| 违约扣款百分比 | 20 | % | 最大长贷年限 | 5 | 年 |
| 库存折价率(产品) | 100 | % | 库存折价率(原料) | 80 | % |
| 长期贷款利率 | 10 | % | 短期贷款利率 | 5 | % |
| 贷款额倍数 | 3 | 倍 | 初始现金(股东资本) | 75 | M |
| 贴现率(1,2期) | 10 | % | 贴现率(3,4期) | 12.5 | % |
| 行政管理费 | 1 | M | 信息费 | 3 | M |
| 紧急采购倍数(原料) | 2 | 倍 | 紧急采购倍数(产品) | 3 | 倍 |
| 所得税税率 | 25 | % | 最大经营年限 | 6 | 年 |
| 选单时间 | 40 | 秒 | 选单补时时间 | 10 | 秒 |
| 间谍有效时间 | 600 | 秒 | 间谍使用间隔 | 3600 | 秒 |
| 竞拍时间 | 60 | 秒 | 竞拍同拍数 | 2 | 张 |
| 市场老大 | ○ 有 ⊙ 无 | | | | |

图6　重要参数

提请注意：

（1）每市场每产品选单时第一个队的选单时间为50秒，自第二个队起，选单时间设为40秒。

（2）初始现金为75M。

（3）信息费为3M/次。

（4）本次比赛无市场老大。

【规则对比】2010年规则

在2010年大赛中，每市场每产品选单时第一个队的选单时间为75秒，自第二个队起，选单时间设为50秒。初始现金为70M。信息费为5M/次。有市场老大。

19.竞赛排名

完成预先规定的经营年限后，系统将根据各队的总成绩进行排名，分数高者为优胜。

总成绩=所有者权益×（1+企业综合发展潜力系数÷100）−罚分

企业综合发展潜力系数见表13。

表 13　企业综合发展潜力系数

| 项目 | 综合发展潜力系数 |
| --- | --- |
| 手工生产线 | +5/条 |
| 全自动线/柔性线 | +10/条 |
| 本地市场开发 | +10 |
| 区域市场开发 | +10 |
| 国内市场开发 | +10 |
| 亚洲市场开发 | +10 |
| 国际市场开发 | +10 |
| ISO 9000认证 | +10 |
| ISO 14000认证 | +10 |
| P1产品开发 | +10 |
| P2产品开发 | +10 |
| P3产品开发 | +10 |
| P4产品开发 | +10 |

提请注意：

（1）如果有若干队分数相同，则最后一年在系统中先结束经营者排名靠前。

（2）生产线建成即加分，无须生产出产品，也无须有在制品。厂房无加分。

20. 罚分规则

（1）运行超时扣分。运行超时有2种情况：一是不能在规定时间内完成广告投放；二是不能在规定时间内完成当年经营（以点击系统中“当年结束”按钮并确认为准）。

处罚：按1分/分钟（不满1分钟算1分钟）计算罚分，最多不能超过10分钟。如果到10分钟还不能完成相应的运行，则取消参赛资格。

（2）报表错误扣分。必须按规定的时间提交报表，且必须账实相符。如果提交的报表与系统自动生成的报表对照有误，在总得分中扣罚5分/次，并以系统提供的报表为准来修订。

注意：必须遵守提交报表时间的规定，延误提交报表视为错误一次。运行超时引发的交报表延误视同报表错误并扣分。

（3）盘面不实扣分。各队必须保证盘面真实有效，如果盘面与报表不符或隐瞒盘面状态，扣5分/次。

（4）其他违规扣分。在运行过程中，下列情况属于违规：

①对裁判正确的判罚不服从。

②在比赛期间擅自到其他赛场走动。

③指导教师擅自进入比赛现场。

④其他严重影响比赛正常进行的活动。

有以上行为者，视情节轻重，扣除该队总得分的5～10分。

（5）严重违规扣分。参赛队伍在比赛进行中如果有严重违反比赛规定、违背公平竞赛原则、干扰比赛进行的行为，将视情况扣罚20分，情节严重的直接取消比赛资格。

另外，全体人员（含指导老师）在比赛期间不得在场地及教学大楼内任何地点吸烟，发现一次扣10分。

注意：裁判组有最终裁决权，在比赛期间（从比赛开始到颁奖结束）不接受指导教师提交的比赛相关申诉。比赛时间以服务器时间为准。

21.破产

当参赛队权益为负或现金断流时，企业破产。参赛队破产后，由裁判视情况适当增资后继续经营。破产队不能参加有效排名。为了确保破产队不过多影响比赛的正常进行，破产队每年每种产品的广告费只能投1M，且总额不能超过6M，无论什么情况均最后一个选单。

22.系统自动扣除费用

系统自动扣除的费用包括：

（1）行政管理费：每季度结束时，自动扣除1M/季。

（2）设备维护费：每年结束时，计算建成的生产线，手工线按照1M/条、自动线和柔性线按照2M/条自动扣除。

（3）长期贷款利息：每年投放完广告费，自动扣除。

（4）短期贷款利息：每季度开始时，系统自动判断是否有到期的贷款，如果有则自动从现金中按5%扣减利息。

（5）违约罚金：每年结束时，按违约订单销售收入的20%向下取整，从现金中自动扣除。

其他要求：应收账款额、贷款额标识必须用纸条表示。

注：比赛时请携带自行打印的规则，出现争议时以组委会规则为准。

第七届全国大学生“用友杯”沙盘模拟经营大赛辽宁赛区组委会对以上规则享有最终解释权。

**第七届全国大学生“用友杯”沙盘模拟经营大赛辽宁赛区组委会**

**用友新道科技有限公司辽宁办事处**

2011年6月

2011年大赛规则变化简评：

从上面的规则对比可以看出，大赛规则的主要变化在于产品研发，另外还有ISO认证、初始现金、市场老大等。因此，要关注这些变化对企业经营战略的影响。只要掌握了这些变化对企业经营的内在影响，就不怕这些规则的变化了。

# 附录6 受训学生感言

## 了解沙盘真谛 获取专业知识

## （052023-10宋爽）

这次是我们专业第二次进行企业经营沙盘模拟实训。与上次不同的是，我们多了一本学生用的实训手册。

有了实训手册，我们可以更详尽地了解沙盘实训的规则，了解市场的需求、产品的价格、生产线的利用等。这样，大家就能更好地参与到实训中，并从中获得更多的知识。

在实训手册中，每个职位都有详细的介绍，同时每个角色需要填写的表都罗列了出来。这样，大家不但能够明确自己的职责，各司其职，高效地完成自己的任务，而且能系统地了解企业的运行流程。

在前两篇的介绍中，我们学会了很多技巧。例如，接订单时怎样避免让竞争对手多接，转产时转哪种生产线损失最少等。很多战略、战术的应用都要求我们更加全面地分析实训状况，这样才能获得更多的知识与经验。

有了这本实训手册，我们会更好地了解沙盘的真谛，更深刻地了解企业的经营模式，从中获得实践性的专业知识。

## 弄懂规则 游刃有余

## （052023-06刘艳）

持续2天的ERP沙盘模拟实训结束了，这已经是我们第二次接触ERP沙盘模拟了，真有种意犹未尽的感觉，真希望能再次参加ERP沙盘模拟实训。这次实训使我明白了许多有关企业经营的知识，真心感谢老师的细心指导和大家的积极参与及配合。我还要感谢一直帮助我们的《用友ERP企业经营沙盘模拟实训手册》，它使我们对ERP沙盘有了更深刻的了解。第一次实训，我们对相关操作的了解还很模糊，特别是对规则、流程的了解还不是很详尽。正如书中所说，只有懂得规则，才能游刃有余。实训手册中还详细介绍了每个角色的任务，使我们在实训前能做好相关准备，明白自己所扮演的角色在企业中的重要性及作用。其实，实训手册的好处还有很多，在此就不多说了。不过，对于我这种对沙盘极其感兴趣的人来说，它更具有纪念意义。因为以后再见到它，就会勾起我的很多回忆，也能让我想起很多经验与教训，想起自己大学期间对企业经营的渴望。总之，我会珍藏《用友ERP企业经营沙盘模拟实训手册》，希望以后有更多的机会接触ERP沙盘。

## 沙盘模拟实训手册使我收获颇丰

## （052024-04朱振）

经历两次ERP沙盘模拟实训，我收获很多，感受也不同。作为工商管理专业的学生，我深知ERP运作对我们将来工作的重要性。

第一次实训，仓促上阵，什么也不懂，规则也不是很清楚，脑袋里也乱得很，还没回过神实训就结束了，留下了很多遗憾。

第二次实训，最大的变化就是懂得规则了。通过阅读实训手册，我知道了具体运作流程，尤其是财务预算及资产计算的方法。两次同为财务总监的我，在上一次实训中对这一职位完全陌生，所幸第二次阅读了实训手册，我可以清楚财务方面的各项活动，从而弥补了上次实训中的遗憾。再有就是实训手册对规则的详尽阐述，使我对ERP沙盘有了全新的认识与理解。

在实训手册的指导下，我在第二次实训中收获颇丰。

## 了解沙盘模拟实训流程　享受竞赛过程

（052023-08闫杰）

4月21—22日，我们经历了为期2天的ERP沙盘模拟实训。在这次实训中，我懂得了什么是失败，什么是进步。进步是第二次经历带给我的，当然还有一个小助手——《用友ERP企业经营沙盘模拟实训手册》。

在上一次实训时，由于没有一个正式的文本规则，我对整个流程的了解还不是很透彻，只知道大概怎样，很不专业，因此感觉整个过程就像是“过家家”，不仅对自己角色的职责了解不透，对他人角色的职责更是模糊。在这次实训前，我认真学习了实训手册中的相关内容，明确了实训目的、内容和相关要求，保证了实训效果。

虽然在排名上我们组是最后一名，但我们收获了很多。从失败中，我看到了什么是竞争、什么是生存、什么是超越自己。我清楚地知道了每个步骤的含义，对整个流程都是清楚的，享受了整个竞赛过程。

失败算什么，我不认为自己是失败的，能在失败中站起来的人，才是真正的强者。

## 沙盘模拟实训手册助力团队合作

（052022-10何露丝）

第二次玩沙盘和第一次不同的是我们多了一本实训手册，有了明确的规范和准则，自然好处是很多的。在此，我要谈谈自己的看法。

既然是模拟竞赛，就一定要有竞赛规则，而这本实训手册最大的用途就是将规则更明确、更细致地描述出来，保证了竞赛的顺利进行。虽然参加过一次竞赛，但我们仍不敢保证已经掌握了所有规则，如生产线的开发周期、费用及残值，每条生产线的转产期和转产费用等。可是翻翻手册，诸如此类的规则就一目了然了。另外，对于容易出错的细节及容易作弊之处更需要规则加以规范，从而使竞赛更加公平、公正。

团队成员每人一本手册，有效避免了“事不关己，高高挂起”现象的出现。企业经营沙盘模拟实训是一个团队合作项目，每个人在熟知自己职责的基础上还要了解组内其他角色的相关职责，CEO更要熟知各个角色的分工，这样才能制定好总体战略。

此外，每个角色都需要填写相关操作表格，这样可以使每个程序都更加规范，从而提高了操作效率，加深了我们对“企业战略管理”课程的理解，真正把理论与实践联系了起来。

实训手册中增加人力资源总监的角色很有必要，有利于监控组内每个成员的态度和绩效；同时，硬性要求填写团队名称、企业目标、使命、愿景，更有利于增强临时团队的凝聚力，从而获得更好的实训效果。

总而言之，实训手册堪称沙盘操作的必备品！